UNSTOPPABLE YOU

「学ぶ力」が開花する

ラーニング4.0の
マインドセット

Patricia A. McLagan
パトリシア・マクラガン【著】

片岡 久【監訳】　太田 賢【翻訳】
株式会社アイ・ラーニング

ADOPT THE NEW LEARNING 4.0 MINDSET
AND CHANGE YOUR LIFE

この本が発売される月に、私の孫娘が生まれます。彼女の学習はすでに始まっていて、止めることはできません。彼女の脳では、1分間に25万個の新しいニューロンが誕生しています。彼女が学び、成長し、活躍し、22世紀を迎えるまでに、どれほどの冒険を経験するのでしょうか。この本を彼女と彼女のいとこのコリン、キャサリン、ライアン、そしてすべての子どもたちに捧げます。彼らは、今日の私たちには想像もできない学びの世界を経験し、つくり出していくことでしょう。

目次

監訳者まえがき v
ラーニング4.0への招待 xvii
生涯学び続けるあなたへ xxvii

第1部　新たな学びの展望 31
　第1章　学習する脳：神経科学からの知見 33
　第2章　学習する自己：心理学からの知見 55
　第3章　急速に変化する世界：ラーニング4.0へのいざない 77
　第4章　情報の世界：飲み込まれるか、チャンスに変えるか 89

第2部　ラーニング4.0の7つの実践方法 97
　第5章　学習へといざなう声に耳を澄ませる 99
　第6章　自分が望む未来を思い描く 109
　第7章　くまなく探索する 115
　第8章　点を線で結ぶ 125
　第9章　金脈を手に入れる 137
　第10章　学びを定着させる 163
　　　　　効果的に記憶する方法 169
　　　　　スキルと習慣を身につける方法 179
　　　　　信念と感情的傾向を見直す方法 187
　　　　　創造的なひらめきを得る方法 193
　第11章　現実で実践する 201

第3部　愛情としての学習 211
　第12章　生涯学習者であるということ 213
　第13章　チームのラーニング4.0を促進する 225
　第14章　周囲の学習をサポートする 239

第4部　ラーニング 4.0 ツールキット 255
　　ツール1　3通りの学習の進め方の手引き 257
　　ツール2　ラーニング 4.0 の実践のためのテンプレート集 267
　　ツール3　思考を忠実に表現するメモの取り方 287
　　ツール4　スキャナーとその活用術 291
　　ツール5　学習リソース別ヒント 301

謝辞 337
参考情報一覧 341
参照文献 349
著者について 357
監訳者紹介 360
訳者紹介 360

監訳者まえがき

　人類の歴史が学びの歴史であり、人類の進歩は学びの成果であることは、誰しもが認めるところですが、果たして学び方は進歩しているのでしょうか。アリストテレスは著書『形而上学』の冒頭で、「人間は学ぶことを欲する動物である」と言い、同じころに孔子は「学びて時に習う、また楽しからずや」と言いました。

　ソクラテスは「対話」によって、知っているつもりになっている相手に問いを投げかけ、より深く学ぶための手助けをしました。それを知の産婆術と言いました。私たちは本来生まれついて学ぶことを楽しみ、学びを深めることで、より良い人生や仕事のやり方に学びを生かしてきました。

　本書の原著『アンストッパブル・ユー (Unstoppable You)』の著者であるパトリシア・マクラガンは、世界中で「学びの変化」が起き始めていると言います。マクラガンは米国の政府機関や民間企業において、組織変革やリーダーシップに関するプロジェクトに関わり、チェンジ・マネジメントの分野の第一人者として知られています。GE、NASA、ジョージア州政府、３Ｍなどで、戦略的な変革のコンサルテーションを行うとともに、ATD（Association of Talent Development）や ISA（Instructional Systems Association）のトップ・アワードを受賞しています。

　マクラガンは長年にわたる個人と組織の学びに関する経験を振り返り、これまでの企業研修における「学習、ラーニング」に関する様々な研究や取り組みは、学習者を研修の対象、教育の対象として扱ってきたと言います。たとえばインストラクショナル・デザインに含まれている、研修シナリオの構成やテキストの作り方、インストラクションの方法などの様々な要素を改善し、教え方の技術を向上させることは、教育を行う側の立場からの取り組み

でした。インストラクターや人材育成担当者が、このようにして受講者の能力を引き出そうとした取り組みは、学びの改善活動としてこれからも大切なものですが、今起きている社会とテクノロジーの大きな変化に適応していくにはそれだけではなく、むしろ学習者を研修の対象から学習の主体者であるとして、自ら学び続ける能力を向上させる必要があると、マクラガンは言います。

このことをマクラガンは「ラーナビリティ(Learnability)」から「ラーナー・アビリティ(Learner-ability)」への変革であるとしています。

ラーナビリティもラーナー・アビリティも聞き慣れない言葉ではないかと思います。たとえば、多くの製品が使いやすさをユーザビリティとして製品開発の指標にしていますが、その指標の1つとして習得しやすさをラーナビリティと呼ぶことがあります。これを人材開発の分野で考えてみると、ラーナビリティとはコース開発のときに、学習者が学びやすくなるように、教育を実施する立場から、提供する方法やツールの工夫をすること、という意味になります。

一方でラーナー・アビリティは、マクラガンの造語ですが、学習者が主体となって、自分自身の学ぶ力を向上させ続ける能力をいいます。つまり学習者、ラーナーとしてもつべき能力、アビリティを表しています。ラーナビリティからラーナー・アビリティへの変革とは、本来人間がもっている「学ぶことを欲する動物」としての本能に気づくことであり、「学びを楽しむ」能力を開花させることです。決められたカリキュラムで教育を行い、教える技術としての「学びやすさ」から、学ぶ人自身の「学習能力」にフォーカスを移すことを訴えているのです。

我々は、どうやって自ら主体的に学ぶことができるのか、ガイドが必要です。そのガイドの役割を担うのがこの本書であるとマクラガンは言います。

彼女はこの「学びの変化」の背景として、まずビジネスの変化が加速度を増していることを挙げています。これまでも人間は大きな変化を経験してきましたが、これだけ変化のスピードが速い時代はありません。その結果1つのスキルで生涯仕事を続けることが困難になり、常に学び続ける能力が求められています。またビジネスの価値が製品からサービスに移り、世の中の価値がモノからコトに移ることで、均一な機能を提供することから、一人ひと

りの違いに合わせたサービスを提供することのほうが求められています。多様なニーズに合わせて価値をつくるためには、自ら課題を発見し、それを解決する方法を探すことが必要です。マクラガンはこの常に学び続けながら、絶え間なく自分を成長させる新しい学びの能力を「ラーニング4.0」と呼んでいます。そして、私たちの学びの能力のバージョン・アップを呼びかけます。

次に挙げているのは、テクノロジーの進化と情報の爆発です。AIやデジタル化による仕事の自動化は、これまでのオフィス・ワーカーの能力を超え始めています。人が仕事を続けていくためには、これらのテクノロジーに仕事を置き換えられるのではなく、テクノロジーを自分の仕事の効率を上げるための道具として使い、仕事の生産性をさらに高めることが求められます。そのためには、自分の仕事をタスクやエレメントに分解し、AIや自動化ツールに任せることを積極的に進めながら、一方で仕事の意味合いを変える必要があります。私たちは決められた仕事を実行する役割から、課題を発見してその解決策をAIと一緒に考える役割と、その結果より良い仕事の仕方をつくり出す役割に変わる必要があります。そのためには、すでに正解があることを理解し習得する学びではなく、物事の本質を探求する学び、物事の新たな意味を見出すための学びの力が求められます。

この学びの変革を自らリードしていく能力が、ラーニング4.0であるとマクラガンは説いています。さらに爆発する情報の洪水に溺れることなく、賢く有効に利用することができる能力を獲得するためにも、ラーニング4.0へのバージョン・アップを訴えています。

それでは、学びのバージョンとはどんなものなのでしょうか。私たちの人生を学びの視点から見ると、まず生まれてすぐに始まる「試行錯誤とモノマネによって学ぶ」時代があります。それが「ラーニング1.0」です。そして学校に行きながら「問題の解き方を教えられ、同じことができるように訓練される」時代があります。これを「ラーニング2.0」と呼びます。さらに社会に出て、企業人として必要なこと、社会人としての行き方をそれぞれが学ぶ時代、これが「ラーニング3.0」です。学生時代と違って職種を変えたり、職位が変わったりすると、会社が提供する研修以外に、必要に応じて学ぶべきことを自ら求めていきます。

これまではこのラーニング3.0の段階で良かったのですが、これからは仕

事そのものに常に学びを求められることから、常に自らの意思をもって、どんな場面からもより賢く学び続ける能力として、「ラーニング4.0」へのアップグレードを訴えているのです。

　マクラガンが指摘するように、学ぶべきことや情報量は増加する一方なのですが、ご存じのように脳の容量が急に増えるわけではありません。ホモ・サピエンスとしての数万年、脳はほぼ同じ大きさの頭蓋骨の中に収まっています。私たちが今まで以上に学び続け、学びの成果を活用するためには、脳のワーキング・メモリから溢れた情報を、必要なときに活用することがこれまで以上にできるようになる必要があります。この情報の流動性を向上させるために、マクラガンが期待している2つの資源があります。1つは脳と自分の身体全体という資源です。特にニューロサイエンスで解明されつつある脳と、情報処理システムとしての身体に関する知見の進歩です。

　マクラガンは本書の第1章を使って、最新のニューロサイエンスの成果を紹介しながら、学習と脳の機能の関係について解説をしています。さらに心理学の面から見た学習について、意識と無意識の働きを説明することで、私たちの新しい学び方を進めていく上で助けになる学説や研究成果を提供してくれています。

　ラーナー・アビリティのもう1つの資源は、自分を取り巻く情報環境です。世界の出来事や自然の変化がデジタル化され、可視化されるとともに、これまでは認識できなかった世界の複雑さが認知されるようになります。さらにSNSやショート・メール、チャットなど様々な形で交わされる情報や写真や動画の洪水が、すべてこれからの学びの資源になります。ちょっとした疑問であればSiriやAlexaに聞けば必要なときに答えてもらえます。さらに自分の考えを深めて意思決定をしようとするときには、頼りになる仲間やネット上のコミュニティ、さらにAIも含めて様々な分野の専門家の人たちとのコミュニケーションが、国や言語を越えてつながる学びの資源となります。

　学びの効率を飛躍的に向上させるには、自分の周りの他人を信頼して、それぞれの得意分野の意見を積極的に採用することです。そのためには、自分自身も他人から信頼される人間である必要があります。ラーナー・アビリティの拡張は、デジタル資源を効率よく活用する能力を身に付けると同時に、自分を取り巻く情報環境資源としての他者に信頼されることによって可能に

なります。

　本書は変わり続ける世界を賢く生き抜くために、ラーニング 4.0 という学習能力のバージョン・アップを提唱します。さらに学習能力の具体的な実践の方法を、7 つの学びのプラクティス（実践）として紹介しています。これらの能力とプラクティスは、脳科学や行動心理学の成果を、自分自身の脳や身体によりよく適用するとともに、情報環境としての他者とテクノロジーへの信頼度を磨くためのものです。それらはいずれも変化への適応と、将来の洞察を行い、膨大な情報を適切に受け入れながら「今、ここ」を生きる知恵を生むために必要なものばかりです。自らの内なる資源と膨大な外部資源がお互いに関係し合い、響き合うものです。パトリシア・マクラガンの「ラーニング 4.0」は、あなたが 21 世紀を賢く生き抜くリーダーとしての知恵を生み出す基盤です。かつてアテネの広場でソクラテスがそうであったように、本書は読者にとって、新しい知恵を生むための産婆役になることでしょう。

　ラーニング 4.0 の学習能力について、マクラガンは自身のブログサイトにおいてアセスメント (Assessment) を提供しています。
　https://learning4dot0.com/ASSESS/

　そこには 10 の質問があり、今現在のあなたの学ぶ能力のレベルについて、自分で測ることができるようになっています。ぜひこの本を読み始める前に試してみてください。（次頁参照）
　なお、この本の翻訳にあたりまして訳者である太田賢とともに、研修講師としても長年お世話になっております宮本敏郎さん、研修教材の翻訳でお世話になっております渡辺真弓さんに多大なご協力をいただきました。また、ヒューマンバリューの市村絵里さん、佐野有香さん、斎藤啓子さん、その他多くの方々から貴重なアドバイスをいただきました。最後になりましたが、この場をおかりしましてお礼申し上げます。

2019 年 1 月
片岡　久

＜参照：ラーニング4.0の10の学習能力＞

1. 想像力
   いつでも目を閉じれば、今年の終わりに自分がなっていたい姿や感じ方を具体的に想像することができる。
2. 全身全脳
   私が何を考えているか、感情がどうであるか、身体に緊張やストレスがあるかなど、自分の中で起こっていることをいつでも正確に伝えることができる。
3. 自己改革
   学習や変化に対してオープンであり、常に改善しようとし、リスクをとり、新たなチャレンジを受け入れ、新しい情報や挑戦に直面した場合、自分のやり方や意見について他者に問い直す。
4. ディープ・ラーニング
   何か読んだり聞いたり経験しているときに、プロ棋士が盤面にパターンを探しているように、より深い学習や重要となるポイント、アイデアを探している。
5. いつでもどこでも
   人生は学びに満ちていると考える。一人でまたは誰かと仕事をしているときに、何かに興味を引かれたり、問題が起きたり、うまくいかなかったりしたとき、新しいアイデアや洞察について探求したいという好奇心が毎日何度も湧き上がる。
6. 情報の適切な利用
   情報を賢く使える人間として、重要な情報に接したときに、それはどこから来たか、どんな背景でこの情報が生み出されたか、その情報を信頼すべきかを問う。人が私を説得・操作しようとしていることや、自分のバイアスが判断に影響を与えようとしていることに気づく。
7. リソースの多様性
   私は学習の仕方や場所の好みを知っていて、頼りにする学びのツールやリソースの傾向も知っている。しかし自分の好みにかかわらず、どんな状況でも学べるという自信をもっている。

8. チェンジ・エージェンシー
   これまでの習慣や行動の仕方を変えようとしたときに、それが実現するように自分自身を調整するとともに、周りの人や環境に対しても影響を与える。
9. テクノロジーとともに発展
   新しい技術や方法論を使ってより効率的、効果的な人生を過ごすことができる。それが古いやり方を捨てることやコンフォートゾーンから出ることになっても行う。
10. 経験の共有
    私がコーチをしたり、育成をしているメンバーや仲間は、私が他者の成長を促し、失敗から学び、新しいことを試し、イノベーティブであることを奨励する風土をつくっていると言う。

©2018. McLagan International, Inc. Used by i-Learning with permission.

あなたは、大きな力を内に秘めています。それはあなたが生まれる何カ月も前から、1分間に25万もの速さで新しいニューロンが生成され、芽生えた力です。それは人生を通じて増大していく力で、生きているということそのものを意味しているといっても過言ではありません。

　この誰もがもっている、止めることのできない素晴らしい力、それが学ぶ力なのです。

　この本のタイトルであるアンストッパブル・ユー（原題：Unstoppable You）とは、誰も止めることのできないあなたの学ぶ力のことです。この本で紹介する学習の7つの実践により、学ぶ力をラーニング4.0にアップグレードすることができます。ラーニング4.0により、あなたは成長し続け、充実した人生を生き続けることができます。この素晴らしい力を解放し、自分の人生を変え、他者の人生を変えることを支援しましょう。

　ようこそ、誰も止めることのできないあなたの未来へ。

　次のURLのリンクから、この本の紹介動画をご覧いただき、簡単なセルフチェックをしてみてください。www.learning4dot0.com/unstoppable

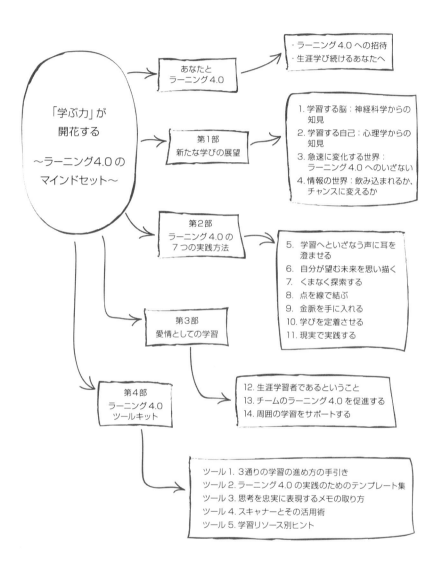

ラーニング 4.0 への招待

　人は生まれた日から素晴らしい学習の旅が始まります。そして、その旅は今日までずっと続いています。ところが、世界もあなた自身も日々変化しており、その変化についていくためには、学習のスキルをアップグレードする必要があります。アップグレードすることで、今日の変化の激しい世界の中で生き残り、成功できる能力を手に入れることができるのです。この本（原題 Unstoppable You：Adopt the New Learning 4.0 Mindset and Change Your Life）は新しい学習へのアップグレード、ラーニング 4.0 へとあなたを招待します。ラーニング 4.0 は、充実した人生を送るための成功へのチケットです。ラーニング 4.0 があれば、変化の速い時代に取り残されないだけでなく、積極的に時代を切り開いていくことができるのです。そして、ラーニング 4.0 は 21 世紀を生き抜くためのスキルです。この本は、あなたが自分自身をラーニング 4.0 へアップグレードするための招待状であり、また、良い手引きとなるでしょう。

学びはどのように変化するのか？　アップグレードの物語

　学習について、皆さんが普段使っているパソコンのソフトウェアに例えて考えてみましょう。すべてのソフトウェアと同様に、学習にもアップグレードが必要になります。アップグレードにより、状況の変化に対応することができます。また、学び方をアップグレードすると、新しいことを行ったり、より複雑な問題を解決したり、新しい発見やテクノロジーを活用したり、よ

り深く速く学ぶことができるようになります。

　人間が進化する過程で経験した学習のソフトウェアのアップグレードには、次の3つがあります。ラーニング1.0は生まれたときからもっている基本的なプログラムです。それは、他者を観察したり、真似したりといった試行錯誤による学習です。生まれたばかりのころの学習は、このソフトウェアで行われました。

　学校に通うようになると、ラーニング2.0にアップグレードします。教師や親が与えてくれる学習体系に従い、社会の一員として働く準備をするための基本的な知識とスキルを身に付けてきました。他者が決めたゴールに向かって、勉強の仕方やどのように自分の学習を管理するか、その方法を学んだのです。ラーニング2.0のソフトウェアのおかげで、体系化された学びの環境に適応することができました。

　やがて、体系的に学ぶ小学校〜高等学校を卒業し、自立した世界へと足を踏み入れました。しかし、自立した大人として、ラーニング2.0の能力は十分ではありませんでした（今も十分ではありません）。大人になると、自ら学ぶことが求められます。インフォーマルな場であれ、体系化された場であれ、そのどちらにおいても効率よく学ばなければなりません。また、自分自身で学び方を考え、選び、実行する必要があります。そして、大人として他者の学習を支援する機会も多くなり、チームの中において、あるいは親、リーダー、メンターという立場から関わることになります。ラーニング3.0へのアップグレードは、そのような役割を果たす上で役立ちます。自発的に学ぶことや、他者を支援するスキルを身に付けることができ、また、フォーマル、インフォーマルにかかわらず、あらゆる情報源からより良く学ぶことにも役立ちます。ラーニング3.0では、多種多様な経験や人間関係、情報源から得られた知識を統合して、学習や自分を変えるための目標を達成することができるのです。

　しかし、いまだにラーニング3.0にアップグレードしていない、あるいはフル活用していない人も多いでしょう。皆さんは、ラーニング3.0の自発的な学習のスキルを活用できているでしょうか。さまざまな情報源から学び、統合することができる能力を活用しているでしょうか。他の人の学びを支援できているでしょうか。ラーニング3.0にアップグレードしていないと、ほ

とんどの場合、試行錯誤で学ぶことになります。専門的な教育を受けたり、オンライン講座を受講したり、職場でトレーニングに参加したりするなどフォーマルな学習機会に恵まれることも、時にはあるでしょう。しかし、皆さんがもし、この重要なラーニング3.0のソフトウェアを完全にダウンロードできていないのなら、この本が役立つでしょう。なぜなら、ラーニング4.0を実践することは、これまでの3つすべてのバージョンのいいところを取り入れているからです。

ラーニング4.0は学びの4回目の大きなアップグレードです。ラーニング4.0はまだβ版で、進化の途中です。しかし、今日の変化の激しい世界で活躍するために、ラーニング4.0は学びにも、人生にとっても、とても大きな意味があるのです。ですから、ラーニング4.0の学びを今日から始めて、周りのすべての人たちに伝えていく価値があるのです。

ラーニング4.0

ラーニング4.0は、それ以前のバージョンで獲得した能力を生かしつつ、時にはそれらを変容させて活用しています。しかしまた、ラーニング4.0は他のバージョンと根本的に異なるものだともいえます。なぜなら、世界で起こりつつある以下のような大きな変化と、新しく得られた洞察に応えたものになっているからです。

- **脳の仕組みについて新たに得られた知識**
  脳について近年多くのことが明らかになってきています。それにより、大きな学習成果を上げるための新しいテクニックや、脳の働きを意識したより良い方法が生まれる可能性が広がっています。(この点については1章で取り上げます)
- **内省的なものの理解**
  私たちは、人間の心理的、精神的といった非合理的側面が、私たちの生き方や学び方にどのような影響を及ぼしているのかについて、これまで

よりも理解し、認めようとするようになってきています。(この点については2章で取り上げます)
- **変化の激しい世界の新しい力学**
以前にはなかった、人と人とのつながりやネットワークの広がりによって、世の中の仕組みは変化してきています。こうした変化がもたらす複雑さは、家庭でも、仕事場でも、社会的にも、経済的にも、誰もが何かしらの形で影響を受けています。(この点については3章で取り上げます)
- **爆発的に増加する世の中の情報**
情報は、加速度的に増加し、そして気の遠くなるほどのさまざまな形式で姿を現します。その影響は、生活や仕事のあらゆる分野に及んでいます。(この点については4章で取り上げます)

ラーニング4.0は何が新しいのか

　ラーニング4.0は、変化の激しい世界を生き抜き、活躍するために必要な、わくわくするようなアップグレードです。このアップグレードを行うと、どんどん高度化していくテクノロジーに自分が使われるのではなく、使う側になるのです。それでは、ラーニング4.0の特徴をみてみましょう。

- **想像力**
ラーニング4.0は未来を予測し、未来の自分を想像することに役立ちます。ラーニング4.0の想像力を駆使し、仮想現実をつくり上げることによって、未来を創造し、導くことができるのです。
- **全身全脳**
ラーニング4.0は、意識、無意識の機能、生理学的な機能を使って、脳と体にある学ぶためのすべての能力を活用するのを助けてくれます。
- **自己変革**
ラーニング4.0では、より深く自己を認識することによって、より意識して自分を変革し、才能を開花させ、有意義で満ち足りた人生を生きる

ことができます。
- **ディープ・ラーニング**
  ラーニング4.0により、データや経験、自分の考え、行動の中にパターンをみつけることができるようになります。ますます高性能になるテクノロジーに使われるのではなく、使う側に回ります。
- **いつでも、どこでも**
  変化が速く、デジタル化した今日の世界で成功するために、絶え間なく自分を変革できる学習能力を開発します。
- **情報の適切な利用**
  ラーニング4.0により、ニーズに合った最適な情報を見つけることができます。同時に、バイアスやあなたの決断、行動に影響を与えようと操作されたデータに気づいて、惑わされることがなくなります。
- **リソースの多様性**
  ラーニング4.0では、どのようなリソースでも、学習に使えるものは何でも拡張された脳として認識し、あらゆるリソースや経験から学びを得るための戦略が提供されます。
- **チェンジ・エージェンシー**
  ラーニング4.0では、学習が仕事と生活の一部になります。ラーニング4.0によって、あなたは世界をより良くすることができるのです。
- **テクノロジーとともに発展**
  ラーニング4.0により、スマート・テクノロジーを使用して、重要な人生の目標を達成します。また、テクノロジーの活用を自分自身で管理できるようになります。
- **経験の共有**
  ラーニング4.0の経験は、他者と共有することができます。実践したことをグループやチームに取り入れ、周りの人の学習を助ける際に活用することができます。

ラーニング4.0は登場したばかりで、すでに以前の3つのバージョンで皆さんが身に付けたことも含まれています（図P−1参照）。しかし、4.0の機能はこれから拡張していくことでしょう。なぜなら、脳の研究や心理学が今

後発展することで、私たちを取り巻く世界や情報の中で起こっている大きな変化が、学習にどのような意味をもたらすのかが解明されていくからです。

図P－1．ラーニング1.0、2.0、3.0、4.0を理解する

	ラーニング1.0	ラーニング2.0	ラーニング3.0	ラーニング4.0
タイプ	探索	社会性	自律	スマート
モチベーション	結果	社会的承認	意義	想像力
	基本的な遺伝的プログラミングに従い、物事を試したり、他人を模倣したり、経験から学ぶ。	コントロールされた学校環境の中で、社会について理解するために必要な基礎知識を学ぶ。	学校教育を終え、大人として、人生とその役割における課題に対処する方法を自らつくり出す。	今日の、変化が速く、デジタルの世界で成功するため、そして、絶え間なく自分を変革するための学ぶ能力を開発する。
主な特徴	●好奇心 ●試行錯誤 ●模倣 ●報酬と罰で形成される行動	●勉強のスキル ●テストで良い点を取る能力 ●他者の枠組みの中での学習	●学びが必要な状況の認識 ●目標の優先順位付け ●長期目標達成のための自律 ●他者の指導と教育	●ラーニング4.0の10の特徴

注：いずれのアップグレードも、以前のバージョンの能力に追加されたり、置き換わります。

ラーニング4.0の実践者になる

私は、皆さんがラーニング4.0の実践者になるためのお手伝いをしたいと思います。まずは、皆さんにラーニング4.0を身に付けた自分を想像してもらい、この本をどのように読み、利用すればよいか、作戦を立てましょう。はじめに、5年後、10年後の自分について想像してみてください。1年後でもいいでしょう。そのとき、あなたは何をしていますか。あなたは何を感じていますか。周りには誰がいますか。あなたはどんな影響を周囲に与えていますか。あなたはどのように変わりましたか。何を学びましたか。

> **振り返り**
>
> ラーニング4.0では想像力を使います。この機会に想像力を働かせて、学習について考えてみましょう。

　ラーニング4.0にアップグレードした自分を想像してみてください。素晴らしい脳を思い通りに利用している自分。目覚めているときも、寝ているときも、常に学習している自分。仕事においてもプライベートでも、大抵の変化に追いつき、少し先を行っている自分。この思い描いた未来で、あなたはさまざまな状況において自信をもって学習しています。あなたは自分がバイアスをもっていることを理解しています。また、誤った情報や他人があなたを操作しようとしているときには、そのことに気がつきます。あなたは賢明な学習者で、好奇心にあふれ、ほんの些細な学びの機会も見逃しません。

　他の人と仕事をするとき、あなたは好奇心をもち、学習を始める準備ができています。新しい考え方にオープンで、他の人の成長に支援的です。たとえ、それが他人や周りの環境に影響を与えるとしても、学習を日々の生活に持ち込むことができる勇気があります。

　新しい知識を捉えて蓄え、新しいスキルと習慣を身に付けることに成功し、視野を広げ、自分自身がより高いレベルに上がっていくところを思い描いてください。生活の変化、新しい仕事の役割、人間関係の変化、仕事上のチャレンジといった、学習を必要とする大きな課題に直面しても、自信にあふれている自分を想像してみてください。周囲の情報に埋もれるのではなく、情報の上に立っている自分を想像してください。

　ラーニング4.0のビジョン、自分自身で描いた未来の仮想現実にどっぷりと浸ってください。そのビジョンを案内役として、この本を読み進めてください。

ラーニング 4.0 の実践者になるためのこの本の読み方

　他の本と同様に、この本も最初のページから最後のページまで順序立てて書いてありますが、順番通りに読む必要はありません。あなたのニーズや興味に合わせて、自分なりのアプローチを考えてみてください。まず、どんなことが書いてあるか、短い時間で確認してください。各セクションや章をさっと眺め、サマリー部分と、テンプレートやガイドにどのようなものがあるか調べてください。その上で、自分のニーズに基づいて関心のあるところを選んで利用するとよいでしょう。読みたい内容を、読みたい順番に読んでください。学習について広く熟知したり、ラーニング 4.0 の特定の実践領域で熟達したりするために、この本の情報を利用し、参照してください。

 リンク

　「ツール5　学習リソース別ヒント」にある、書籍から学ぶ際のヒントを見てみましょう。

　この本のはじめにあるマインドマップは、本書のセクションや章を視覚的に理解するのに役立つでしょう。ラーニング 4.0 の将来のビジョンへ向かって進むために、本書はどのように役立つでしょうか。この本からあなたは何を得たいですか。一番興味を引かれるのはどの内容でしょうか。どの部分を読みますか。（とりあえず）何を飛ばして読みますか。後々、別のことを学習することが必要になった場合、今度はどの部分が使えるでしょうか。途中メモを取りますか。どんなふうに取りますか。どこから読み始めますか。

リンク

　「ツール3　思考を忠実に表現するメモの取り方」にある、フォーマットの1つを使って、メモを取ることを検討してみましょう。

　この本は、次のような使い方ができます。

- ハウツーを知りたくてたまらない場合は、「第2部 ラーニング4.0の7つの実践方法」から読み始めてください。
  » 7つの実践はそれぞれ章が分かれています。どれか一部を読んでも、全部読んでも構いません。
  » 7つの実践のまとめは、「ツール2 ラーニング4.0の実践のためのテンプレート集」をご覧ください。
- 新たな学びの展望（学習する脳、学習の心理学、急速に変化する世界、あふれ出す情報の世界）に興味がある場合は、「第1部 新たな学びの展望」の各章をご覧ください。
- チームで仕事をしているときや、他の人を支援しているときなど、この本に書かれていることが生涯にわたる学習にとって、結局どういう意味があるのか知りたい場合は、「第3部 愛情としての学習」に進んでください。
- この本の詳細を読むというよりも、ツール集やガイドとして利用したい場合は、何が書かれているかすべてのページをざっと眺めて、前書きの部分を読んでください。学習に利用したいときは、この本のテンプレートや図、メモを取るためのフォーマットがいつでも使えるということを覚えておきましょう。

どのような読み方を選択するとしても、著者である私と会話しているつもりであってほしいと思います。質問をし、書かれていることをよく読み、考え、すでに知っていることと結び付けてください。私からは専門知識をお伝えし、助言させていただきます。私と皆さんは1つの同じ能力への興味によってつながっているのです。それは人間のすべての能力の中で、最も人間らしい能力、つまり、学び、成長し、変化する能力です。

自分の方法で読み始める前に、次のページから始まる「生涯学び続けるあなたへ」をぜひお読みください。読んでいただくと、皆さんがこれまで学習の旅でどれほど遠い道のりをたどってきたかがわかるでしょう。そして、これからも自分の学習の旅を続けていく勇気が湧いてくるでしょう。さらに、www.learning4dot0.com/unstoppable にアクセスして、私自身がこの本の概要を説明した2分間の動画をご覧いただき、自分の学習指数（LQ：Learning Quotient）を知るための簡単な質問に答えてみてください。

生涯学び続けるあなたへ

　自分が生涯にわたって学習の旅を続けていると考えてみてください。旅の途中で、あなたは定期的に学習のスキルとアプローチの方法をアップグレードします。自分の中の変化と、自分を取り巻く世の中の変化によって、これらをアップグレードすることが必要になるのです。これまでの人生を通じて、どれだけあなたの学習は進化してきたでしょうか。今、学習の新しい時代を迎え、新しいわくわくするようなアップグレードができる可能性が、すぐ目の前にあります。

初期の学習

　あなたは生まれる前から学習を始めています。母親の声を認識するようになり、音楽や、都市あるいは地方の生活音などから、音の好みを発達させました。ストレスと平穏を母親の体から感じ、学びます。その発達の初期には、脳の中では何十億個ものニューロンと潜在能力の通り道がものすごい勢いで誕生し、我々が知る限り宇宙で最も複雑なプログラミングに適応するための準備をするのです。

　母親の胎内で形成される脳の回路はランダムではありません。はるか昔からの人類の進化の中で生まれた潜在的な行動パターンとして形成されたものもあります。そして成長のため、脳内で、ニューロンの配線と再配線および発達を、生涯を通じて続けるための準備が行われます。言い換えれば、絶え間ない学びの人生を開始する準備をしていたともいえるのです。

すべての感覚器官とあなたの体内にある、奇跡ともいえる脳が外の世界と出会うと、一気に大きな成長が促進され、大人として必要となる学習回路よりもっと多くの潜在的な学習回路が作り出されます。そして、3才までに使われなかった学習回路はその後徐々に消えていきます。脳科学者はこれを「開花と剪定（Blooming and Pruning）」と呼んでいます。ですから、生まれて最初の数年間が脳の基盤づくりに極めて重要なのです。

　幼いとき、学習はほとんど無意識のうちに起こっていました。それは意味を見出すための言葉をもたないからです。周りの人を観察し、真似をしながら自分の行動を形づくってきました。意識の介在なしに、（今日でも脳のほとんどの部分がそうですが）名前もわからない脳のある部分によって学習が開始されます。愛、安全、食べ物、感覚、原因と結果など、学べるものはすべて学ぶのです[1]。あなたの脳は、ニューロンの配線と再配線および発達を繰り返してきたのです。

　続いて、私たちは言葉と体の動かし方を覚え始めました。このことによって、体と脳の発達も加速します。その後すぐに、自分の周りの世界を広げ、内面に情報を生み出す能力を発達させました。このとき、周囲の環境と人々が初期の脳のプログラミングに重要な役割を果たし、また、賞罰と身の回りの手本となる大人に大きな影響を受けてきました。そして脳の回路の配線が進み、ますます成長し、発達します。

　この脳の中の物質や神経の配線と再配線や発達は、子ども時代、青年期、そして初期の成人期にわたり続きます。そして、さらに生きている限り続くのです。

青年期の学習

　学習のプロセスについて皆さんが知っていることのほとんどが、子どものころや青年期に学校で経験したことに基づいています。学校での経験は、ラーニング1.0からラーニング2.0にアップグレードするのに役立ちました。良い成績を取り、試験に合格し、権力のある人を喜ばせるための学び方を学ん

できました。あなたはおそらく「学習」することと「勉強」することを同じものだと思い、客観的事実をひたすら頭に詰め込んだことでしょう。時折あるいは何度も、喜びを感じたり、何かを発見をしたりしたかもしれません。しかし、それは学校という場で体験したことです。学習というのは誰か他の人によって準備されたもので、何をどうやるかを自分では決められないと感じることがよくあったかもしれません。

　脳科学によれば、学校に通っている期間と働き始めるまでの期間は、ホルモンの変化のせいで、意識して学習に集中することが難しいのです。このとき、意識的な優れた脳の機能はまだ形成中なのです。脳の研究者たちによれば、自己統制と計画をつかさどる脳の前頭前野は、20代半ばまではまだ完全には発達していないと伝えています。

　そのため、20代半ばまでは、学習があなたのやるべきことの中心だったにもかかわらず、学習の目標や手段、学習プロセスに対する態度は、学校環境とあなた自身のホルモンに左右されていました。

成人の学習：ラーニング3.0から4.0へのアップグレード

　これまで見てきた初期の年月を過ぎると、学習者として独り立ちしなければならなくなります。新しい視点と方法が必要となる時期が訪れ、学習する優れた生命体としての自己認識を広げるのです。しかし、研究では、成人の学習の70％程度が自律的かつ自発的に行われるとされていますが、ほとんどの大人はそれをうまく行うことができていません（これまで何度学習を計画して、失敗してきたか考えてみてください）。有効な学習方法が必要とされますが、学校で学んだラーニング2.0のスキルを超えて学習能力を向上させる人はほとんどいません。支援してくれる友人や家族、同僚、上司でさえ、ラーニング2.0を前提で考え、学習とは知識の吸収と共有のプロセスだと思っていることが多いのです。たとえば、耳を傾けるべきときに、自分からしゃべってしまったりします。あるいは、あなたが学んだことを試したり、吸収したりするための時間が必要なときに、多くの知識を詰め込もうとしてし

まいます。おそらく、周囲の人々は、あなたが行き詰ったときに支援してくれるのではなく、課題を解決しようとし、代わりに決断を行ってしまうのです。その課題にあなたが自分自身で取り組むことで得られる学びがあるということを理解していないのです。

　皆さんが人生を通じてずっと学んできたことは間違いありません。しかし、生まれる前から歩んできたこの素晴らしいプロセスに、さらに進歩した学習の力が加わることを想像してみてください。今こそラーニング4.0にアップグレードするときです。さあ、一緒に始めましょう。

第1部

新たな学びの展望

　第1部では、ラーニング4.0の根拠となっている、脳科学（1章）と心理学（2章）からの知見をご紹介します。こうした知見を知ることは、あなたが学習によって成長し、変化する上で役に立つでしょう。またこのパートでは、世界では今、どのような変化が起きているのか（第3章）、そして、どれほどさまざまな情報にあふれているのか（第4章）についても知ることができます。こうした状況を受けて、人生における学びの役割が根本的に変化しており、ラーニング4.0の能力が必要になっているのです。

第1章

学習する脳：神経科学からの知見

　科学技術の進歩により、活動している脳の中を調べることができるようになりました。神経科学はまだ新しい分野ですが、早くもわくわくするような興味深いことがわかってきています。この章では、神経科学から明らかになってきたことをいくつか紹介し、脳の驚くべき力を、皆さん自身の人生と学びにさらに生かせるようになっていただきたいと思います。この章では、以下のことを学びます。

- 複数のパーツが集まって形成された、1つの強力なネットワークである脳について
- 学習を行っているとき、脳の中の細胞、脳内物質、脳波にはどのような変化が起こっているか
- 学習とは、意識してコントロールするプロセスと、影響を与えることはできてもコントロールできない無意識のプロセスの相互作用であるということ
- 脳がいかにパワフルで、素晴らしいか、そして地球上で最も複雑で不思議なものであるか

　脳の働きを理解すれば、ラーニング4.0 をもっとうまく活用できるようになります。ラーニング4.0 の実践方法が効果を上げる仕組みを理解すること

ができ、自分独自の方法を即興的に編み出すこともできるようになるからです。脳の働きにより、次のようなことが起こります。

- 目、耳、皮膚、鼻、舌が周囲の情報を取り込み、解釈を与えます。
- 危険を感じたり驚いたりしたときに、アドレナリンが放出され、素早い動きを取ることができます。
- 散らかった机の上、仕事や社会的なネットワークからでも、必要な情報を見つけることができます。
- 難しい作業でも、あまり労力をかけずに済む習慣に変えることができます（靴のひもを結ぶことが良い例です）。
- 朝起きると新しいアイデアが浮かび、前日の課題への解決策が見つかります。
- テクノロジーやツールを利用したり、生み出したりすることで、自分の能力を超え、難しい課題の解決策を見つけることができます。
- 自分を律することにより、他の誘惑や怠け心に打ち勝ち、計画や目標に自分を向かわせることができます。
- 何より素晴らしく、不思議なのは、自分自身を認識できているということです。こうしている間にも、あなたは自分自身に話しかけているのです。

　人は学ぶようにつくられているのです。しかし、どうしてそんなことができるのでしょうか。脳の働きはどのようになっているのでしょうか。そして、どうすれば、脳を活用してより良く学べるようになるのでしょうか。
　脳科学は今日、非常に注目されています。その理由の1つは（たとえばfMRIのような）新しい研究や技術のおかげで、人が学習しているとき脳の中で何が起こっているかを知ることができるようになったからです。私たちは、脳と体と心が驚くべき仕組みで連携して動いているということを理解し始めたばかりで、時には既存の理論と一致しないこともあります。ラーニング4.0では、このような新しい知識を利用した学習の実践方法を編み出します。脳の仕組みがわかると、自分の学習テクニックを即興的につくることができます。即興と想像力は4.0の実践者の特質として重要なのです。

第1章　学習する脳：神経科学からの知見

振り返り

ここでちょっと立ち止まって自問してみてください。あなたは、脳の仕組みについて何を知っていますか。この本を読み進める中で、どのようなことがわかるようになりたいですか。

　想像力を働かせながらこの章を読んでください。脳の内側を冒険している自分を思い浮かべてください。毎日鏡の中で見ている自分の向こう側へ行く準備をしましょう。

　ラーニング4.0の実践者のやり方で始めましょう。つまり、学習者として自分の内側へ入っていく中で、答えを見つけたいと思っている疑問について考えるのです。好奇心をもち、自分の内側にある素晴らしい能力に思いを巡らせ、もっと自信をもつ準備をしましょう。皆さんには想像以上の能力があるのです。

感覚：外の世界を取り込む

　まず、自分の感覚器官をぐるりと見回すところを想像してみてください。そこには目、耳、鼻、皮膚、口、そして舌が見えます。この素晴らしい感覚器官をざっと一周しながら、いかにこれらが豊富で、多様な能力をもっているか、そしてこれらの器官がいかに目の前に広がる世界を観察し、あなたに届けてくれるかについて考えてみてください。

　学習する能力は、このような感覚器官や肉体が基になっており、私たちは体全体を使って学んでいるのです。ラーニング4.0においても、意識的にできるだけ多くの感覚を利用して学び、自分の将来のビジョンを描きます。これにより、記憶するための方法が複数生まれます。

　私たちは、感覚によって自分が周りの世界とつながっていると考えがちですが、一方で、脳には癖もあります。脳は何の偏見もなく、外の世界を眺めているわけではありません。何世紀も前にプラトンが言ったのは、私た

35

ちが見ているものとは、常に世界に映し出された私たち自身に他ならないということです。つまり、自分の「外側」に見えているものは、ほとんどが自分の「内側」からきているのです[1]。神経科学者もこの考え方を支持しています。ブレイン（The Brain）というテレビ番組の司会をしている科学者のデイビッド・イーグルマン（David Eagleman）によれば、「私たちは物をあるがままに認識しているのではなく、私たち自身を見ている」[2]のです。

多くの場合、自分のフィルターというのは無意識なものです。そのため、ラーニング4.0の実践がせっかく自分の偏見に惑わされず物を見ることに役立つというのに、それを身に付けるチャンスを失ったり、そのチャンスに抵抗してしまったりするかもしれません。これは重要なことなので理解しておいてください。なぜなら、身の回りの世界が変化している今、皆さんは自分自身の思い込みの罠にはまってはいけないからです。

振り返り

自分の中にフィルターがあるということをしっかりと意識し、身の回りにある、より幅広い情報にもっと目を向けてください。そして、自分がX（ある人や考え、状況）には注意を払い、Yには注意を払わなかったのはなぜなのかを考えてみましょう。

脳のネットワークの部位と細胞

ここで思い出してみましょう。日ごろ私たちはさまざまな選択をしています。食事をしたり、眠ったり、運動をしたり、ポジティブあるいはネガティブに考えたり感じたり、環境を変えたり、注意したり。このような選択が、あなたの中で起こっていることすべてに影響を及ぼしています。もし体のシステムがうまく機能しないと、ストレスを感じたり、学ぶための集中力やエネルギーがそがれてしまったりするかもしません。

人はとても複雑な有機体で、何をするにもそのほとんどは脳の働きや命令によって自動的に行われます。脳ほど複雑な器官はこの地球上にありませ

ん。ほとんどの人はこのような脳の働きを当たり前のこととみなし、脳について多くを知りません。生涯をかけて脳について研究をしている科学者でさえ、脳についてほとんどわかっていないということを認めています。しかし、この機会に脳の仕組みについてわかっていることを探求し、もっとうまく脳を学びに利用しましょう。

ニューロン（Neurons: 神経細胞）：学びの根幹をなすもの

　感覚を通り越して、さらに内部へと想像をめぐらせてみましょう。脳を何層にも保護している頭蓋骨や脊柱、細胞膜、クッションとなっている液体を通り抜けると、そこにはたくさんのごく小さな細胞があって、学習能力の根幹になっていることに気づくでしょう。これが神経細胞、ニューロンです。その数はおよそ900億にのぼります。ニューロンは、その小さな体にDNAと細胞自体を維持する機能をもっています。さらに、長いもので1メートルにも及ぶしっぽの部分があり、脳や体の他の場所にある別のニューロンにメッセージを送ります。

　各ニューロンは、脳や神経系の特定の場所に存在し、何千もの他のニューロンから電気化学信号を受け取ります。信号は数千の小さな枝（樹状突起）を通って、シナプスと呼ばれる小さな隙間を横切って届きます。学習をすると、シナプスの電気化学的な活動が起こり、ニューロンの小さな枝の構造が変化します[3]。その変化は、9万マイル以上の長さの絶縁された神経線維の経路を通って、他のニューロンに伝達されます。

　物理的なレベルでは、ニューロンとその接続、およびコミュニケーション経路の変容と形成が、学習の最終的な目的です。ところが、ニューロンの変化は初期の段階では安定しません。それらを支え、強化するために必要なことがあります。学びの達人たちはそれがわかっているため、第2部で学ぶような方法を実践することで、学んだことを定着させているのです。

　脳の中ではたくさんのことが起こっています。考えてもみてください。長さ1メートルのしっぽをもった900億個のニューロンが、100兆カ所で接続しているのです。ニューロンのネットワークはこのように驚くべきもの

で、緊密に結びついた、極めて複雑な構造をしていて、今日の脳科学者たちの中心的な研究テーマになっています。このネットワークは、コネクトーム（connectome：神経回路マップ）と呼ばれており、常に変化を続けています[4]。あなたが脳について学んでいる、まさに今、このときも、です。

　想像できると思いますが、コネクトームはエネルギーをたくさん使います。そして、脳の前方にある思考や意識をつかさどる部分には多くのニューロンが存在していますが、学習のような意識的な活動を行うのは、特に大変なことなのです。この本で紹介する実践やツールは、意識的な学習により脳がエネルギーをたくさん消費することを踏まえています。ですから、学習で必要になるエネルギーをやりくりするのに役立つでしょう。

　ところで、学習を行おうとするとき、ニューロン同士の接続は変化する必要がありますが、その場合でも、すでに脳の中にあるニューロンの接続が役に立ちます。脳はすでに知っていることを記憶から引き出すので、一からすべてを学ぶ必要はありません。たとえば、生まれつき目が見えない人や耳が聞こえない人が、突然目が見えたり、耳が聞こえたりしたらどうなるでしょう。はじめは目の前に現れた世界を理解できず、いくつもの意味のない景色や音の関連を理解していく必要があるでしょう。

　すでに脳の中に出来上がっているニューロンの結びつきは学習による資産ですが、負債にもなり得ます。年を取るに従い、何かを覚えたり思い出したりする際に、脳の中の既存の結びつきを整理することに時間が掛かるようになるかもしれません。結びつきの中には、凝り固まった習慣となってしまったものもあり、もはやあまり役に立たないかもしれません。加えて、あなたの脳はどうしても過去の経験や前提を目の前の現実に当てはめようとしてしまうのです。もしかすると過去に撮影された映画を見ていて、目の前の現実を見ていないかもしれないのです。たとえば、高校時代の友人に会ったときに、その友人についてよく知っている部分にしか注意がいかないかもしれません。過去の前提を現在に当てはめてしまうと、「何も変わったところはないな」と考えがちです。このように、認識をゆがめてしまう脳の癖に気づかないと、その友人が自分の知っている高校時代からどのように変わったかを見落としてしまうでしょう。

　自分の脳について十分理解をしましょう。数百億のニューロンとその何倍

もの接続によって、学習が支援されるのです。自信をもちましょう。学習と人生を形づくり、成功するための十二分な能力が人間には備わっているのです。

まったく驚くべき能力ですが、それはすべて皆さん自身なのです。

 振り返り

今読んだことについて振り返ってみましょう。脳に話しかけるようにしてゆっくり時間を取り、活性化したばかりのニューロンに、強力で長期的な接続をつくり出してみてください。次のように自問してみましょう。ニューロンとシナプスとは何か。ニューロンは学習においてどんな役割を果たすか。コネクトームとは何か。情報は脳の中でどのように伝達されるか。なぜ人は現実に対して違った見方をしてしまうことがあるのか。自分の脳についてどう思うか。

脳の部位と領域

ニューロンはそれぞれ何千もの他のニューロンと結びつき、インターネットや銀河よりもはるかに複雑なネットワークを構成しています。しかし、ニューロンは、脳内での存在場所が決まっています。その場所について理解を深めることによって、自分の学習の癖をうまく扱うことができるようになり、正しい学習テクニックを選択して使えるようになります。

大脳皮質

脳内への旅で最初に目にするのは、大脳皮質です。これは灰白質といい、大抵の脳の写真で目にする、複雑に折りたたまれた部分（大脳）を覆っています。哺乳類には大脳皮質がありますが、他の生き物にはありません。人の大脳皮質は非常に薄く（10分の1インチ*）、他の哺乳類よりもニューロンの層が多くあります。この他の哺乳類より多い層の部分は新皮質と呼ばれます。新皮質は複雑で意識的な脳の活動を支えていると考えられており、学

* 10分の1インチ＝約0.254cm

習を意識的に行う場合に重要です。大脳皮質には全ニューロンの20％が含まれます。また、脳は人の体重のたった2％の重さしかないのに、体全体の20％のエネルギーを消費します。新皮質はその半分のエネルギーを消費していると研究者は考えています。

脳がどのように機能しているか、それぞれの部位がどのように連携して動いているかはいまだに大きな謎です。脳は感覚器から情報を受け取り、処理し、統合し、さまざまな行動の指示を出します。しかし、その働きのほとんどが、人の意識のないところで起こっています（900億のニューロンと100兆の接続をコントロールする方法などありません。それは、企業の幹部が組織のすべての人の行動をコントロールすることができないのと同じです）。

もしすべての行為が自動システムで行われるとしたら、成人学習について書かれた本なんて欲しくないし、必要もないでしょう。しかし、脳には自動的な行動や習慣的な行動を塗り替え、自分の周りの世界に適応したり、新たに理解することを手助けしてくれるメカニズムをもっています。このようなメカニズムの多くは、人間特有のものです（人間ほど多くはありませんが、類人猿にも存在します）。

振り返り

この章では科学的な情報をたくさん学びます。そろそろ疲れていませんか？深呼吸を2、3回したり、立ち上って体を動かしたりして、5分間休憩しましょう。数分間、学習を中断して脳を自動運転にするのもよいことです。

人間としての特別な能力をつかさどる最も大切な部分は、脳の前方にある前頭前野です。そこではニューロンの接続が最も密集（コネクトームが活動！）し、脳の他の部分とつながっています。ホルモンや過剰な情緒反応、習慣が行動を支配しようとするときでさえ、前頭前野の働きによって自分自身をコントロールし、意識せずに起こる行動を塗り替えることができるのです。前頭前野では、計画を立てる、批判的に思考する、クリエイティブなアイデアで課題解決をする、イノベーションを生み出す、自制心や意思の力を働かせる、短期的な利益を犠牲にして長期的な利益のために行動するなど、

意識的なコントロールを行うときに電気的な活動が起こります。

前頭前野は意識的な活動をコントロールする中枢であるため、ラーニング4.0の行動を導く鍵となります。前頭前野を使って何かに注意を向けたり、学習プロセスを管理したりするのです。前頭前野で手にしたリソースを利用して成功を導く準備をし、他の脳の部分が陥りそうな障害をコントロールするのです。しかし、前頭前野はエネルギーを非常に多く使います。したがって、ラーニング4.0の実践者は、エネルギー管理の課題があることを知った上で、学習をコントロールしなければなりません。また、エネルギーを湧き立たせつつ、その使用を最小限に抑え、エネルギー効率の高い学習の流れに乗り、睡眠を活用し、そして脳内物質を戦略的に引き出す方法を見つける必要があります（詳細については9章と10章を参照）。

海馬：短期記憶が行われる場所

脳の中で学習にとって重要な場所をさらに見つけるには、脳のより深い場所へ旅をしなければなりません。そこで、記憶が最初に立ち寄ると考えられている場所へ想像力を働かせてみましょう。そこが海馬です。このタツノオトシゴの形をした脳の部分は、学習を行うときに意図的に新皮質と緊密に連携して働きます[5]。海馬はまるで、まだ保存されていない、スクリーン画面上の情報のようなものです。海馬はワーキングメモリであり、新しい情報が、脳のどこかに保存される前に最初に処理される場所です。

9章と10章では、短期および長期の重要な記憶作業に海馬を役立てるための具体的な方法を学びます。

海馬は記憶の保存と、保存後にそれらを呼び戻す際に重要な役割を果たします。それはインターネットの検索サービスに似ています。情報に見出しをつける、分類する、他とひも付ける、呼び戻すということを行います。科学

者の多くは、海馬は記憶のかけらを暗号化し、見出しをつけ、脳内のさまざまな記憶場所に移動し、そしてその記憶のかけらが必要になると、それらを見つけて意味のある記憶に再構成すると考えています。

視床：絶え間なく働く中継局

　視床という脳の部分は、人の感覚器官から電気化学信号を受け取り、それを大脳皮質の適切な部分に送り、その信号を人が感じ取る音、イメージ、および感情に変換します。この過程で、感覚器官から得られた情報はすでに脳にある情報と混ぜ合わされます。その結果、脳の中を動き回ったり、あるいは海馬にたどり着いたものは、必ずしも外界の現実そのものではありません。新しい情報を取り込む場合でさえ、すでに格納された記憶が学習行動にいかに影響を与えているかということに注意してください。

　視床はまた、睡眠と覚醒を調整し、注意力に大きな影響を及ぼすため、学習の成功にとって最も重要な要因の1つです。

扁桃体：感情の中心部

　脳内の旅で次に出会うのが、このクルミの形をした感情の中心となる場所です。扁桃体のおかげで、私たちは脅威となる状況を認識し、出来事や思考に感情を付与し、危機や危険に対して迅速に行動を起こすことができます。通常、扁桃体は視覚、聴覚、その他の感覚情報を視床から受け取ります。ところが危険な状況になると、通常使う感覚器官から大脳皮質へ至る経路を通らず、もっと速い経路で直接信号を受け取ります。

　扁桃体は、海馬（新たに記憶されるものが最初に入る場所）のすぐ隣にあります。これはつまり、何をどうやって学び、それをどうやって思い出すかということに、感情が影響するのは避けられないということです。扁桃体により、記憶の多くが感情に彩られ、覚えておく情報に優先順位がつけられることになります。たとえば、身の安全に役立つことや、良いまたは悪い感情

にひも付いた物事などは、記憶される可能性が高くなります。扁桃体が恐れを感じる状況に関する情報を記憶するということには、ある程度の根拠があるのです。このような記憶をなかなか消すことができないのには、こういう理由があるのです。扁桃体はまた、広告主や政治家、そのほか、人の行動に影響を与えたり、コントロールしたりしたいと思う人の標的になります。しかし、ラーニング4.0の実践者は、扁桃体が乗っ取られそうな、こうした状況に気づくことができます。

ラーニング4.0の実践者のためのより良く記憶するヒントとして、感情に訴える要素を学習に加えてみましょう。ラーニング4.0の実践はこのヒントを活用します。たとえば、想像してみましょう。何かを学んだ後、あなたはどのように感じていたいでしょうか。

前障と島：未発見のリンク？

脳を巡る旅を終える前に、脳の中の極めて神秘的な2つの場所について、立ち止まって考えてみましょう。前障と島です。そこには神経科学と心理学の最大の疑問に対する答えがあるかもしれません。ニューロンやシナプス、大脳皮質などの物理的な脳の部位が、どのようにして意識や自己認識に変容するのでしょうか。つまり、物理的なもの（ニューロン、脳内物質、脳の部位）がどうやって、触れることのできない主観（意識）といわれるものを生み出すのかという疑問です。現時点では、誰もこの疑問に答えることはできません。物理の法則でさえも当てはまらないのです。

あなたが(物理的に)何であるかということと、あなたが(心理的・精神的に)誰であるかということをリンクさせているかもしれない脳の部分が、前障です。前障は、脳の奥深く、大脳皮質の下にある薄い膜の部分です。前障が特徴的なのは、脳のどこからでも情報を受け取り、同時に脳のどこへでも投げ返すことを行っていると思われる点です。また、前障はさまざまな情報を統合し、より大きな情報へと編成します。それは、おそらく人が意識として体

験しているものだと思われます。もしそれが本当だとしたら（これは神経科学の中でも意見の分かれるところですが）、前障は内面のまだ発見されていないリンクともいえるものかもしれません。生物学的な部位が、どのように人間の意識や認知を創り出すのかを解明する鍵が、ここにあるのでしょうか。DNAを発見した学者の一人であるフランシス・クリック (Francis Crick) は、前障を「ニューラル・スーパー・ハブ (Neuronal Super Hub：神経のスーパー・ハブ)」と呼び、晩年をその解明に費やしました[6]。

振り返り

　脳がもつ力について考えてみましょう。情報を感覚器官が取り込み、視床によりニューロンとコネクトームに送られ、海馬と扁桃体が処理を行い、大脳皮質に蓄えられる様子を想像してみましょう。そして、前頭前野と前障、そして島によって、すべての電気化学信号が思考や感情に変換されているかもしれないということを想像してみましょう。

　脳の中でもう1つ、意識に大きく関わっていると思われる興味深い場所があります。特に感情と社会的な交流に関わっている部分、それが島という場所です。大脳皮質にあるこの部位は、脳の深い所にしまわれており、共感したり、感情を認識し、感じ、それに従って行動するための能力に影響していると思われます。この場所のおかげで、脳が社会的学習に目覚め、それを実践するようになるのです。前障のように、島はより多くの情報を統合し、感情や社会認識全体を統合するための鍵を握っている可能性があります。

　前障と島がどのような働きをし、何をする場所なのか、いつかもっと多くのことがわかるようになることは間違いありません。前障や島は、物理的な脳の活動を思考や感情に変換することができるのでしょうか。もしそうだとしたら、前障と島は学習における難題の解決に極めて重要なものとなるでしょう。差し当たって、これまで見てきたように、私たちの脳が、人の物理的な基礎となっている、複雑な関連やつながりを生み出すようにデザインされているという事実を知るだけでも驚くべきことでしょう。

脳内物質と脳波

　学習の成功は、脳内物質と脳波からも影響を受けます。脳内物質や脳波にどのような作用があり、どのようにして発生するのかがわかれば、学習アプローチをデザインすることができます。長期目標に向かって学んでいる場合でも、30分のモバイル学習やゲーム、会話から何かを学ぼうとしている場合でも、自分に合ったアプローチをデザインできるのです。

脳内物質

　人間の体に存在する、あるいは体内でつくり出される化学物質は100種類以上あります。ラーニング4.0の実践者として知っておくべきいくつかの脳内物質について見てみましょう。

　アドレナリンは、脳のエネルギーとなる栄養素のブドウ糖を放出することで、注意力を高めます。また、ニューロンによる記憶の痕跡を強化します。しかし、アドレナリンは中毒性があり、また枯渇しやすいという性質があります（おそらくアドレナリン中毒について聞いたことがあるでしょう）。

振り返り

　脳内物質の効果を利用して、自分の目標に向かって進めるように、学習をデザインしてみましょう。アドレナリンのもたらす緊張感、エンドルフィンの安心感、ドーパミンの達成感、オキシトシンの助けてくれる仲間と一緒にいるという感覚、それぞれの効果を学習に利用してみましょう。そして、ストレスのレベルをコントロールし、コルチゾールが多すぎることが原因で起こる副作用（不安感）を抑えましょう。本書を読み進めていただくと、上記のような脳内物質を最大にしたり、最小にしたりするヒントが得られます。

　目標を達成したり、好奇心が満たされたり、何かに驚いたりしたとき、体の仕組みにより**ドーパミン**が放出されます。ドーパミンはモチベーションを上げる「快楽」に関わる脳内物質です。ドーパミンが出るとモチベーション

が維持され、活動し続けることができます。

エンドルフィンもまた、心地よい気分になるために重要な物質です。エンドルフィンのレベルが高いと、一般的な意味でいう幸福感を味わうことができ、学習を受け入れやすい環境がつくられます。エンドルフィンを増やすには、有酸素運動が効果的です。

オキシトシンは、人と一緒にいるときや、チームで学習をしているときに増加する、もう1つの脳内物質です。他者との絆を深めたり、共感したり、つながりを感じたりするとき、オキシトシンが働いています。オキシトシンが生み出す良い感情は、学習を続けることに役立ちます。なぜなら、人は他者と一緒に学ぶことで学習効果が上がるからです。

そして**コルチゾール**という物質ですが、これはストレスホルモンです。コルチゾールにより、脅威や心配事、恐れ（テストで恐れを感じることも含みます）などに、即座に対応できる体制を維持できます。しかし、概してこれは学習にはマイナスです。少しの量であれば、注意力を高め、記憶を促進しますが、多すぎると記憶を呼び戻す際に障害になります。コルチゾールはテストに備えることに役立つかもしれませんが、同時にそれによってテストを受けることが難しくなるかもしれません。コルチゾールは体の中に何時間もとどまり、長時間大量のコルチゾールが体内に存在すると、慢性的なストレスにつながり、ニューロンや前頭前野のネットワーク、扁桃体に悪影響を及ぼします。ですから、このストレスホルモンが、学習する上で重要となる、心の健康と精神機能に影響があるということを覚えていてください。

ストレスの悪影響を軽減する方法はあるのでしょうか。実はあります。BDNF (Brain-Derived Neurotrophic Factor：脳由来神経栄養因子) というたんぱく質は、学んでいるときに変化が起こる場所であるニューロンのシナプスで活動しています。BDNFはニューロンの電荷を増大し、ニューロンがより多くの枝を伸ばし、学んだことを暗号化することを促進します[7]。ではどうやって細胞を刺激し、学習に役立つこの素晴らしい資源をつくることができるのでしょうか。それは運動をすればよいのです。2、3分の短いものから、もっと長い運動まで、どんな運動でもBDNFの生成を促進することができます。これは、日常的に体を動かすことが大切だという大きな理由の1つといえます。

脳波

　ニューロンが活動すると、異なった周波数の脳波が発生します。通常いくつかの脳波のパターンが同時に出現しますが、その中で優位なパターンは1日を通して変化します。脳波は学習に影響を及ぼしますが、第2部で学ぶテクニックを使えば、自分で脳波に影響を与えることができます。今のところは、ラーニング4.0の実践者は、学習の段階や課題によって、脳波を合わせることも行うということを知っておいていただくだけで結構です。それでは、脳波について周波数（1秒間の周波数）の低いものから順に見ていきましょう。

- 最もゆっくりとした脳波は超低周波（infra-low）です。これは海の中の最も深い層のようなもので、脳のより上位の機能を安定させる基礎となります。とてもゆっくり（2秒あたり1周波）しているので、現在の機器で捉えることは容易ではありません。
- その上のレベルには、これもエネルギーが低いデルタ波（deltawaves）（1秒あたり0.5〜3周波）があります。デルタ波が出ている時間に体の回復が行われるため、睡眠時は、この時間が長いほうがよいのです。
- シータ波（theta waves）（1秒あたり4〜7周波）は、エネルギーをより多く消費します。シータ波は覚醒と眠りのはざまで現れ、情報が記憶へと移行する際に重要だと考えられています。シータ波は夢を見ているときに活発になります（これは学習にとって重要です。夢を見ているとき意識は働いていませんが、その間に記憶が強化されるからです）。何かを学んでいて、時がたつのを忘れているときは、おそらくシータ波が出ている状態です（これはフロー状態ともいわれます）。
- アルファ波（Alpha waves）（1秒あたり8〜12周波）はリラックスして、かつ今この瞬間に起こっていることに意識が集中しているときに発生します。アルファ波は意識と無意識の両方の状態にまたがるため、瞑想やマインドフルネスを行うときに、この状態を目指すことが多いのです。また、アルファ波は創造性とも関連があります。
- ベータ波（beta waves）は、課題解決や日々の仕事をこなしていると

きに優位になります。ベータ波の周期は広い範囲に及びます（1秒あたり13〜30周波）。単に何かを調べているようなときにはゆっくりで、複雑な思考をしたり、さまざまな情報を統合しようとしたりしているときには速くなります[8]。カフェインはベータ波を刺激するようです。
- 最も周波数が速いのがガンマ波(gamma waves)（1秒あたり31〜120周波）です。ガンマ波は最近発見され、特に集中しているときや、極めて複雑で精神的、情緒的なタスクを行っているときに現れます。また、突然ひらめいたときにも現れるようです。これこそ人間に特有の現象です。

振り返り

第2部で紹介する演習の中には、脳内物質と脳波に意識的に影響を与えることに役立つようデザインされたものがあります。

これらの脳波が学習にどのような役割を果たすのか、完全にわかっているわけではありません。しかし、それぞれの周波数が、それぞれ異なる脳のプロセスに対応するということは明らかです。たとえば、非常に集中したフロー状態で学習しているときには、脳波はアルファ波とシータ波の境界で現れます。一方で、最も遅い脳波（超低周波）と最も速い脳波（ガンマ波）を巡っては、まだわかっていないことがあります。前障と島のように、この両極端にある脳波は、より高い意識と重要な関連があり、学習に対しても潜在的に大きな影響を与えているかもしれません。これらの脳波に対する理解が深まれば深まるほど、私たちが今日置かれている、複雑で変化の速い学習環境により良く対応できるようになり、また、新たな学習環境を創造し続けることができるかもしれません。ラーニング4.0へアップグレードすることにより、いずれこのような脳波をより刺激できるようになることは、間違いないでしょう。ですから、この分野でさらなる発見が行われることに注目しましょう。それまでの間は、この本に書かれた実践方法が、脳波の状態に影響を与えることに役立つでしょう。

ラーニング4.0の実践者になることは、脳がもつ資源の価値を認識することから始まります。ここまでで皆さんは、脳のさまざまな部位、脳内物質や

脳波の種類、そしてその役割について理解が深まっていることでしょう。そこで次に、学習しているときに脳がどのように働いているのかを、もう少し学んでみましょう。

人生と学習に関わる2つの脳のシステム

これまで見てきた脳の部位は、全体として、どのように働くのでしょうか。まずは、脳の働きの2つの主要なモードの違いを理解しておくのがよいでしょう。自動で働くモードと意識下で働くモードです。生命を維持するためのさまざまな働きやその時々に適応する働きは、自動的に、無意識に行われます（自動システム）。一方で、人は自分の行為を自分でコントロールする素晴らしい能力をもっています（意識システム）。このシステムは、自動的に行われる行為を覆すことさえあります。

自動システム

人はほとんどのことを自動的に行います。神経科学者のデイビッド・イーグルマン（David Eagleman）はこのことについて、ほとんどの時間、「脳は匿名でショーを取り仕切る」と表現しています[9]。大抵の場合、人の行動や反応は癖や習慣になっていて、何千年もの進化により埋め込まれた知識と、自分自身の経験によってプログラムされています。脳の最も古く、最も発達した動作方法が「自動システム」であり、多くの場面において望ましい方法なのです。自動運転のほうが省エネであり、脳は自動運転を志向しているのだと考える科学者もいます。

未知の場面や脅威に直面した場合、脳は素早く自動システムに切り替わります。たとえば、道路に鹿が急に飛び出してきたとき、ドライバーは無意識的に車のハンドルを切るでしょう。一瞬意識が働くかもしれませんが、反応はほとんど自動的です（自動システムは、この種の情報処理を素早く行って

命を守ってくれるので、これは良いことです)。

　学習を行っているとき、自動システムは真っ先に慣れた解釈や癖に頼ります。自動システムは、じっくり考えることで時間を使うことを好まないのです。むしろ、すでにもっている知識、感情やヒューリスティクス（経験則：経験から生み出されたルール）、あるいは、大昔からの進化の過程で組み込まれたプログラムに頼ります。人の行動はそのようにして形成され、バイアスが掛けられているのです。学習をするときには、このような過去に積み上げたプログラムを調べ、変更を加える必要があります。

　自動化された行動の中には、長年の訓練と学習の賜物もあります。たとえば、スポーツをしたり、計画を調整したり、ギターを演奏したり、効果的なミーティング運営を行ったり、飛行機を操縦したり、商品を最適に陳列したり、チェスをしたり、コンピュータの問題を見つけて直すといった行動です。このようなケースでは、行動は複雑で、ロジックは隠されています。周りから見ると、生まれながらの天才のように見えるかもしれません。しかし、このような高度な専門性は苦労して身に付けたからこそ、行動は習慣化され、自動化されているのです。周りからは驚きの目で見られますが、本人は一見難しいことをちょっとした努力でこなしてしまいます。

振り返り

　これまでに身に付けた能力の中で、今は考えずにできてしまい、簡単に見えることでも、実は多くの練習を積み重ねた結果、できるようになったことには、どんなことがあるでしょう。

　自動システムは、学びを自分のものにするための強い味方です。いったん何かを学び始めると、自動システムが働き、新しい情報が処理され、記憶されるのに役立ちます。最初に集中してしまえば、後は眠ったり、他のことを行ったりしている間に、自動システムが処理を続け、学んだことを保存してくれます。

 リンク
バイアスが学習に及ぼす影響については、9章でより詳しく学びます。

　自動システムについてはまだ知るべきことがあります。自動システムは睡眠も学習に役立ててしまいます。深い眠りについているところを想像してみてください。眠っている間にも、脳はその深いところでたくさんの作業を絶え間なく行っています。通り道をきれいに掃除し、ニューロンを強化し、新たに配線したり、再配線し直したり、短期記憶（海馬）に入っている情報を新皮質の長期記憶に転送したりしています。意識システムが一時的にオフラインになり、新しい情報を取り込むことがないため、眠っている間にこのようなことが可能になるのです

　このような自動的に起きる脳の働きは、普段の生活をしている間にも起こりますが、ほとんどは眠っている間の出来事です。この働きの恩恵を受けるためには、睡眠中の脳が処理する新しい情報が、短期記憶の中に入っていなければなりません。そして、十分に長くゆったりとした睡眠が必要となります。記憶の整理と定着のほとんどは、7時間睡眠の最後の2、3時間に行われると考えられています[10]。これを成功させるには、意識システムを使って十分な睡眠を確保できるよう、自動システムをサポートする必要があるのです。

 リンク
学習に睡眠をどう役立てればよいか、9章と10章でさらに学びます。

意識システム

　意識システムは思考と意図的な行動をつかさどります。人は意識システムを使って、自動システムにとどまったままでは達成できないような目標を設定し、それに向かって行動します。複雑で初めて出会う課題を解決するとき、

ありたい未来や目標に到達するための方法を考えるとき、人は意識システムを使います。また、自動的に起きる反応や思い込み、感情が、状況にふさわしくない場合や、将来に良くない結果をもたらす場合には、意識システムを使ってコントロールし、それらを置き換えます。こうした難しい選択や判断は意識システムの中で行われます。

　学習において目標を設定したり、最適な情報や手助けとなるものを探したりするときも意識システムを使います。たとえば、学びたいことに注意を向けて集中するとき、意識して学習テクニックを活用するとき、これまでの習慣を変えようとするとき、新しい行動を獲得するために環境を変えるときなどです。

　また意識システムは、睡眠中や他のことを行っている間に、自動システムが学習の促進や定着を行うのを準備したり、調整することさえもできるのです。そして、学習環境が整っていれば、意識システムが確実に両方のシステムをうまく利用できるようにしてくれます。

　意識システムは自動システムと同じ物理的リソース、つまり人の脳と肉体のすべてのリソースを使います。意識システムは自動システムに依存する側面がある一方、自動化されて実行されることを置き換えたり、変更したりする能力をもっています。学習する際にはこの能力を使って、感覚器官と思考のプロセスを意図的に学習内容に集中するようにしているのです。さらに訓練をすれば、ニューロンや脳内物質、脳波の作用に影響を与えることもできます。

学習する脳：まとめ

　この章では、学習する脳について知るために、頭の内側を探索し、学んだことが符号化される場所であるニューロンとその接続について知りました。また、脳の各部位はそれぞれ専門の機能をもっていますが、横断的なコミュニケーションのネットワークである、1つのコネクトームとして働くことを知りました。

第1章　学習する脳：神経科学からの知見

振り返り

時間を数分取って、意識システムを使ってみましょう。学習する脳について得た洞察について、3つか4つ取り上げて、自問してみたり、他の誰かと話したりしてみましょう。今知っていることと、この章を読む前に知っていたことを比べてみましょう。このようにすると、学んだことをより多く覚えることができます。

また、ラーニング4.0の学習の実践のために重要となる、以下の脳の部分について概観しました。

- 感覚器官（人と世界との接点）
- 大脳皮質と新皮質（学習を促進し、記憶する実行機能）
- 海馬（最初に記憶が形づくられ、後に索引がつけられ、引き出される場所）
- 視床（情報の中継局）
- 扁桃体（感情の起伏や種類をくみ取り、情報に人間らしさを与える感情処理装置）
- 前障と島（物理的な刺激を統合し、意識に変換する場所）

そして、脳内物質と脳波が学習を支援し、学習の状態にどのような役割を果たすかを学びました。

最後に、人には2つの情報処理のシステムがあることを学びました。それは、自動システムがほとんどの仕事を引き受け、意識システムは、癖や反射的反応を置き換えたり、注意を向けたり、目的をもった行動や学習を行うといった、意図的な活動に使われるということでした。

ラーニング4.0の実践者になるということは、意識システムと自動システムの両方を引き受けて管理するということであり、いわば学習プロセスにおいて体のすべてに意識を向けるということです。それはいったいどのようなことなのでしょうか。私たちの中には、自分の行動を左右する何か他のものがあり、自分の意識的な行動を突き動かしているのです。それが、「より大きな自己」です。これを理解するため、生物学と脳科学の領域を離れ、次は、

心理学者、哲学者、そして神秘主義者の世界に入ります。彼らこそ、より大きな自己とは何者なのかといった疑問に答えることに取り組んでいる人たちです。他人とは異なる願望や興味をもつ自分とは誰なのか、独自の人生を歩む自分とは誰なのか、そして、素晴らしい脳を使う自分とは誰なのか。

　それが次の章のテーマです。

第2章

学習する自己：心理学からの知見

　人は複雑で、自己を認識し、発達し続け、自分自身を創造できる生命体として存在し、考え、想像し、選択し、自己変革することができます。ラーニング4.0の実践により、こうした幅広い能力をより引き出すことができるようになります。この章では、以下のことを学びます。

- 人の発達に関する心理学者や学習の専門家の知見
- 自分と他者の人生の旅の共通点と違い
- 自分には何が必要か、自分はライフステージのどの段階にいるのか、どんな力が学習に影響を与えるのかということについて考える方法
- 自分とは何者なのか、学習する自己とは何なのか

　人は脳によって定義されるものなのでしょうか。そうだとしたら、誰が脳を使っているのでしょうか。学習をするのは、いったい何者なのでしょうか。
　このような疑問への答えは、ラーニング4.0の実践者にとって深い意味をもちます。なぜなら、「自分が何者か」という問いの答えは、自分のモチベーションやゴール、リスクテイク、その他の重要な要素に影響するからです。
　そして、答えを見つけるためには、自分のもう1つの側面を探求する必要があります。考え、感じ、生活し、自己認識を行う人としての側面です。つ

まりそれは、内省的な自己、あるいは、より大きな自己です。このような自分こそ、心理学者や哲学者、スピリチュアル・リーダーなどが興味をもつ人の側面なのです。

より大きな自己について学ぶために、セラピストや詩人、あるいは預言者になる必要はありませんし、特定の宗教的な信仰をもつ必要もありません。しかし、この章では人の内面にある内省的な世界や、それがラーニング4.0の実践者としての自分にどのような意味をもつのかを探求してみてください。

そして、自分自身に好奇心をもって、学習するより大きな自己について気づきを深めてください。

振り返り

脳を使う「何者か」について、知っていることを3つ挙げてみましょう。

自己の深層

より大きな自己についてさまざまな考え方があることを知ることは、自分自身をより良く理解するのに役立ちます。その中でも、20世紀にカール・ユング（Carl Jung）が提唱した自己に関する考察は、現在も根強く残っているものの1つであり、自己についてより良く学ぶための背景的知識としてとても有効です。そこで、ユングの概念を踏まえて、自分が何者であるかについて考えてみましょう。

- **自我**　これは意識的な自己であり、人が自分自身だと認識する自分です。また、外界の状況に適応した自分や他者に見せたい自分に応じて、世界に提示している自分でもあります。
- **個人的無意識**　これは自分でも普段気がついていない、自分の内側に隠された固有の個人的な記憶や資質、行動パターンです。
- **集合的無意識**　これは、すべての人の中で働く心理的力学です。

- **大きな自己**　大きな自己とは、上記の自我やペルソナ（自分が演じる役割）、無意識の部分だけでなく、科学者、生物学者、心理学者も簡単に説明することができないような、もっと精神的な、根幹的な自己をも含んでいます。それはすべてを包含した本当の自分です。

図2-1. 自己の深層

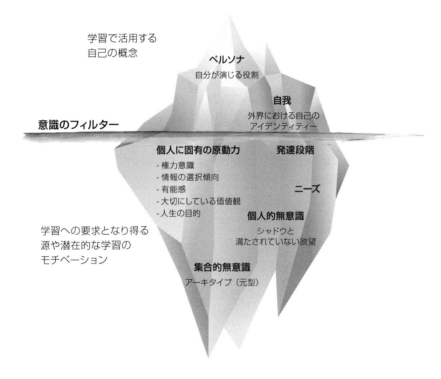

自我とペルソナ：氷山の先端

自我は、氷山の露出している部分のようなものです[1]。自我の中身は、個人の資質、能力、成果、目標など、自分を自分として同一視している部分です。つまり、意識的に自分だと思い、世界に映し出している人物です。自我は状況に応じて異なるペルソナとして現れます。ペルソナは衣装のようなも

のだと考えてください。仕事をしているとき、家にいるとき、友達と一緒にいるとき、話をしているときなど、場面に応じて衣装を着替えることにより、さまざまな役割を演じることができるのです。自我とペルソナは表面上異なることがありますが、どちらも似たような価値観や自尊心を反映している限り、その違いによって、心理的なストレスが生じることはありません。大きな食い違いがある場合（たとえば、自分にとって重要な何かのために立ち上がるのではなく、周りに追随している自分に気づく場合など）、居心地の悪さが個人的ストレスを引き起こし、学習や変化のきっかけとなることもあります。

振り返り

立ち止まって、今現在、自分が外の世界で演じている主な役割（ペルソナ）をリストアップしてみましょう。そのすべての根底にある基本的な資質は何でしょうか。

　自我とペルソナを一致させ続けることは、より大きな自己が直面する課題のうちの1つでしかありません。自我そのものに迷いが生じることもあります。たとえば、自分はいつも必ず勝つ人間だと思っていると想像してみてください。人生のどんな局面であろうとも、失敗を認めることは、このセルフイメージを台無しにしていまいます。ところが、そもそも人生において失敗は避けがたいものなので、こういった自我のイメージは必ず困難に直面します。そのようなとき、あなたのより大きな自己が介入して、あなたの自我そのものを一部変更するための学習に、あなたを向かわせなければなりません。もちろん、自分の自我そのものが揺らいでいるときに学習に集中することは難しいでしょう。しかし、今日の変化の速い時代には、このような学習課題はますます多くなってきています。そして、ラーニング4.0の実践者は、自我をアップデートする必要性に気づかされるのです。

　学習課題が、自我について問われるような大きなチャレンジとはならないこともあります。たとえば、すでに自分で認識している資質を微調整するだけであったり、外界で自分が提示したいイメージを脅かすことのない学習を

行う場合（選挙の候補者についてより詳しく学んだり、新しいソフトウェアの使い方について学ぶ）などです。しかし、時には大きな困難を伴う学習もあります。たとえば、表出しているアイデンティティーの一部やより深い自我の特徴を変更しなければならない場合です（より柔軟な態度にならなければならない、傷つきやすい自分を周囲にさらけ出さなければならない場合など）。

　もし、自分は一人で何でもできるエキスパートだと思っている女性が、チームワークこそすべてというような仕事に移ったとしたら、彼女は仕事における自分のアイデンティティーを、チームの一員となって他のメンバーと舞台を共にするように、変更しなければならないでしょう。もし、自我が仕事上のペルソナと一体になっている人が仕事をリタイアしたとしたら、何が起きるでしょうか。その人のアイデンティティーは、もはや彼の人生や未来に合わなくなっているため、学習へのチャレンジが生まれます。あるいは、子どものころの経験から生じたグループで話をすることに対する恐れが、自分の行動を制限していることに気づく人もいるでしょう。その人にとっては今こそ、長年隠してきたその恐れを新しい学びへの足掛かりにして、自己イメージを拡大するときなのです。

　自我について、ラーニング4.0の実践者として知っておくべき重要なポイントがあります。それは、人は人生の初期において、自我の発達に多くの時間を費やし、自分が何者かを明らかにするということです。この時期、ホルモンも重要な役割を果たします。ホルモンによって、物事に注意力を働かせたり、世の中に自分の居場所をつくり、時には何かを勝ち取ることに焦点を当てることができるのです。しかし、人生の次の段階では、チャレンジは変化します。今度は自分の新たな側面を開発するときなのです。より個人の力を発揮して、自分の思うままに世の中と関わり、充実した人生を送ることを妨げているいかなる未解決の課題にも対処していくときなのです。この段階では、成人として、自己のアイデンティティーを発達中のより大きな自己に一致させたり、長年避けてきた課題や願望と向き合ったりすることに専念することを学ぶようになります。これが、ラーニング4.0の実践者にとっての学習の課題なのです。

無意識の自己：水面下のセール

　氷山の最も大きな部分は水面下にあります。地質学者はその部分を「セール（帆）」と呼びます。なぜなら水面下にある部分の形によって、氷山が海流の中でどのように動くかが決まるからです。人にとって無意識の部分は、氷山のように自我より大きな意味があり、より人を突き動かすものなのです。人の見えない部分のほうが、人の行動と学習に大きな役割を果たすのです。

　この水面下の自己の中で、ある部分は過去の経験や体験により固有のものとなり（個人的無意識）、またある部分は他の大人と非常に似たものとなります（集合的無意識）。人生を歩む中で、いずれの部分も学習を必要とします。その呼びかけにどのように答えるかによって、充実した人生を送るか、惨めな人生を送るかが分かれるのです。

個人的無意識

　考えてみましょう。皆さんは、一生をかけた学習の旅をしています。本当に最高の、最も完璧で、多面的な人間になるための旅です。ユングはこの旅を、「個性化の旅」と呼びました[2]。この人生の旅は、人間にとって最大の冒険です。この冒険では絶えず問われ続け、自己が形成されるのです。たとえば子どものころ、両親や他の目上の人たちが、自分が取ったある行動を見て、認め、愛情を示してくれたり、あるいは罰したり、それをやめるように言ったりしたでしょう。それに対するあなたの反応も、人生の旅の一部となるのです。

　時には、アイデンティティーを他者の期待に合わせようとしたり、他者からの愛情や尊敬を維持しようとしたりして、自分の一部分を内面に存在するシャドウに隠すことがあります。たとえば、あなたが怒ったとき、両親があなたに罰を与えたことがあるかもしれません。すると、幼いあなたは、自分の怒りを隠すようになります。あなたは怒りを表現する建設的な方法を発達させることができないため、怒りは未発達なまま、シャドウの一部としてあなたの中で大きくなっていったかもしれません。このような無意識のシャドウの部分は、本来アイデンティティーの肯定的な部分になる必要があります。しかし、意識してこのようなシャドウの部分を理解し、変えていこうとしな

ければ、シャドウは未発達のままで、間接的に姿を現し、有害なものになることがあるのです。たとえば、あなたが怒りを爆発させている他人を厳しく批判的に判断しているとき、それはあなたの抑圧された怒りを、その他人に投影しているのかもしれません。その瞬間、他人があなたの怒りを肩代わりしてくれるので、自分自身の怒りに気づく必要がなくなります。その代わり、あなたの怒りは、腫瘍のように見えないところであなたをむしばんでいるかもしれません。

　また、あなたは人生の初期に覚えた、満たされない強い願望をもっているかもしれません。音楽家になりたいとか、生態学者や弁護士になりたいなど。そして、上手に歌ったり、樹木のことなら誰よりも詳しくなったり、雄弁に語ったりできるようになりたいと願ったかもしれません。このような実現できなかった願望は閉じ込められたエネルギーとして、内面のシャドウの中に生き続けます。その願望は、自分が実現できなかったことをマスターした他の人に対して、妬みを感じたり、大げさに称賛したりというような形となって時々姿を見せるかもしれません。心理学者は、人は自分がもっている願望や感情を認めるよりも、それを他人に投影するものだと言います。

　人は、自分の中の隠れた部分を直接見たり、触ったりできないものです。そこに隠れたものの中には、とても傷つきやすく、コーチやセラピストの助けがなければ呼び出すことができないものもあります。しかし、無意識の自分が学習の機会を提示してくれていると気づくことができるのが、ラーニング4.0の実践者の証なのです。

振り返り

　ある状況に対して大げさで感情的な反応をするのを感じたとき、それは、自分のシャドウが顔を出そうとしているのかもしれません。次回このようなことが起こったときは、「私は、なぜ過剰に反応しているのだろう」と自問してみましょう。

　ラーニング4.0の実践者は、消化しきれていない課題、言葉にしていない夢、つい陥ってしまうパターンなどに向き合ったり、より大きな自己を拡大するチャンスを示すサインに敏感です。熟練したセラピストやコーチである

必要はありません。ただ心理学の知見をいくつか利用すれば、自分の中の無意識の自己がドアをたたいて、中に入れてほしいと言っているときに、それに気づくことができます。

集合的無意識

人は自分の可能性に向かって、自分独自の学習の道のりを歩いています。しかし一方で、人間として他者と同じように共通の課題に突き当たり、一般的な心理的反応を経験したりします。たとえば人は皆、ヒーローやヒロインとして人生の旅を歩んでいます。ハリー・ポッターやルーク・スカイウォーカー、オデュッセウスのようなヒーロー[3]、あるいは、ハーマイオニー・グレンジャー、レイア姫、ペネロペのようなヒロインの旅です[4]。変化の必要性を感じたとき、無視することもあれば、それに従うこともあります。ヒントとなるものを見つけたり、助けを求めたりしながら、学び、変化し続ける中で浮き沈みを経験し、最後には、その努力が報われるのです。ヒーローの旅は誰の心にも響きます。なぜなら、人は皆、典型的なヒーローの元型など、普遍的なテーマを含む集合的無意識を共有しているからです[5]。

以下は、すべての人の発達に影響する共通の元型の例です。

- **「シャドウ」** は、人の性格の中で認識されない発達不全な部分です。シャドウの部分を統合することは、すべての人にとって重要な成長課題です。
- **「アニムス」** は隠れた男らしさや父性のことです。自己主張や合理性などの男らしさの典型的な特徴と、優しさや愛情といった典型的な女性らしさとのバランスをどう取るかを学ぶことが課題となります。特に、周りにもっと強い影響を与えたいと思う女性にとって、とても重要な学習領域となります。アニムスを統合することは、すべての人が人生の旅の中で経験することです。
- **「アニマ」** は女性らしさや母性のことです。女性らしさの典型的な特徴を、男性的な特徴をもつ個人に統合することは非常に大変ですが、発達途中の男性や多くの女性にとって重要な学習課題です。
- **「老賢者」** は、職場でも家庭でも、社会で年を取ったときに大切な元型

です。権力を賢く使うということが重要で、経験や物事を見通す力といった知恵を発揮して権力を行使できるかどうかが課題となります。
- 「**太母**」は他者とつながりたい、愛したい、自分の影響領域を超えて誰かの役に立ちたい、自分の人生を終えても未来のために役に立ちたい、という衝動として現れます。この元型は、大抵人生の後半において心に深く働きかけてきます。

以上の元型は、今現在、自分の人生においてどのような役割を果たしているでしょうか。

　このような元型は人生を通した学習課題です。これらは常に集合的無意識の中にあり、自分を見つめ直し、自我を高め、新しい能力を身に付けるように呼びかけます。特定のスキルを身に付けるときにも、元型が関与しています。たとえば、対人コミュニケーションの研修でコミュニケーションのテクニックを学んでいると思っていても、心の深層では、自己主張の能力（アニムスの特性）や他人と気持ちを通じ合わせる能力（アニマの特性）を伸ばしているのかもしれないのです。自分の特定の学習目標がより大きな元型と結びつくとき、無意識の深みから力強いエネルギーが学習のプロセスに向かって流れ込むのです。これにより成功する可能性が高まります。
　学習を行うとき、このような自分の自我や個人的無意識、集合的無意識のエネルギーを忘れずに利用しましょう。しかし、学習する脳を使う私たちは、これだけではありません。

より大きな自己

　より大きな自己を永遠に続く精神だと考えてください。それは現在進行中で、絶えず変化し続ける体験です。より大きな自己は自分自身を客観的に見つめる自分であり、自分自身を認識し、自分が何をしているかを理解しています。また、自分の意識をコントロールし、誰もが知っているように、死によって

地球から消えて無くなります。より大きな自己は自分のすべてを含みます。それは、自分自身を形づくる自分でもあり、どんなものにでもなり得る可能性を秘めた自分として始まるのです。

　発達心理学者の指摘によれば、人は誰でも自然な発達段階をたどりながら、より完全に、賢く、成熟していきます。つまり、人にはその人自身の中に、自分の能力や自己認識、自制心、そして、世の中に影響を与え続ける推進力があるということです。

　より大きな自己に影響するものとして、学びの熟達者にとって役に立つ、2つの一般的な見解があります。1つは、発達の推進力となるものは誰でも同じであるという見解です。もう1つは、人の発達はそれぞれに異なった固有のものであるという見解です。

　この2つはどちらも正しい見方です。

人は皆、同じように発達する

　人は皆、生態的に似ているということに加えて、人生において成長する過程で、同じような欲求をもち、同じようなステージを経験します。ラーニング4.0の実践者は、この共通する欲求と発達の段階が、学習の優先順位に影響することを理解しています。

共通する欲求

　基本的な欲求について考えてみましょう。人は皆、同じ生理的欲求（十分な食事や休息を取ること、健康でいること）をもっています。他者と同じく、人は自分が安全で安心であると感じること、他者に愛され、心が通っていると感じること、自尊心をもつこと、潜在能力を発揮していると自覚していることが必要です。私たちはまた、自分の人生が何か普遍的なもの（神、精霊や科学の法則）や、自律や尊厳といった価値観と調和していると信じる欲求が深く根づ

いているようです[6]。これらのニーズのいずれかが危険にさらされると、人は行動し、何をすべきか答えを見つけなければならないと感じるのです。また、自分が変わったり、何かを学んだりしなければならないと考えるかもしれません。

アブラハム・マズロー（Abraham Maslow）は人間の欲求を6段階の階層で示しました（図2-2）。下のほうにある階層の欲求が、ある程度満たされなければ、人は上の階層に目を向けることはできません。この図は、基本的なチェックリストとして、時々自分の健康状態を確認するのに役立つでしょう。あなたは、それぞれの階層の欲求をどの程度満たしているでしょうか。より良いバランスを取るために、どのような変化や学習行動が必要でしょうか。実際には、これらの欲求のすべて、またはいずれかでも完全に満たされている人は誰もいません。また、何か問題が起きたり、自分の基準が変わったりすることにより、欲求が満たされるレベルも一定ではありません。食事や運動などの健康状態、安全、社会とのつながり、セルフマネジメントについての自分の認識が、これまでどのくらい変化してきたか考えてみてください。

図2-2．マズローの欲求ピラミッド

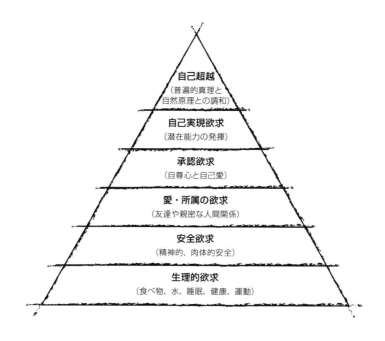

欲求は、自分がどうやって成長するかを計画する上で影響があるだけでなく、学習を妨げることがあるかもしれません。たとえば、新しいスキルを習得したいと思っているとき、自尊心への欲求があると、失敗する可能性が高い初心者の時期を避けてしまいます。このような場合、自尊心に対する見方を変えることで、自分は勇気があり、敏捷で、問題や障害から学ぶことができると、あらためて自分を認められるようになる必要があります。

振り返り

　簡単なセルフチェックをしてみましょう。欲求の6段階において、1～5までの5段階評価（5が非常に満足）で、あなたはどの程度、自分の欲求が満たされているでしょうか。

共通する発達段階

　皆が共通してもっている基本的欲求の他にも、年齢を重ねるに従い知恵をつけ、統合へと人を導く内面の力があります。多くの心理学者は、これを人間の発達段階として定義しました。それらの段階は、ほとんどの人が経験するライフステージの順序にほぼ則っています。幼児期、学校に通う時期、青年期、就職と家庭をもつ時期、より多くの責任と影響力をもつ時期、中年期、そして後に訪れる役割と自己意識の変化期といった順序です。これから紹介する2人の学者の見解は、自己と他者の発達段階についてもっと知りたいと考えるラーニング4.0の実践者にとって、素晴らしい洞察を与えてくれるでしょう。

　まずは、エリック・エリクソン（Erik Erikson）の発達段階について考えてみましょう。これは心理学で根強く支持されている見解の1つです[7]。エリクソンによれば、発達には8つの段階があり、それぞれの段階で人はポジティブな道でも、ネガティブな道でも選択することができます。これまで取り組んできた、そしてこれからも取り組むであろう学習のチャレンジとは、そのポジティブな道を選び取り、また、ネガティブな道を避けたり、そこか

ら学んだり、乗り越えたりする方法を学ぶことです。

- **信頼感 vs 不信感**　0〜1歳半のときに経験するこの段階では、世界が安全で愛情あふれる場所なのか、あるいは他者を信頼するという最も基本的な欲求を満たすことが困難な場所なのかどうかということを学びます。
- **自律 vs 羞恥心・疑惑**　この段階（1歳半〜3歳）では、自分は唯一無二の個人であり、他者とは別個であり、自分が唯一の存在であるがために愛されているのだということを学びます。また、自分というものがよくわからず、自分を恥じるようにもなります。
- **積極性 vs 罪悪感**　この段階（3〜6歳）では、リスクを冒し失敗しても自尊心を損なわないことを学ぶか、あるいは、挑戦を避け失敗を隠すことを学びます。
- **勤勉性 vs 劣等感**　この年齢（6歳から思春期まで）では、一時の楽しみをあきらめても、我慢して自分の行動に責任をもつことを学ぶか、そうでなければ、惰性で過ごし自分が被害者であるかのように感じます。
- **同一性（アイデンティティー）vs 同一性の拡散**　この段階（青年期）では、生まれながらの才能と興味を発見し、集団の中で自分のアイデンティティーを保持する方法を学びます。また、集団思考の道を選び、自分と自分の役割が他者によって定義されます。
- **親密性 vs 孤独**　この段階（成人初期）では、他の人と深くつながる能力を発達させるか、あるいは、そうしたつながりにつきものの個人的なリスクを取ることに失敗してしまいます。
- **世代性 vs 停滞**　この段階（成人中期）の課題は、成長し続け、ますます広がってゆく視野を他の人と共有することです。それができなければ、行き詰まり、発達し続けることは難しくなります。
- **自己統合 vs 絶望**　人生の後期の段階（成人期後半）の課題は、成長した自分自身を認め、自分のすべての側面を統合し、受け入れることです。さもなければ、後悔と、打ち砕かれた希望と、悲しみとともに生きる道を選ぶしかありません。

振り返り

エリクソンの8つの発達段階を用いて、自分自身について振り返ってみましょう。それぞれの段階を迎えたとき、あなたはどんな経験をしたでしょうか。今どの段階にいますか。これまでの段階において、やり残したことはありますか。今後の課題は何ですか。

ロバート・キーガン（Robert Kegan）は、本書が提供する4つの学習のアップグレードとは違った、しかし矛盾しない見解を示しています。むしろ、彼の見解はそれらと密接に関連しています。キーガンは人の意識がどのように進化するかに焦点を当てます[8]。彼によれば、人は生涯で5つの主要な意識の変化（キーガンは段階と呼ぶ）を経験するだろうと言います。それぞれの段階で、自分自身についての新しい見方と、世界に対峙する新しい方法を見つけることができます。車の運転を習い、マスターした後、プロペラ飛行機の操縦を学び、次に高性能ジェット機、そして次にスペースシャトルを飛ばすようなものとでもいえるでしょうか。

- **具体的試行段階** 小さな子どもは、自分の周りのものを客観的に理解するための概念とツールをもっていません。この第1段階における意識の役割は、自分の中で空想の世界を創り出すことによって物事を理解することです。
- **道具主義的（利己的）段階** 幼児期の後期では、カテゴリーで物事を理解し、自分の欲求を他者の欲求と区別し、さらにリソースや注意を獲得するために競うことを学びます。そして、「もしこれをしたら、次にあれが起こる」ということを学びます。この第2段階の意識の役割は、因果関係を通して物事を理解することです。
- **他者依存（慣習的）段階** 若い成人の段階では、しばしば疑問を抱くことなく、社会や他の構造に自分を合わせることに焦点が移行します。この段階では、コミュニティの一員となり、他者から受け入れられることが不可欠です。この3番目の段階では、コミュニティの基準に注意を向けたり、拒否したりすることによって物事を理解することに意識が働きます。

- **自己主導段階** この段階に移行すると、人は完全に独立し、それが他者と合うものでも、合わないものでも、自分の思考と行動に全責任をもつようになります。この4番目の段階では、自分の人生をつくり出すために意識が働き、他者やシステムを非難しません。
- **自己変容（相互発達）段階** 今日の世界で最も必要とされているこの段階は、広範で、深淵なものになります。自分のもっている信念、価値観、考え方が、今学んでいる世界に合わないことに気づき、新しい知識をもとにして、それらを変えていく段階です。また、個人的無意識に対処することをしばしば必要とする、深くて親密な関係をつくり出します。そして、多様な利害を適切にとりまとめ、新しい方法で紛争を解決したり、他の人が成長の道を歩むことをサポートしたりします。この段階での意識は、創造力を使い自己を継続的にアップグレードし、学び続けることに向けられます。

振り返り

あなたは、現在どの段階の意識を使っていますか。自分自身や、自分がどのように周りの世界に関わっているか考えてみてください。この意識の発達段階のフレームワークを、「ラーニング4.0への招待」で紹介したラーニング1.0、2.0、3.0、および4.0のアップグレードと比較してみてください。ラーニング4.0は、自己変容段階の意識を発達させるのに、どのように役立つでしょうか。

　世界は急速に変化しています。そうした世界の変化に、より大きな自己を確実に適応させ、進化させることは、最も大きな学習課題の1つです。今日必要とされているのは、キーガンの第4段階と第5段階です。私たちは皆、自分自身に対して全責任を負います（自己主導段階）。また、他者や制度を非難したり、他者が自分の世話をしてくれることを期待したりしません。そして急速に変化する今日の世界において、私たちはキーガンの5番目の意識、自己変容段階の意識に向かうことが必要とされています。それは現代のより大きな問題の解決や、そのために人を勇気づけるのにとても有効なことです。
　しかし、キーガンの4番目の段階（ラーニング3.0が必要な段階）にいるのは、成人全体の約3分の1にすぎません。5番目の段階（ラーニング4.0

が特に目指す段階）へ移行できる人はほとんどいません。ラーニング4.0には、それ以前のすべての学習プログラムのアップデートが含まれており、より多くの人々がより高いレベルの意識に移行するのに役立つ学習方法と実践が含まれています。

あなたの欲求と発達段階に必要なさらなる学習課題は、普段は目に見えませんが、より具体的な学習目標を追求するときに、顔をのぞかせることがあります。一見単純でテクニカルな目標に見えるものが、実際には、その根底にある発達の課題に取り組まなければ、達成できないかもしれないのです。たとえば、イノベーションのためのテクニックを身につける必要があったとしても、失敗や自尊心を失うことを恐れて、そのテクニックを活用できないかもしれません（エリクソンの第3段階が十分に解決できていない状態）。

より深い欲求やライフステージの問題に学習の焦点を当てたり、学習課題が結びついたりするとき、楽しみを求めて学ぶ必要はありません。誰かにご褒美で誘惑してもらう必要もありません。その学習は本質的なモチベーションから生まれ、深く豊かなものになるでしょう。そして飛躍できるでしょう。

その人独自の発達

この章でみてきたように、人は誰でも同じ基本的欲求をもち、同様の発達段階を経て成長します。また、男性らしさと女性らしさを統合したり、賢さを身に付けたり、シャドウに隠れた自分を取り戻すために努力するときも、やはり誰の中にもある無意識の部分を利用します。これらの共通した資質によって、皆に影響を与えるような学習ニーズは、おおよその予測が可能となります。

しかし、人はまた、多くの点で唯一無二の存在です。たとえば、それぞれの興味や価値観、行動を突き動かす向上心などです。また、他の人がもっていないスキルや人生の目的、今日の自分や明日の自分もこの点に含まれます。

人生を生きる中で、唯一無二の自分がどのようにできているのかを、いくつか見てみましょう。

自分の能力についての感じ方

　学習に直接影響を与える、より大きな自己の重要な側面の1つは、「自分の人生の責任は自分にあると思っている」のか、あるいは「自分は被害者だと思っている」のかどうかということです。心理学者たちは長年にわたり、この重要な違いについて研究を行ってきました。自分に起こるほとんどのことを自分は左右できないと思い込んでいる場合や、結果によって自分を判断したり定義したりする場合、自分をコントロールしているものが自分の外側にあるとか、あるいはフィックスト・マインドセット（fixed mindset）だといわれます。一方で、自分がコントロールできるという、グロース・マインドセット（growth mindset）である場合は、取り巻く世界に対して、自分自身によって強い影響を与えることができると考えます。そして、課題や失敗を、学びと成長の機会と捉えるのです[9]。

　ラーニング4.0の実践者であるためには、人生を自分自身で左右できる（コントロールの所在が自分の内側にある）と信じる必要があります。グロース・マインドセットを強くもっていたほうが、ずっと勇気ある学習者になれます。大胆な学習の挑戦や、フィードバックに基づいてやり方を変更すること、そして人生に必然的に起こる浮き沈みを通じて、学習プロセスを管理するといったことが可能となるでしょう。

振り返り

　あなたは、コントロールの所在が自分の外にあるというフィックスト・マインドセットと、内側にあるというグロース・マインドセットのどちらに傾きがちでしょうか。

情報の処理の仕方

　人は誰でも、長い時間をかけて、情報処理と学習の仕方に好みが生まれてきます。聴くことよりも読むことが好きだったり、自分一人で学ぶより他の

人と一緒に学ぶほうが好きだったり。行動する前によく考えるのが好きだったり、行動してから考えるほうが好きだったり。また、何かをする前に、法則と概念を学び、頭の中に概要や全体像をつかんでおくことを好む人もいれば、試行錯誤や発見によってより多くのことを学び、その後に概念を学ぼうと考える人もいるでしょう。細部に入る前に全体像を知ることを好むかもしれませんし、はじめから詳細を知りたがるかもしれません。自分は直感的で感情的だと考えている場合、事実よりも「感覚」や「洞察」を優先させるかもしれません。あるいは、自己のアイデンティティーが非常に合理的かつ論理的である場合は、事実と詳細にまず向き合うことになるかもしれません。

　自分の好みを知っていることは良いことですが、それに支配されるべきではありません。今日の急速に変化する情報世界では、あらゆる状況において学ぶことが必要になります。自分の好みを知っていれば、学習の戦略を立てるときにそれを利用することができます。たとえば、まずは自分の好みの学習リソースとアプローチを活用して、学習の旅を始めることができます。これによって学習がより早く軌道に乗り、あなたのモチベーションを向上させるのに役立ちます。しかし、学習する内容によっては、それは最善のリソースと方法ではないかもしれないので、自分の好みを理性的に判断しましょう。そして、自分の好みであるかどうかに関係なく、すべての学習リソースと学習方法に精通するように計画しましょう。

 リンク

「ツール5　学習リソース別ヒント」は、自分の好みにかかわらず、どのリソースからでも学ぶことに役立ちます。

モチベートされたコンピテンシー

　コンピテンシーとは、知識とスキルのことです。皆さんは今までの人生を通して多くのコンピテンシーを身に付けてきたでしょう。その中でも、あるコンピテンシーを発揮することが、他のコンピテンシーを発揮するよりも楽

しいと感じるというものが、おそらくいくつかあるでしょう。それが自分にとってモチベートされたコンピテンシーです。今、モチベートされている自分のコンピテンシーは、おそらく数年前のものとは異なります。自分の好みの知識やスキルは、使う気にならないコンピテンシーよりも開発が容易です。脳内物質もその開発をサポートするでしょう。

しかし、使用することに対してモチベーションが高い知識やスキルが、自分の現在の強みではない可能性があります。ですから、モチベーションが高いことと、強みを混同してはいけません。

ラーニング4.0の実践者として、あなたのモチベートされた知識とスキルが何であるかを知ってください。その気づきを利用して学習に集中し、コンピテンシーをさらに磨き、開発できる状況に身を置きましょう。コンピテンシーを使って楽しいと感じるとき、そして、そう思えるコンピテンシーを開発するとき、人はより大きな自己に強く結びついたエネルギーの源泉を利用して学び、成長し続けます。そうすることで、学習が加速するフロー状態に簡単に入ることができます。

振り返り

あなたが楽しんでいる仕事や活動について、少し時間を取って考えてみてください。そこでは、どのような知識とスキルを活用していますか。それはあなたの強みでしょうか。あなたはそれを開発し続けているでしょうか。

基本的価値観

価値観は、何か選択を行うときに用いる確固たる判断基準です。それは磁石に似ています。あなたをある行動や選択に引き寄せ、他のものから遠ざけます。価値観は文化、親、教育などの影響を受けながら、経験を通して形成されます。価値観は静かにあなたに影響を及ぼし、目立たないため、あまり気づかれることはありません。価値観は人生で達成したいこと（知恵、安全保障、承認、自由、友情、成熟した愛など）に関係するものもあります。他

には、自分の人生をどのように生きたいか（セルフ・コントロール、勇気、礼儀、道理、従順、親切さなど）ということに関係しているものもあります。どの価値観が自分にとって優先順位が高いのかを知ることは、学習にとって重要です。なぜでしょうか。それは、何かを学んでいるときにその価値観をモチベーターとして利用できる（このスキルを学べば、自分はより安心できると思える）からです。また、学んだことが、あなたの価値観の優先順位に異議を唱えることもあります。たとえば、自由になるためにある程度安定を諦めなければならないことがあります。この場合、学習上の課題は、自由を確保するために、ある程度の安定を引き換えにする利点を理解することです。

人生の目的

　どうしてかは誰にもわかりませんが、私たち一人ひとりは、ある性質をもって（また他の性質をもたずに）この世に生まれてくるようです。遺伝学でもその理由を説明できないでしょう。1つの可能性として、人は何か深い目的を達成するために生まれてきたと説明することもできるかもしれません。その目的とは、人々の世界と学習に少しの色合いを与えてくれているようなものです。あなたが人生の目的に向かっているときはバラ色に、そこから離れているときは灰色に近づきます。あなたが生まれてきた目的は、「あなたはなぜこの惑星に、今、ここに存在しているのでしょうか」という疑問の答えとなります。

　目的をもっているということは、自分を取り巻く世界の中で、あなたが影響力をもっている存在であるということを前提としています。つまり、あなたが何をするか、誰であるかということが波及効果をもっているということです。どのように人と関わるか、どのような決定や選択を行うか、どんな仕事やキャリアを選ぶか、そして、あなたが静かに存在しているということさえもが、何らかの形で世界を変えるということです。おそらく、それが、なぜあなたの脳に900億のニューロンと100兆のその接続が存在するのかという理由なのでしょう。

　あなたが自分の目的に気づいていたり、より大きな人生の目的を追求して

いるとき、誰かが外部から報酬やその他のコントロール方法を使って、あなたを操作することは難しいでしょう。なぜなら、あなたの目的は、人生の荒海や真っ暗な嵐の中でも北極星や南十字星のように、あなたを導くからです。

あなたの人生の目的を見定め、それを可能な限り頻繁に、あなたの学習に結びつけてください。

学習する自己：まとめ

　この章はかなり複雑な内容だったため、普段よりも、自分自身について考えなければいけなかったでしょう。皆さんがついてきてくれていることを願っています。ここでの要点は、人には驚くべきより大きな自己があること、そしてそのより大きな自己が、自分の素晴らしい脳を使用しているということです。その自己は主観的なものなので、脳のように見たり、重さを測ったりすることはできません。しかし、学習している自分自身を理解する方法はあります。この章では、その方法をいくつか探求し、考えてみました。

　そして、この章では、より大きな自己の中で、多くのプロセスが進行していることを学びました。自我とペルソナは人が外界に見せている氷山の先端です。個人的無意識には、周りに合わせたり、自己のエゴ・アイデンティティーを守るためにこれまで閉じ込めたり、見ないようにしてきた自分のすべての（ポジティブやネガティブな）部分が含まれていることを学びました。そして、他者と共通している、集団的無意識の部分についても学びました。集合的無意識は、欲求（マズローの欲求ピラミッド）や、ライフ・ステージ（エリクソンの発達段階）、そして世界観（キーガンの意識の段階）の影響を受けています。

　また、より大きな自己の中でその他にどんなことが起こっているのかを学びました。自分の人生をコントロールする力、情報をどのように処理することを好むか、モチベートされたコンピテンシーや基本的な価値観、そして夜空から針路を導く星のような人生の目的について学びました。

　学習をしているとき、このような自己のすべてが作用しています。あると

きはモチベーションを与えたり、またあるときは自分と戦ったり、あるいは自分を変容したり。しかし、学習を支援するための用意はいつでもできているのです。さあ、あなたのもっと深い部分とつながって、そこに蓄えられているエネルギーを解き放ちましょう。

第3章

急速に変化する世界：
ラーニング4.0へのいざない

　この章では、ラーニング4.0の必要性を引き起こしている、テクノロジーや科学、組織、仕事そして社会で起こっている変化を概観します。この章では、以下のことを学びます。

- テクノロジーと科学により、私たちが知っている世界や仕事がどのように急速に変化しているか
- 私たちにとって、戻ることも回避することもできない、変化の不可逆性について
- 止まることのない変化の時代におけるラーニング4.0の重要性について

　誰もが変化について気に掛けています。そして、どのようにして変化から恩恵を受け、うまくつきあうか、あるいは抵抗するかについて考えています。1つだけ明らかなことがあります。それは、変化は避けることができず、大災害でも起こらない限り、以前に後戻りすることもないということです。私たちはこのことをどう考えるべきでしょうか。素晴らしい脳や計り知れない自己の力（第1章と第2章）をどのように使ったら、新しい世界に対応し、

それを形づくることに役立つでしょうか。この質問に答えるには、まず、どのような変化が起こっているのか理解する必要があります。なぜなら、このような変化は今日の学習を取り巻く環境に強い影響があるからです。そして、大きな変化を迎える未来の中で、私たちは影響力をもち、未来を形づくる人々の一員になるために備える必要があります。ラーニング4.0と今後の学習のアップデートは、未来がどのような世界になるとしても重要になります。

テクノロジーと科学の変わりゆく世界

　2001年に発表された「収穫加速の法則(The Law of Accelerating Returns)」という論文の中で、レイ・カーツワイル(Ray Kurzweil)は、変化が加速しているという事実とともに、それが我々の未来にとってどんな意味があるのかについて述べています。

> テクノロジーの歴史を分析してわかってきたことは、テクノロジーの変化は指数関数的であり、一般的な、「直観的な直線(intuitive linear)」を描く見方に反するということです。したがって、私たちは21世紀に100年分の進歩を経験するのではなく、(今日のペースで考えると)2万年分以上の進歩を経験するでしょう。ICチップの処理スピードやその費用対効果も、指数関数的に増加するでしょう。むしろ指数関数的な増加が、指数関数的な増加率で起こるのです。数十年以内に、人口知能が人間の知能を上回り、シンギュラリティ(技術的特異点)に達するでしょう。シンギュラリティとは、非常に急速かつ大規模なテクノロジーの変化によって、人類の歴史の構造に破綻を来す時点を表します。それは、生物学的知能と非生物学的知能の融合、ソフトウェアからつくられた不死身の人間、光速で宇宙にまで広がる極めて高レベルの知能が現れることを意味しています[1]。

カーツワイルの予測が現実になるかどうかにかかわらず、テクノロジーは、石器時代の人たちが石をハンマーや矢尻に使えることを発見して以来、私たちの生き方、働き方に影響を与えてきました。そして、テクノロジーは今後ますます急速に変化し、私たちの生活を混乱させるでしょう。今日のツールや機械によって、人の身体能力はより高度で強力なものに拡大し、拡張しています。しかし、今日のテクノロジーは人間の肉体労働以上のことを行います。コンピュータは、以前は人間にしかできなかった知的労働をも行っているのです。計算、情報の追跡や整理、パターンや傾向、異常を発見したり、予測を行ったりすることができます。また、コンピュータが人間の感情を察したり、作業をしながら学習し、異なるもの同士を関連付けたり、自分自身を再プログラミングしたりすることさえ可能です。そして、コンピュータは車を運転し、家事を行い、工場やサプライチェーン全体を調整し、人間に対してどんな情報を送信するか決定します。もう、おわかりいただけますよね。

振り返り

　世界や職場、またはテクノロジーにおける変化で、あなたの将来に最も影響を与えることは何か、２つか３つ考えてみましょう。

人の能力の拡大

　また一方では、バイオテクノロジーにより、人は生命創造の道具を手に入れています。遺伝子工学と遺伝子操作は、病気を根絶し、寿命を延ばし、新しい生命をつくり出し、人間の性質をも変えることを可能にしています。新たなジレンマと可能性に対応し、それを形づくるスキルと知恵（キーガンの第５段階の意識）を確保する上で、学習が果たすべき役割は非常に重要なものです。

　確実に起こるであろうこれら変化のシナリオの中で、私たちには４つの選択肢があります。

1. 変化と戦う
2. 対応せざるを得なくなるまで放っておく
3. 生活や仕事に組み入れる
4. 進んで変化を起こし、つくり出す

私たちにとって実際に選択可能なのは、学習を伴う選択肢（3、4）だけです。ですから、この変化する世界で生き残るためには、ラーニング4.0の実践者であることが重要になります。

セルフマネジメントの支援

テクノロジーの変化は、学習者としての私たちにも影響を及ぼします。なぜなら、テクノロジーが変化することにより、セルフマネジメントがより必要になるからです。つまり、今よりもっと実行する能力が求められるのです。たとえば、家電が故障しても修理担当に頼る必要はありません。家電そのものが人に修理方法を教えてくれたり、自己修復を行ったりするからです。自分の体の不調の原因を知るために、医者に診てもらう必要もありません。代わりに、ただ手首についたパーソナル・ヘルスモニタを見て、原因を調べ、自分の治療法を決めるだけです。働き方や仕事の仕方も、ソフトウェア・チュートリアルから学ぶことで、自分だけのバーチャル・オフィスで仕事をすることができます。携帯通信レシーバーをタップすることで、自分の考えを発表することができたり、さらに多くのこともできるでしょう。もちろん、学習についていえば、何かを学ぶために特定の場所や時間にいる必要はありません。人々と情報のグローバルネットワークで必要なものを即座に見つけて学ぶことができます。

こうしたセルフサービスが増加する傾向は続きますが、それには犠牲が伴います。自分の人生と学習をより良くしようとするなら、これらのテクノロジーを使用するために十分なスキルをつけ、モチベーションを高め、賢明であるように、セルフマネジメントが必要です。学習に熟達することは、生き残るためのスキルです。

共に進化する人間とテクノロジー

　テクノロジーの発達により、ほとんどのことが可能になり、誰もが非常に強力なツールと知識を利用できる時代になりつつあります。それは、セルフサービスの時代が拡大し続けることを意味します。またそれは、最も力強く、勤勉な人、そして望ましくは、論理的、道徳的な人が成功し、繁栄する時代です。その一方で、脳を操作する方法を悪用するなど、非道徳的な目的のためにテクノロジーと情報を利用する人も出てくるでしょう。

　今私たちがそうであるように、人々はいつもテクノロジーとともに進化してきました。テクノロジーは、現在私たちにさまざまなことを促します。より自分をさらけ出すこと、多様性を受け入れること、世界をもっと知ること、物と人がどのように結びついているかに注意すること、そしてより自己組織化してコミュニティに溶け込むことなどです。

　テクノロジーとともに進化することにより、私たちは自分の影響力を拡大することが要求されます。自分の視覚、聴覚、行動、思考、創造力、他者との関わりを拡大するための方法としてテクノロジーを捉えるのです。人生と世界は進化するものであり、固定化されたものではないと考えることが必要とされています。知識は新しい可能性を増やし、生み出しているため、すべての問題が解決され、すべての知識がわかってしまう最終形の状態というものはありません。むしろ、世界と情報の進化において、学習と創造のプロセスが継続していく中で、いくつかの問題を解決しては、また他の問題がつくり出されていくのです。この継続的なプロセスが、最終形よりも重要か、少なくとも同じくらい重要になってきています。これは、仕事や組織の本質が変わっていくことを意味しています。

組織と仕事の世界の変化

　組織とは何でしょうか。その答えは以前ほど明確なものではなくなりました。かつて企業は、その場所であるとか、実在する建物によって定義されて

いました。そして、アイデアから提供に至るまでの製品に関するすべて、またはほとんどの作業がそこで行われていました。設計、生産、提供、顧客サービスに従事する人々はほとんどが1つの企業の従業員であり、企業は「従業員の面倒」を見てきました。また、キャリアは大抵、明確に定義されていました。人々はただ昇進の階段を上っていればよかったのです。

バリューストリームか、実在する企業か？

今日では、ニーズの定義から何かを顧客に提供するまでのバリューストリーム*全体がビジネスです。バリューストリームの一部は、独立した企業に外部委託される場合もあります。プレーヤーの多くはグローバルで、さまざまな企業や請負業者が関わります。たとえば、あなたが座っている椅子には、複数の国で作られた部品が使われています。ある場所で栽培された繊維から製造されているその布地は、他の場所で供給される加工化学品を使用しているかもしれません。また、その布を織った労働者は発展途上国に住んでいるかもしれませんし、布を染色したのはまた別の地域の工場かもしれません。トラックや倉庫の業者は、船便や航空便の調整も請け負っているかもしれませんし、おそらく最終製品を保管して配送する契約も結んでいるでしょう。この椅子は、実店舗の販売担当者やバーチャルの販売担当者によって、オンラインと伝統的な店舗の両方によって販売されるかもしれません。そして、将来的にはこれらすべてが時代遅れになる可能性があります。3Dプリンターにより、自分の家で椅子をデザインして生産し、サプライチェーンのタスクすべてを実行できるようになるかもしれないのです。

同様のことが、金融、旅行、サービス、医療、その他のサービス産業においても起こっています。テクノロジーがますます多くのタスクを行うようになり、時には、ユーザー自身がプロセスを自分で実行することにより、さまざまな規模の企業やフリーランスおよび契約職員を含むバリューチェーンが、ますます一般的になってきています。実際、テクノロジーのおかげで、会計士や旅行代理店、医師が行っていたこともすでに自分で行うようになっています。税金の支払い、フライトの予約、血糖値のテストなどです。これ

---

*バリューストリーム（Value Stream）とは、特定の製品あるいはサービスを顧客に提供するために必要となる、設計から生産、提供にわたる一連の活動

は、もちろん、テクノロジーを活用するためのスキルを身に付けるだけでなく、これらの分野について学ぶということを意味しています。

ヒエラルキー、キャリア、自己管理

組織がバリューストリームに移行していく中で、階層の役割も変化しています。かつては情報を抽出し、部下に明確な役割とそれを実行するためのリソースを与え、可能な限り物事を安定させるといった調整と情報の管理がマネジャーの大きな役割でした。指揮統制が伝統的なスタイルであり、組み立てラインのプロセスから誰も逸脱しないように管理しました。

今日のマネジャーは、情報をフィルタリングすることや、部下が枠組みからはみ出すのを防ぐことに割く時間が少なくなりました。テクノロジーのおかげで、誰もが画面をタップするだけで情報を利用できるようになりました。労働者は、顧客のニーズを満たしたり、イノベーションを起こしたり、仕事のやり方を洗練するために、自己組織化を始めました。同時に、テクノロジーはデータ処理と計算作業だけでなく、ルーチン作業や危険な作業の多くを担うようになりました。トップのリーダーは、戦略を立て、バリューストリームの各部を調整し、情報とスキルをもつ人々によって意思決定が行われるようにします。

 振り返り

少し休憩して、職場や職場の周りで最近経験した変化について考えてみましょう。その経験は、あなたの学習上の課題にどのように影響したでしょうか。

このような変化により、組織の階層がフラットになるという人もいます。しかし、仕事のやり方においてもっと大きな変化が起こっています。バリューストリームは、ピラミッドがフラットになっていくというよりも、ネットワークのように働いているのです。バリューストリームは新しいパラダイムです。そこでは、職務の境界は曖昧になり、かつては他人の職務記述書に記述され

ていたスキルを、誰もが身に付けることが要求されるのです。

　この新しいシナリオでは、仕事やキャリアも変化しています。たとえば、職業の安定や昇進のために転職を繰り返すことが重要ではなくなってきています。今日、成功するためには、新しいタイプの雇用の可能性を確保することが必要です。さまざまな役割やチームによるプロジェクトで活用できるスキルのポートフォリオを開発し、継続的にアップグレードする必要があるのです。このように仕事で必要となるスキルは、テクノロジーの変化とともに進化していかなければならないのです。

　学習で肝心なのは次のことです。あなたが組織で働いている場合は、自分自身をその職務上の肩書で捉えるのではなく、進化していく能力の集合体として考えてください。加えて、バーチャルで複数のチームにまたがって働いている場合、より大きく仕事の流れを把握して、自己管理を行う能力が重要になってきます。職務に求められる技術的または専門的な要件も急速に変化しているため、これらのスキルを絶えずアップグレードする必要があります。また、急速な変化と複数の人間関係の中で働くためには、コミュニケーションやコラボレーション、意思決定、思考、イノベーション、自己管理、学習などの一般的なスキルが特に重要です。これは、工業、小売、医療、技術、政府、消費者など、さまざまな分野において学習上の課題になっています。

　このような新しい状況において、ラーニング4.0は必要とされています。この変化する世界の中で、皆さんは学び、成長する準備が、どれくらいできているでしょうか。

変化する世界の人口動態と社会

　2040年までに人口が90億人に達するこの世界で、皆さんは巨大な通信網と交通網の一部となっています。大部分の人々は大都市圏に住み、世界の人口はアジアとアフリカに集中するでしょう。しかし、誰もがつながるようになり、文化は絶えず混ざり合い、衝突するでしょう。こうした状況において、学習の意義は極めて大きなものになります。

脳は新しいもの、つまり「他者」を自動的に恐れます。これらの恐怖は、他者のせいで自分の仕事や地位、あるいは自分の生活スタイルを失うと感じることで増大します。このような力関係の変化の中で、自分とは異なる人々について理解し、交わっていく方法を新たに学ぶことが、ますます重要になります。

変化する世界の中におけるあなた自身：変化と安定

　この本は、学習と変化に焦点を当てています。しかし、安定も同様に重要です。あらゆる進化の形において、安定と変化は表裏一体です。中国の哲学者たちは、変化と安定のこの絶え間ない働きを、陰陽の緊張関係として描きました。安定（白）が変化（黒）をもたらし、変化が新しい安定をもたらすのです（図3-1）。陰陽太極図の中にある2つの点は、安定と変化にはそれぞれもう一方の種が含まれていることを示しています。

図3-1．陰陽太極図

　この急速に変化する世界で、安定に関して行わなければならないことは、自分のより大きな自己（第2章を参照）を知って維持すること、そして目の前の変化に対応する価値があるかどうか決定することです。変化に関して行わなければならないことは、周りの世界について予測し、適応し、そしてその世界を形づくることです。時には、自分が大事にしている信念や行動を疑

わなければならないこともあります。

　変化を理想化し過ぎて、安定を軽んじてしまいたくなることもあります。しかし、平衡を保つ強い力がなければ、変化は制御不能となり、破壊を引き起こす可能性があります。ですから、変化が加速するのに伴って、価値観などの安定をもたらす要因に対してもっと注意を傾け、人々がもっと高い意識の段階に移行することを支援したり、多様性について、前向きで、生き残るために必要なものとして捉えたりする必要があります。急速かつ大規模に起こっている変化とともに進化を遂げるには、安定のための力も必要です。陰陽太極図を頭の中に思い描いてみましょう。黒い部分（変化）が大きくなると、白い部分（安定）も大きくなる必要があるのです。

　ラーニング4.0の実践は、変化と安定のこの動的な相互作用をサポートします。

急速に変化する世界：まとめ

　変化は常に人生の一部ですが、そのスピードがより速くなっています。テクノロジーは変化を加速させる大きな推進力となっています。脳の力も含め、あらゆる面で人間の能力を増大させているからです。これは学習者としての私たちにとって、深い意味をもちます。人生の重要な分野において、学習を続け、成長し、変化する意思をもつことが必要です。この世界と自分たちの仕事が、今日と明日で同じであると想定することはできません。そして、昔に戻りたいと考える人もいるでしょうが、昔に戻ることはできないのです。

 振り返り

　2,3分時間を取って、この章で覚えておきたいと思うことについて考えてください。学習するときには50対50のルールに則りましょう。50パーセント情報を取り入れたら、後の50パーセントは何らかの方法でそれを使うのです。自分が知っていることや気になっていることと関連づけてみるのもよいでしょう。

未来がどうなるかを予測することは不可能ですが、仕事や世の中に対する見方や前提について問われることが、将来必ず来るでしょう。仕事と人生において、自分のスキルを伸ばし続ける心づもりをしましょう。テクノロジーによって役に立たなくなったり、置き換えられたりした場合には、スキルを手放すことさえも考慮します。コミュニケーション、コラボレーション、思考、意思決定、自己管理、そして（もちろん）学習など、状況が変わっても使うことのできる能力を開発しましょう。

　また、今起きている多くの変化が一人ひとりの生活に大きな影響を及ぼしているため、テクノロジー、仕事、社会の変化に対して、適切な指針を示し、道案内をすることができる人が世の中に求められています。新しいタイプの学習のモチベーションや能力をもっている人が必要なのです。しかし、そのためには、我々一人ひとりが、前の章で学んだより高度な意識段階に進化することも必要です。未来学者のレイ・カーツワイルは、次のように説明しています。

> 進化するとは何を意味するのでしょうか。進化とはより複雑で、より優雅で、より多くの知識をもち、より知性が溢れ、より美しく、より創造的で、そしてさらに他の抽象的で繊細な特性、たとえば愛などに向かう動きです[2]。

　言い換えれば、この変化する世界はラーニング4.0を求めているのです。

第4章

情報の世界：
飲み込まれるか、チャンスに変えるか

　情報とは、学習のコンテンツのことです。しかし、情報の世界は根本的に形を変えつつあります。今日ではより多くの情報があり、その形式もより多様であるため、情報の質や背後にある意図についての不確実性が増しています。情報に対する新しいアプローチと、何が真実で、何が真実ではないかを見抜く新しい能力を、誰もが必要としています。この章では、以下のことを学びます。

- 情報はさまざまに形を変える、他に類のないリソースであること
- 使用する情報は、自分自身や他者によって常にフィルターを掛けられていること
- 情報は力であること。独立性と誠実さを保って情報を使えるかどうかは、情報を使う人次第であること
- 情報の管理方法を改善することは、ラーニング4.0へのアップグレードにおいて重要であること

　学習を取り巻く環境を理解するための4番目の主要な要素は、情報の世界です。ご存じのように、情報は指数関数的に増加しています。2020年までに、

情報は73日ごとに2倍になるのです。びっくりしますね。恐ろしい気もしますが、わくわくします。

 振り返り

　自分の周りにある情報を扱う際に直面する最大の課題は何でしょうか。情報についていくために、自分の能力にどの程度自信がもてるか、1〜10の尺度（10=非常に自信がある、1＝まったく自信がない）で考えてみてください。

　幸いにも、皆さんはこの情報過多の状態に対処する用意ができています。脳の中の90億のニューロンとその100兆のつながり、そして、より大きな自己の能力と、新しく生まれてくるさまざまなテクノロジー、情報をまとめる技術が皆さんの味方です。現実の状況に対応するために、学習スキルをラーニング4.0にアップグレードすることができれば、学習スキルも皆さんの味方になります。

　今日のラーニング4.0の実践者になるために、情報に関して次のことを知っている必要があります。

- 情報は他に類のない特別なリソースである
- 利用している情報は、常にフィルターとバイアスが掛かっている
- 情報は力であり、情報を使い、人に影響を与え、コントロールしようとする者がいる

情報は他に類のない特別なリソースである

　大抵のリソースは有限で触れることができます。そのようなリソースは、誰かがそれをもっているか、そうでなければ私がもっているといった類のものです。あるいは、食物のように消費されて、なくなるものもあります。しかし、情報は違います。情報は拡大し、広がり、使われることで価値が増大

することもあります。情報は広がるにつれて変化し、さらに多くの情報をつくり出します。ですから、ますますより良い学習者になることが求められていると感じたとしても不思議ではありません。

情報は至るところにあります。加工されていないデータの場合もあるでしょう（事実、意見、観察、経験、ツイート、フィードバックなど）。また、ある媒体に加工されている場合もあるでしょう（印刷物、ビデオ、プレゼンテーション、アプリ、研修、ブログ、ウェブサイトなど）。このようなデータや情報のパッケージは、学習に役立つリソースです。そして、同じ情報がさまざまな形で現れることがあります。たとえば皆さんが、親戚の高齢者を世話する方法や、チームメンバーにフィードバックをする方法についての情報を探したいとします。同じアドバイスが、記事や研修、ロールプレイング、ケーススタディ、またはYouTubeのビデオなどの中に見つかることがあります。どの情報の形式があなたの目的に最も適しているかを決めることが、学習課題の1つとなります。

情報の世界は複雑で拡張を続けているため、必要な情報を見つけることはますます難しい作業になっています。しかし幸運なことに、検索エンジンや研修検索サイト（本書の後半では「スキャナー（scanner）」と呼ぶ）のようなサービスが増加しているため、それらが必要な情報を利用可能な形式で見つけられるように、情報をそぎ落としてくれます。

リンク

スキャナーについて詳しくは、「第9章　金脈を手に入れる」と「ツール4　スキャナーとその活用術」を参照してください。

加工された情報は必ずバイアスが掛かっている

加工されていない形式のデータであれば、その情報は中立です。ところが、いったん情報が選択され、編集され、伝達され、まとめられ、使用されると、

たちまちその情報にはある見方が加えられます。別の言い方をすれば、その情報にはバイアスが掛かっているということです。コンテンツの作成者は情報のある部分を選択し、残りの部分を無視します。次に、その情報をあなたが使用するときには、その経験、記事、スピーチ、会話のある側面に焦点を当て、他の部分には焦点を当てないでしょう。したがって、あなたが得た情報には2回フィルターが掛けられていることになります。あなた自身と元の情報の作成者の両方のフィルターによって、選択の偏り（selection bias：以下、選択バイアス）は強化されます。

　しかし時には、意図しない「選択バイアス」以上のものが働くこともあります。学習者は、「なぜ会話（または記事、研修、話題など）の中に、ある情報は含まれ、その他の情報は無視されるのか」という疑問を常に心にとどめていなければなりません。あるトピックに関して、（より中立的であると主張する）科学者であれば、自分の考えや下心を押し付けようとする人とは異なる情報を選択するでしょう。保守的またはリベラルな政治家の選択バイアスや、参加型のマネジメント・アプローチを信じるリーダーシップの専門家が書いた記事に見られる選択バイアスについて考えてみてください。あるいは、新薬を購入させたい広告主や、いつもより遅くまで外出していたいティーンエイジャーを想像してみてください。そして今度は、自分が同意できる、あるいは同意できない人の意見に耳を傾けているときの、自分の選択バイアスについて考えてみましょう。たとえば、政治的信念や育児観が違う人に対して、どんなコメントをしたことがあるか思い出してください。自分のフィルターを超えて物事を見るような対策を講じなければ、耳を傾けるときや意見を述べるときに、必然的に自分の興味や意見に偏ったバイアスが掛かります。

　情報の世界には多くのデータが存在しますが、情報そのものや自分自身がその情報処理を行う際には、常にバイアスやフィルターが掛かっているということを忘れてはなりません。これは、動機が明確である場合や、情報が比較的客観的（たとえば、科学的あるいは信頼できる統計情報など）である場合には問題ありません。新聞の社説に新聞社の見解が書いてあるのは当然ですし、建築の授業が特定の建築方法に偏っていたとしても当然のことです。自分でそれが当然のことと理解し、注意を払うかどうかにかかわらず、情報

の選択的で主観的な側面に気づくことが重要です。また、バイアスがフィルターの域を超えて、意図的に歪められたり、操作されたり、間違っていたり、プロパガンダであったりする場合には、それに気づくことも不可欠です。フィルターが掛かっていることに気づくかどうかは、自分次第であることを決して忘れないでください。使用している情報の一歩先を行くかどうかは、自分次第なのです。

　情報のバイアスに関して最後に注意していただきたいことがあります。今日のように情報が飽和している世界では、自分と視点が近い情報源に魅力を感じてしまいがちです。たとえばよくあるのは、1つのニュース・ネットワークに耳を傾けたり、同じ考えをもった人々が集まる、限られたソーシャルメディア・コミュニティに所属したり、自分と同じバイアスが掛かっているブログやニュースを読んでしまうことです。特定の関心に基づくコミュニティが増え、さらに細かいコミュニティに分かれていくにつれ、より狭い範囲の情報にしか触れなくなることが増えています。これはある種の親近感を得るのに好都合でしょう。特定の関心事について知識を深め、情報世界のより狭い範囲をコントロールしている感覚を得ることにつながるからです。しかし、同じ考えをもつ人が集まって、自分たちの意見が他者の意見よりも正しいと考えるようになると、危険であり、学習にブレーキが掛かってしまいます。

　ですから、自分にとって心地よい、情報のコンフォートゾーンにいるために、より大きな情報の世界で起こっていることに興味を失わないようにしてください。より多様な情報の世界に踏み込めば、常に意見の合わない人や、異なる見解に遭遇しますが、それは自分の成長にもつながり、時代の流れに乗り遅れないでいることにも役立ちます。そしてさらに、仕事や地域社会、社会全体におけるより大きなバイアスを乗り越え、（必ずしも同意できないとしても）異なる見解を理解するのに役立ちます。これは、第2章で学んだライフステージを通して行う自己開発の重要な部分です。

振り返り

　第2章で学んだ成人の発達段階と自己洞察を思い出してみる良いタイミングです。日々の情報世界の見方について、気づきが得られるでしょう。

情報は力：21世紀の学習者への警鐘

　一般的にいって、インターネット、ソーシャルメディア、マスメディアは情報を拡散する強力な手段です。何十億人もの人々に、一瞬で情報を届けることができるのです。フォーマルな学習プログラムも同様です。コンピュータやスマートフォンを持っていれば、地球上の誰もがオンライン・コースやモバイル学習アプリにアクセスできます。また、機械翻訳サービスの信頼性が高まるにつれて、言語の違いはグローバルなアクセスの障壁にはならなくなっています。

　何世紀にもわたり独裁者が明らかにしてきたように、情報は力となります（独裁者は常に社会の主要な情報源をコントロールしたり、その信頼性を傷つけようとしたりします）。しかし、情報の世界に影響を与えようとするのは独裁者だけではありません。皆さんは、常に影響を受けるリスクにさらされています。企業、広告主、政治家、地域社会のリーダー、教師、特定の利害に偏ったニュースチャンネルなど、何らかの意図をもつ誰もが、自分たちが望むような行動を促すために、情報を常に選択して魅力的に編集しています。

　このようなことを行う人々は、第1章で学んだ脳に関する知識を使って、人の思考や行動に影響を与えます。彼らは人の恐れと欲望に訴え、扁桃体（感情の中心）に働きかける方法を知っています。彼らは心地よい気分になる脳内物質を引き出し、無意識の学習能力に訴えるように、情報を見せることができます。

　もともとカプトロジー（captology）と呼ばれていた故意の情報操作は、現在、ビヘイビアデザイン（behavior design）と呼ばれています。企業や政治家などは、脳に関するこの知識を使い、アプリ、マーケティング資料、ゲーム、スピーチやプロパガンダを作成し、「脳をハックしてその本能、癖、欠点を利用」します[1]。

　科学的研究でさえ、研究者のバイアスから完全に免れることはできません。ラーニング4.0の実践者として、すべての情報が主観的であると知り、学習する際に自分の学ぶ力と独立性を保つことが重要です。道のりは険しいですが、誰かに操作され、自分にとって望ましくない目標に向かって進んでいってしまうことがないよう、バイアスの可能性を認識することは非常に重要です。

> ### リンク
>
> 第9章は、学習に利用する情報のさまざまなフィルターやバイアスに惑わされないようにすることに役立ちます。また、自分のフィルターやバイアスを認識するのにも役立ちます。フィルターやバイアスがあると、学べる内容を狭めてしまう可能性があります。ページを飛ばして先にこの章に進み、頻繁に使用されている、学習者に影響を及ぼすためのテクニックをいくつか学ぶのもよいでしょう。

情報の世界：まとめ

　ラーニング4.0の実践者は、目の前には膨大な情報の世界があり、幅広い分野にわたる学習リソースや学習経験で満たされていることを知っています。情報の世界は非常に広大で変化し続けているため、リソース・スキャナーを使わなければ必要な情報を見つけることができないことも多いでしょう。しかし、あふれる情報の中から必要なものを見つけるだけでは十分ではありません。情報が確実で、信頼できるか確認することも重要です。無意識に、その情報が客観的だと思ってはいけません。

　記事、経験、講座、会話など、使用する情報はどれも内容が選択されたものであり、何らかの形でバイアスが掛かっていると考えてください。これは良い悪いではありません。どんなときも、ある情報が含まれ、ある情報は除外されます。学習するとき、学習者自身もフィルターを掛けており、何を受け入れ、何を無視するかに影響を与えています。学習者が情報を選んで学ぶ際、このことを知っておくことが重要です。

　研修をデザインしたり、本を書いたり、スピーチをしたり、シミュレーションやアプリなどを作成するとき、人は必然的に情報を選択し、自分の意見や方法を受け入れるように説得しようとします。学習する際、この種の圧力が想定されるでしょう。また、情報は力であるため、情報の世界は、メディアや職場、政治、金融における権力争いの戦場でもあるのです。これらの権力者たちは、人の目に留まること、注目されること、支援やお金を求めているのです。そして、彼らは欲しいものを手に入れるために、どのように情報

を操作すればよいか知っています。
　ラーニング4.0の実践者は、自分の思考の自由を保つことができます。情報の世界の広大さと主観的な性質を理解しておきましょう。これが学習の展望を理解する第1部の4つ目の部分となります。
　今こそ、皆さんの学びをラーニング4.0にアップグレードして、この新しい学習環境の中で成功を収めるときです。

第 2 部

ラーニング 4.0 の 7 つの実践方法

　それでは、ラーニング 4.0 にアップグレードする準備を始めましょう。第 2 部ではラーニング 4.0 の 7 つの実践方法をご紹介します。ラーニング 1.0、2.0、3.0 へアップグレードする際に、すでに身につけている能力のアップデートというものもあれば、これまで慣れ親しんだ学習方法とは異なる、新たなものもあるでしょう。状況に応じて、7 つの実践方法のすべてが必要な場合もあれば、その一部だけで事足りるときもあります。学習の役に立ちそうなときにはいつでも、ラーニング 4.0 の 7 つの実践方法を活用してみてください。

　第 2 部には、多くのアドバイスが盛り込まれており、優れたラーニング 4.0 の実践者となるために、それらがどのように役立つのかを解説しています。最初に振り返りのコーナーで学習内容を把握して、整理しながら読むと効果的です。また、後出のツール 3 のフォーマットなどを利用してメモを取りながら読むと、今後、実践の場で情報を活用する際に役立つでしょう。さらに、ツール 2 や www.learning4dot0.com/unstoppable では、実践の場でガイドとして活用できるテンプレートを用意しました。いまテンプレートに目を通すのもよいですし、今後学習機会が訪れた際に活用できるよう、その存在を心に留めておいてもよいでしょう。

第5章

学習へといざなう声に耳を澄ませる

　ラーニング4.0は、明白なものから、はっきりとわかりづらいものまで、学習機会を幅広く捉えています。この章を読めば、学習を始めるタイミングに気づけるようになるでしょう。学習へといざなう声は、さまざまな場所から聞こえてきます。

- 自分の中から
- 自分を取り巻く環境から
- 過去から
- 未来から
- 純粋な探究心から

　学習へといざなう声の中には、容易に気づくことができるほどはっきりと聞こえるものもあるでしょう。たとえば、病気の不安を抱えてインターネットで手掛かりを探しているとき。海外勤務を命じられ、その国の言葉を学習する必要に迫られたとき。これまでに経験したことのない業界の顧客を相手に仕事をするため、その業界と顧客の両方について学ばなくてはならなくなったとき。編成して間もないプロジェクトチームに参画したとき。社命によ

り労働安全に関する研修やオンラインコースを受けなければならないとき。新たに購入したソフトウェアを使用するためにチュートリアルを見るとき。園芸を極めようと決意し、その第一歩として実践してみたり、園芸教室に通ったりするとき。子どもが生まれたので、良い親になるハウツーを学べるモバイル・アプリを小児科医から勧められたときなどです。つまり、仕事や人生において何らかの目標をもったとき、自分で意識的に学習へのいざないをつくり出しているのです。

 振り返り

より効果的に学習したいと思った理由は何ですか。学習方法を改善せよという声は、どこから聞こえますか。

多くの人にとって、ほとんどの学習は先に挙げたように明白な理由、あるいは危機感がきっかけになります。実際に起こった事態に呼応して行動を起こし、必要なことをこなす。それだけなら簡単です。しかし、このような生き方を続けていると、後で後悔するかもしれません。もっと完全燃焼できなかったか、自分の才能をもっと生かせなかったか、900億個もある脳細胞をもっと使えなかったかと。

「学習せよ」とささやき掛けてきた声。あのとき、あの声に耳を傾けていたらよかった。

ラーニング4.0を身につけている人は、微かな声を聞き逃さないので、このような明確な声以外も感じ取ることができます。先に述べたもの以外にも、多くの場合、微かなささやきのような声を聴くことで、学び、成長するのです。そういった声は、日々の暮らしや雑音に紛れてしまい、往々にして聞き逃しやすいものなのです。

学習せよと伝えるシグナルは、さまざまな場所から送られてきます。変化し続ける仕事の世界、私生活での人間関係、社会の変化、新たなテクノロジーなど、自分を取り巻く環境から送られてくるシグナルがあります。何らかの変化が必要だと感じたとき、人生の節目に差し掛かったとき、自分の欠点に気づいて何らかの形で補ったり、対処が必要だと気づいたりしたときなど、

自分の内側から送られてくるシグナルもあります。さらには、過去の成功や失敗を振り返って、その結果に気分が良くなったり、落ち込んだりするときに送られてくるものもあります。

このようなさまざまな場所から、まさしく今シグナルが送られているかもしれません。しかし、現代においては、日常生活のプレッシャーや自分のバイアス（失敗への恐れ、理想の過剰な追求、シャドウに影響された思考パターンなど）によってシグナルがかき消されることも少なくありません[1]。

ラーニング4.0の実践者は、行動を起こすのが手遅れになる前に、また危機的状況に陥る前に、そのささやかな声を聞き取ることができます。注目し、集中し、洞察する力を強化することによって、この声を聞き取る能力を伸ばすことができます[2]。

学習にいざなう声を聞き取れるようになるには、その声に耳を傾け、その声を言葉にすることが必要です。そのためには、第1章と第2章で学んだ脳科学と心理学の知見を活用します。たとえば、自分が何を期待しているかによって、五感で感じるものに影響を与えるということが、心理学の研究から知られています。また、脳神経科学では、普段は無意識レベルで活動している自動システムも、意識的に活性化し覚醒できるといわれています。

声に耳を澄ませる

声に耳を傾けるとき、「その声はどこから聞こえるのか」を自問自答してみてください。とても微かで、聞き取りにくい声に気づくことができるよう、学習の感覚を研ぎ澄ませましょう。五感、自動システム、より大きな自己のすべてを研ぎ澄まし、注意して、5つの異なる場所から送られてくる声に気づく準備を整えましょう。その5つの場所とは、自分の内側、自分を取り巻く環境、過去、未来、純粋な探究心です。

内なる声を聞く

　心と体が送ってくるシグナルが、間接的ながらも学習のタイミングを伝えてきます。たとえば、気が休まらない、退屈だ、堂々巡りだと感じたとき。人や物に対して度を超えた感情的なリアクションをしているとき。自分の役割、人間関係、仕事などに対して不平不満を並べているとき。一瞬だったとしても、何かに魅力を感じて引き込まれ、血が沸き立つ感覚を覚えたとき。仕事や業績、運動でも構いません。それにおいて困難だったことをやり遂げた後、高揚感や、あるいは落ち込みを感じるとき。こんなときこそ何かを学べとささやく声が届いているのかもしれません。

　人間は生き続ける限り、自身の願望やライフ・ステージなどの変化が内なる声となって学習せよと語りかけ続けます。つまり、あなた自身が生ある限り成長し、変化したいと願っているのです。この内部エネルギーが発する声はささやきのように微かで、それと気づくまでは感情や身体的シグナルによって間接的に表現されることも少なくありません。このシグナルを感知できる能力を身につけましょう。行動を促す内なる声が届いた瞬間に気づけるよう、シグナルの通り道を開けておきましょう。

外からの声を聞く

　周囲を取り巻く環境から聞こえる声の通り道を開けておきましょう。もはや、これまでの習慣や手段ではうまく対処できない場面がありませんか。周囲の反応に満足できない、望む結果を残せない、期待した評価を得られないと感じたときがありませんか。職場、家族、友人との関係に変化があったなら要注意です。状況が変化していませんか。子どもが反抗期に入ったり、配偶者が新たな職に就いたり。あるいは、職場の状況によって、自分の役割が変化したり、または退職する可能性が生じるなど。このようなときには、知識、スキル、物事の見方、態度、能力を刷新する必要があるかもしれません。大事に至る前に、周囲からのシグナルをいち早く察知し、事態に対処しましょう。

過去からの声を聞く

過去は、学習のきっかけとなる教訓が眠る宝庫にもなれば、プライドや後悔として表面化することもあります。過去からの声を聞くことのねらいは、成功や失敗、過去の教訓を学習の糧にすることです。たとえば、混乱を極めたプロジェクトを終えた後、記憶を巻き戻し、過去のシーンを再生してみれば、その映像から学習にいざなう声が聞こえてくるでしょう。

過去からの声の多くは、気づかないうちに消えてしまいます。これをテーマにして作られたのが、映画『恋はデジャ・ブ』（原題：Groundhog Day）です。主人公は、何も変わらず、学習することもない、昨日と同じ毎日を延々と過ごしてきたのですが、行動を変えることによって違う明日が来ることに気づくというストーリーです。過去の出来事を振り返ったときにはじめて、未来に進む力を過去から学べることに主人公は気づくのです。

未来からの声を聞く

未来は、準備する間もなくやってくるように思えますが、進むべき道を示す手掛かりは常に存在します。たとえば、会社の戦略、動向調査データ、テクノロジーの展望、自分自身のトレンドへの感受性など、未来から届くシグナルがあるはずです。これまでの社会的変化や個人的な変化のいずれも、始まった当初は注目を集めることもなく、傍流の1つに過ぎないと見られがちだったという事実を思い出してみてください。たとえば、米国における公民権運動や女権運動といった社会運動、個々人が直面するキャリアや生活の変化など。こうした変化は、一夜にして起こることなどめったにありません。

未来からの声は、家族や社会的つながりの中で関係性が変化する際に現れます。働いている業界、住んでいる土地、世界の情勢、私生活や人とのつながりの中で起きていることを観察していれば、脳が事の始まりを知らせるシグナルを感知し、変化が起きたときのために備えようと考えるでしょうし、少なくとも不意打ちを食らって慌てることはないでしょう。些細なサインから未来の動向を見極める能力こそ、ラーニング4.0が重要視する能力の1つなのです。

探究心の声を聞く

　感情よりも論理的思考に着目する研究者には理解しがたいことですが、人間は、明白な理由もなく、純粋な探究心と喜びを求めて学習を始めることも少なくありません。あることに興味をもち、時間を忘れてそれに没頭した経験はありませんか。好奇心を満たしたいから、新しいことを経験したいから、理由はともあれ、知りたいから学習するというタイミングを逃さないことです。学習という行為が、ドーパミンやエンドルフィンなどの喜びに関わる脳内物質の分泌を促します。ただ単にやりたい、快活とした時間を楽しみたいという学習を促す声に耳を傾けましょう。

　今、どこからの声が聞こえますか。内なるささやきが聞こえますか。周囲の環境により適用せよという外からの声が聞こえますか。過去の出来事の中に、学習へといざなう声を発している教訓はありませんか。未来が学習へといざない、あなたの返事を待っていませんか。単なる探究心から学習したいと思うものはありませんか。

　声に耳を澄ませましょう。それがラーニング4.0の第一歩です。脳の意識をつかさどる場所、すなわち前頭前野の重要な役割の1つは、この声に答えて行動することです。しかし、行動に移すには、声を聞かなければなりません。

振り返り

　今週を振り返って、学習にいざなう声が聞こえなかったか、思い返してみてください。どこからの声が、最もはっきりと聞こえたでしょうか。

聞こえた声を口にしてみる

　このように声が聞こえるようになったとしたら、果たしてその声は何と言っているのでしょう。学習にいざなう声を現実のものにするには、その声を自分の言葉に置き換え、学習を始めるきっかけにしなければなりません。こ

れは、研修を受ける、または企業活動をシミュレーションするなど、きっかけが明快な場合に限らず、前節で紹介したさまざまな場所から届く、漠然としたシグナルを捉えたときにも当てはまります。どこから聞こえたものであろうと、学習にいざなう声を行動に移すには、そのメッセージを自分の声で言葉にしてみることが肝要です。自分に向けた言葉によって、いざなう声の正体、つまり取るべきアクションが明確になります[3]。いざなう声を言葉に置き換えた例を以下に挙げてみます。

- 新型の財務ソフトウェアは購入した。さて、時間と金の無駄を省くには、これをどう使いこなすか。
- 海外勤務を伴う昇進なのだから、その国の言葉を学習しなければならない。
- この研修で、カスタマー・サービスのやり方を学ばなければならない。気色ばむ顧客にも落ち着いて対応したいのだが、その方法は役立つだろうか。
- ジェイクと関わるとき、これまで自分は守勢に甘んじてきた。違った態度で接してみたらどうなるだろうか。
- 近頃は、今の仕事に対して、行き詰まり、停滞感、やる気の欠如、無気力感、もどかしさを感じている。これは、新たなステージを模索するときが来たと告げる声ではないだろうか。
- この話が持ち上がるたびに気持ちが落ち着かない。何かを学習しろというシグナルだろうか。
- この事業戦略の変更が、今の仕事に影響を及ぼすかもしれない。先手を講じるには、何を知り、何をすべきなのか。
- 新しいテクノロジーが台頭しつつあり、今の我々のビジネスを壊滅させるものが出てくる可能性は否定できない。起こり得る事態を幅広く洗い出しておく必要はないか。
- プロジェクトの第三フェーズを終えた今、我々が成し遂げたブレークスルーに皆の気分は絶好調だ。将来のプロジェクトにも適用できる教訓はないか。
- この類の仕事にこのスキルを活用しているときは気分も上々だ。この方向でさらに能力を伸ばすべきということだろうか。

- このニュース誌を眺めていたら目に留まるものがあった。このトピックが非常に気になるので、好奇心を抑えることなく、興味の赴くまま調べを進めてみよう。

　目に見えない心の動きであっても、言葉にすれば具体性が増して、その中に学習にいざなう声の存在を確かめることができます。何を感じ、何を考えたのか、そこから聞こえる声が何を学習しろとささやいているのか、言葉にしてみましょう。

学習へといざなう声に耳を澄ませる：まとめ

　ラーニング4.0の最初の実践は、学習を始めるタイミングを認識することでした。人生は学習の機会に満ちていて、学習を始めるタイミングは時と場所を選びません。社命あるいは仕事で必要に駆られてオンライン研修や集合研修に参加せざるを得ない、あるいは人生の根本に変化が生じて何らかの対処に迫られているなど、学習を始めるタイミングが明快な場合があります。

振り返り

　ラーニング4.0の第一の実践方法を行う際の参考となるよう、本書ツール2とwww.learning4dot0.com/unstoppable に、「実践1：いざなう声に耳を澄ませる」のテンプレートを用意しました。活用してください。

　しかし、学習にいざなう声のほとんどは、成長の機会とは考えられない姿で現れます。あるときは、不快感、過剰な自己防衛、好奇心、興味、欲求として現れるのです。あるいは、現状に退屈しているとき、以前は効果的だった方法ではもう対処できないと気づいたとき、周囲が次第に変化しているときなどもあるかもしれません。気づきにくいですが、このような状態は「学習を始めるときが来た」ことを知らせるサインです。日常の雑音に消え入り

そうなささやきを逃してはなりません。

　ラーニング4.0にアップグレードするとは、脳と体の隅々にまで意識を巡らせる能力を磨くことを意味します。ラーニング4.0を習得し、内なる声、外からの声、過去の経験からの声、未来からの声、思いがけない学習機会を楽しんでいるときに聞こえる声に気づき、それに応える力を身につけましょう。

第6章

自分が望む未来を思い描く

　想像力は、人間固有の特質であり、ラーニング4.0に欠かせない要素でもあります。この章では、想像力を駆使して、学習を達成する方法を紹介します。この章では、以下のことを学びます。

- 自分が望む未来を思い描き、その未来に生きる自分を五感で想像すること
- 今日の自分を明確にし、自分が望む未来からの引力をつくり出すこと

　あなたの耳に、学習へといざなう声が届きました。その声に応えたいならば、次に何が必要でしょうか。応えたいけれど、次の一歩を踏み出すにはモチベーションが足りないかもしれません。何を学習する必要があるのか、どの学習教材が自分のニーズに合っているのかが十分にわかっていないかもしれません。

振り返り

　より良い学習ができている、1、2年後の自分を想像してみてください。そのとき、あなたはどんな自分になっているでしょうか。そして、どのような気分でしょうか。

いきなり学習に取り掛かるのではなく、まずは学習の原動力をつくりましょう。学習することが必然と思えるような魅力的な将来像をイメージします。仮想未来にいる自分、未来の自己の姿を五感でつくり上げます。明確な将来像を思い描くことで、その未来に向かって進もうとする強い意欲が生まれ、学習する決意が促されるのです。同時に、脳内の自動システムにおいて、日常の中で遭遇する学習のタイミングに気づくことができるようになります。

　自分が望む未来からの引力をつくり出す[*]には、五感を使って未来を想像すること、そして現在の自分を知ることという2つのステップが欠かせません。

五感を使って未来をイメージする

　『私たちは、芸術家が作品を創作するのと同じように、自分の人生を創り上げることができます。そのような見方で人生に向き合えば、違う世界が見えてきます』[1]

　人間には、自分の人生を映画のように映像化する能力が生まれつき備わっています。睡眠中に見る夢、白昼夢、想像がその証です。思考に形を与える能力は、我々が人間であることの根本に関わるものであり、その重要さゆえに近年の人工知能研究でその能力が注目されています。その研究によれば、人間の知性は、コンピュータでプログラムできるような論理的なプロセスだけではありません。そのため、ロボットを人間に直接つないで、映像化する能力を学習させる研究が行われています。

　ラーニング4.0では、想像し夢みる能力を使って、学習の達成に向けて体と脳の準備を整えることが大切となります。実際の学習を始める前に、これを行うのです。そこに足を踏み入れるとリアルな体験ができそうな仮想現実空間をイメージするのがコツです[2]。体、脳、心、感情のすべてを駆使しなければなりません。

　やり方はこうです。まさしく今、学習せよとささやく声が聞こえたと想像します。静かで広めの場所に行き、目を閉じて、数回ゆっくり深呼吸します。

───

＊フューチャー・プル型の発想とも呼んでいます。

いざなう声に応えて学習をやり遂げた、未来の自分を想像しましょう。そして自問自答します。

- ここは、どこか。
- 今日と違っていることは何か。
- 何を経験し、何が見え、何が聞こえ、どんな香りがするか。
- 自分は何をしようとしているのか。
- 自分がつくろうとしているもの、達成しようとしていることは何なのか。
- 周りにいるのは誰か。
- この状況に身を置いてみて、どんな気分だろうか。

　試しに未来に行ってみると考えてください。将来の自分を考えることから、さらにもう一歩進んで、将来の自分になり切ってみましょう。ありたい未来に行ってみて、そこに学習へといざなう声が満ちあふれているか、身をもって確かめるのです。自分の肉体と精神、感情をもって、未来の中に入り込んでみましょう。その体験を絵に書いて、友人とともに再検討するという方法もあるでしょう。自己像、動機、脳内物質、感覚、脳の前部にあって意識的に考え、想像する部分など、自分の内面にあるリソースをすべて駆使し、学習に向けて自分自身の準備を整えることが肝要です。未来を具体化し、自分の意識の中に植えつけると考えてください。

　最初はぼんやりしていても、あるいは学習の途上で変わってしまうとわかっていても、ひとまず仮想未来を描いて、学習する道程の入り口に立ちましょう。大きな粘土の塊を手に持って、特別な作品を作りたいと思っている、そんな自分を想像してください。粘土をこねて形を作っているうちに、塑像に向かう自分の動作と粘土とが一体となってきます（ミケランジェロは、彫刻する際、完成品のイメージを常にもちながらも、最終的には彫刻材がおのずと形を作り上げるのに任せていました）。

　将来像をもつことは点と点とをつなぐ一助となり、それが学習ロードマップをつくり出していきます。そして、そのロードマップに沿って学習したことが将来像の形成と洗練を促します。学習ロードマップと将来像は互いに影響し合うものの、五感でつくり上げた心象こそが旅の出発点として不可欠

ものとなります。

　完璧な仮想未来などイメージできないと思い悩む必要はありません。とにかく歩き出す方向を定め、動機をもつこと、これが目的です。とはいえ、できる限り最高の将来像を追求します。最高の未来にいる自分を感じてみてください。これはラーニング4.0の実践の中で、最もパワフルなものの1つです。最高の未来像をもつことで、脳内の意識をつかさどる部分が刺激され、学習のタイミングに気づいたり、学習の実践を促します。また最高の未来像は、無意識に未来に引きつける磁力のような働きをします。また、学習の途中で困難に直面したときも、壁を乗り越える力を与えてくれます。

今日の自分を知る

　学習の旅は、あなたを現在から未来へと導いてくれます。あなたが旅に出たいと思っている「現在」とはどのようなものでしょうか。仮想現実を映し出すプロジェクターを置いた場所を知ること、あるいは人生のロードマップの中の「現在地」アイコンを見つけることをお勧めします。以下のことを考えてみてください。

- 新しい何かを迎える準備が整った現在とはどんな状況か
- その状況では、何が見え、何が聞こえ、どう感じるか
- その状況で自分は何をしようとしているのか
- 自分がつくろうとしているもの、達成しようとしていることは何なのか
- 現在の自分のシナリオの中に登場する主要人物は誰なのか

　この問いに答える際、主観的に考えるだけでなく、客観的に自分を見つめます。自分のバイアスと経験を乗り越えるのです。自分は皆からどう見られているのか、周囲の人々に尋ねてみましょう。その人もバイアスを通してあなたを見ていることは言うまでもありませんが、彼らがあなたをどう見ているかによって彼らの返答が決定されるのですから、あなた自身を知るための

ヒントになります。

将来像と現在とのギャップに緊張関係が生まれ、脳と自己はそれを解消したくなります。将来像と現在像がリアルで直感的なほど、未来へ引っ張る力が強くなります。意識的にも無意識的にも、望む未来に引きつけられるのです。

自分が望む未来を思い描く：まとめ

学習へといざなう声に応えたいと思ったとき、自分自身の準備を整えるための時間を設けましょう。想像力がもつ力を学習プロセスの中に組み込むのです。まず、仮想現実の将来像をつくり、自分の望む未来に入り込むことで、前に進む力と情熱を高めます。そして、自分が今どこにいるのか時間を掛けて考えます。すると、将来像と現在像のギャップによって生じた緊張関係に自然と引っ張られ、学習する力が湧いてきます。

初めてチームリーダーに任命され、リーダーシップを発揮したいと思ったら、図6-1に挙げる緊張関係が生じるかもしれません。

図6-1. 現在像と将来像のギャップによって生じる緊張関係
　　　　（クリエイティブ・テンション）

現在の自分		将来の自分
● 役員の前ではいつも緊張してしまうので、臆病な人間に見えていると思う。	想像力によってつくり出した緊張関係（クリエイティブ・テンション）→	● 自信と情熱をもって自分の考えを発信している。緊張感にうまく対処できている。
● 同僚の技術者たちは自分に好感を抱いているが、自分は彼らへの情報共有やアドバイスが十分にできていないと思う。		● 同僚の技術者たちに考えを尋ね、より頻繁にチームの計画を練る機会を設けている。
● このチーム以外の人たちとの交流が少ない。		● 他の部署の人たちと有意義な関係をいくつもつくっている。
● 問題を自ら解決することに満足していることが多い。		● チームが成功を収めたとき、チームの成果を祝福し、達成感を感じている。
● 自分は、聡明だが孤立した技術者だと思われている。		● 自分は、コーチであり、メンターであり、ソート・リーダー（思想的リーダー）だと思われている。

想像力を働かせて、自分の現在像と将来像をつくりさえすれば、学習が達成する可能性は高まるでしょう。未来が現在を引き寄せるというフューチャー・プル型の発想は、引き寄せの法則 (law of attraction) や最小抵抗経路 (path of least resistance) とも呼ばれています[3]。スティーブン・R・コヴィー (Stephen R. Covey) は、「終わりを思い描くことから始める」と述べています[4]。宗教家にとって祈りはフューチャー・プル型の発想の一種です。この発想を磁力になぞらえて、「目的は心理的な磁場をつくることだ」などと科学的な表現が用いられる場合もあります。ポジティブ・シンキングがもつパワーや、思考は実現するという考え方も、フューチャー・プル型に関わる発想です。また、心理学のトピックである共時性（シンクロニシティ）もフューチャー・プル型の発想の副産物です。条件が整えば、日々の出来事に偶然の一致が起きる頻度が増えるのです。たとえば「自分の学習目標に関するチャンスが今やってきたのは、ラッキーなんじゃないか」と口にする場面も、実は気づく準備が整っていたこと、そして、この事態が起き得る状況に身を置くよう自分自身を条件付けていたことの結果に過ぎません[5]。

リンク

　ラーニング４．０の第二の実践方法を行う際の参考となるよう、ツール２とwww.learning4dot0.com/unstoppable に、「実践２：自分が望む未来を思い描く」のテンプレートを用意しました。活用してください。

　この章で学んだことのすべてが脳科学の研究によって裏付けられています。自分の自動システムを学習の旅路に役立つようにすると同時に、学習行動をより意識的に引き起こす体制をつくりましょう[6]。この実践はシンプルながらも効果的ですから、そこから得られる成果を利用しない手はありません。

第7章

くまなく探索する

　ラーニング 4.0 を実践するには、最適な学習リソースや経験を活用することが不可欠です。そのために、今日では、ますます多くの検索サービスやサポートが必要となっています。この章では以下のことを学びます。

- 疑問と好奇心に従う
- 特定の学習リソースを決める前に、一歩下がって、得られる情報を広く見渡す
- 将来像の実現に役立つ機会が日常の中にも存在すると覚えておく
- 学習リソースの種類を選り好みせず、すべての学習リソースを活用する
- 学習の途上で遭遇する驚きや新たな情報をありのまま受け止める

　膨大な情報が至るところにあふれ、その量は日ごとに増えています。どうすれば最適な学習リソースや経験を見つけられるのでしょうか。そもそも何を探せばよいのでしょうか。
　手っ取り早いがゆえに、私たちは、最初に目に留まった学習リソース、人、経験を選択しがちです。たとえば、友人が勧める教室、アプリ、コーチに決めてしまう。「学べることがあるよ」という誘いを鵜呑みにし、得られる価値を検討しないままにプロジェクトの参画を決めてしまう。学びたいときに

は、いつも決まってコースを受講する。本を買う。自分で試してみる。または、インターネット検索で1、2番目に出てきたものをクリックしてしまう。「これが自分のスタイルだ」と言いながら……。

振り返り

　学習したいことを設定し、それを念頭に置いてこの章を読み進めましょう。普段ならどのような方法で最適な学習リソースを探しますか。何らかの手助けが必要なとき、どこをあたってみますか。探索スキルによって何をどのように学ぶことができるか、さらにはそこから学びを得られるかどうかが決まってしまうことすらあり得ます。この章を読み終えたとき、探索方法に対する考え方に変化が現れるでしょう。

　何かを学習したいと思い立ったとき、私たちは最初に目に止まった学習リソースや経験を選ぶ誘惑に駆られます。しかし、それが最適な時間の使い方であると確信がもてるまで、その衝動にあらがいましょう。そして、一歩下がって、ラーニング4.0のメソッドを活用しましょう。そのメトッドとは、「自問自答しながら進む」「スキャナーを利用する」「多種多様な学習リソースを活用する」「新しいものを受け入れる」です。

自問自答しながら進む

　学習対象と学習方法を決める前に、指針となる次の2つについて自問自答します。

- 将来像の実現に役立ちそうな知識やスキル(あるいは他の資質)は何なのか。
- 効果的な学習に役立ちそうな学習リソース(経験、ツール、情報、メディア、サポート)は何なのか。

　学習したい分野の専門家でなければ、すなわち、その分野の最新動向やど

こに行けばそれが手に入るのかということに詳しくなければ、その分野について深く調べ始める前に、まずは広く情報を集めてみましょう。言い換えれば、好奇心をもつ、情報をありのまま受け止める、そして自問自答しながら探索するということです。

子どもは好奇心と疑問に満ちあふれています。しかし、歳を重ねるごとにこの特性は失われてしまい、自分の体面を保ったり、完璧さ、自信をもつことを望む人が少なくありません（第2章で紹介したフィックスト・マインドセットを思い出してください）。急激に変化する現代では、好奇心に再び火をつけて、グロース・マインドセットを育てることが求められます[1]。健康や活力を保つためにも好奇心は欠かせません。脳の衰えや認知症の予防にも、最も有効な対策の1つかもしれません。

学習すべき事柄、またその学習に役立つものに好奇心をもちましょう。そして、以下について自問自答しましょう。

- 注目すべきスキルや知識は何なのか。
- 自分の感情的傾向や信念を変える必要はないか。
- 体験すべきことは何なのか。
- 学習リソースやサポートは他にないのか、自分に最適なものは何なのか。

好奇心をもっていれば、探検家のように学習を進めることができます。今日の自己や世界観をさらに広げる場所に身を置きましょう。自身の意識システムと無意識の自動システムの両方に対して、コンフォート・ゾーンから飛び出し、可能性を伸ばせる場所に踏み入るのだと告げるのです。すると、子どものころに脳の発達を促したのと同じエネルギーが復活するのです。

自問自答しながら探索するとは、探偵のように手掛かりを探し出し、それを追い求めるということです。最初は、学習すべきスキルや知識を1つに絞って探索を始めるものの、結局、当初の想定とは異なる考え方があるのだと発見することになるでしょう。そして、はじめは漠然としていた学習リソースも次第に明確になるでしょう。その結果、より深く学ぶにつれて、実現したい将来像が変化することになるかもしれません。この探検家のような観点をもって、探索の次の段階に進んでください。

スキャナーを利用する

　探索の目標は、学習対象を明確にすること、そして最適な学習リソースのリストをつくることです。学習したいと思えば、実に多種多様な学習リソースが存在します。書籍、記事、オンライン教材、コーチ、モバイル・アプリ、ゲーム、ビデオ、ポッドキャスト、講義、ワークショップ、リトリート・プログラム、ミーティング、成長を目的とした配置変えなど、例を挙げれば切りがありません。

　このあふれ出す情報の中から必要な情報を探し出す術はあるのでしょうか。幸いにも今日では、大量の情報の整理を支援してくれる人やサービス、すなわちスキャナーを利用することができます。スキャナーは、学習そのものを請け負うわけではなく、情報を探しているときに、必要な情報の所在を教えてくれるのです。スキャナーを利用して、好奇心を維持しつつ、注意力と思考力をもって新たな見方や情報を受け止めるのです。学習リソースの探索と将来像の洗練に役立つスキャナーの例を図7-1に整理しました。いきなり学習を始めるのではなく、いくつかスキャナーを活用しましょう。

図7-1. スキャナーの例

- 検索エンジン
- ソーシャル・メディア上のクラウドソーシング情報
- キュレーター
- 図書館員ならびに情報検索の専門家
- 内容領域専門家（SME）
- サイテーション・インデックス（引用索引）
- 所属組織のリーダー
- 研修検索サイト
- 人事、研修、キャリア開発に携わる専門家
- 専門家が集まる協会あるいはカンファレンス
- 定期刊行物を収蔵するデータベース
- マスメディア

　確たる将来像をもっていれば、自分の脳も優秀なスキャナーであり、常に自分のために働いてくれます。第6章で紹介したとおり、人間の脳は仕事を途中で放棄することを嫌います。将来像と現在像に隔たりがあれば、脳はそれを埋めようとします。何かを見つけようとしているとき、何かに秀でたいと望んでいるとき、人間の自動システムは手掛かりと答えを探し続けます。

脳の準備が整っていれば、自分の将来像に関わる機会を仕事や生活の中に見出せるようになります。逆に準備が整っていなければ、それらを見過ごしてしまいます。スキャナーとして働くよう、自分の脳を準備しておきましょう。

振り返り

「ツール4　スキャナーとその活用術」を確認しましょう。どれか1つスキャナーを使ってみましょう。そして、この章の冒頭で自分が設定した学習対象について、もっと学んでみるとよいでしょう。時間が許せば、ちょっとした学習リソースの探索もやってみましょう。

スキャナーを使いながら、学習活動や学習リソースの候補を記録しておきましょう。また、その過程で得られた知見を織り込み、将来像を練り直しましょう。

多種多様な学習リソースを活用する

ラーニング4.0は非常に多様な学習方法に対応し、学習リソースに対する考え方、選び方、使い方にも影響を及ぼすでしょう。

探索領域を広げる

情報量が加速度的に増え続けているように、情報の提供形態も多様化し続けています。そのため、さまざまな異なる形式で、同じ学習コンテンツを手に入れることができます。多種多様な学習リソースを柔軟に受け止め、新たな形式を受け入れる準備を整えなければなりません。探索の過程で見つかりそうな学習リソースの種類の例を図7-2に挙げます。

図7-2. さまざまな学習リソース

- アプリ
- コーチやメンター
- ディスカッション
- ブログや
  ウェブサイト
- 検索エンジン
- ゲーム
- ビデオやYouTube

- 記事
- 会話や会議
- 専門家
- 職務上あるいは
  私生活における
  過去の体験
- 対面式の講座や
  ワークショップ

- 定期刊行物や新聞
- ソーシャル・メディア
- 書籍
- オンラインや自習
  形式の講座やワー
  クショップ
- チーム学習や職場
  での協働

- 講義やプレゼンテーション
- ケーススタディ
- オンラインや授業形式の
  講座、ワークショップ
- モバイル・ラーニング
- ロールプレー
- シミュレーション
- ポッドキャスト

 振り返り

あなたなら、どの種類の学習リソースを使いそうですか。お気に入りの学習リソースとその形式は何ですか。使うことに抵抗感がある学習リソースはどれですか。

やり慣れた学習スタイルにこだわらない

　ラーニング4.0では、どんな学習リソースもアジャイルに受け入れ、最適な学習リソースを選ぶ態度が求められます。抵抗感のない学習リソースだけを探索してはなりません。これは学習者にとっては難題です。私たちは大抵、学習リソースの種類に好き嫌いがあり、お気に入りの学習方法をすでにもっているからです。たとえば、読書、会話、教室、ゲーム、体験型学習が好きな人、やってみる前に概念を学ぶことを好む人、会話やチームでのアクティビティを通して学ぶよりも、独習が好きな人、視覚、聴覚、触覚に訴える学習が好きな人。どれもがその人の学習スタイルです。

　自分の好きな学習方法や媒体の種類を知っておくのは役に立ちます。しかし、現代の学習には、学習リソースや学習スタイルに対する柔軟性が強く求められています。抵抗感のない範囲に限定して学習していれば、そのうち遅れをとることになります。

　ラーニング4.0を実践するならば、特定の学習リソース、学習媒体、学習アプローチに固執してはなりません。他者と共に学ぶかどうか、何かを読ん

だり聞くことによって概念を理解するのか、今起きていることを思慮深く分析するのかにかかわらず、いかなる形式でも学習できる能力を身につけなければなりません。ワークショップやオンライン学習に対する先入観は脇に置き、最新の学習形式を検討しましょう。見つけた情報は何でも利用するという心構えがあれば、自らが慣れ親しんだ学習リソースを超えた、新たな可能性が広がります。

日々の暮らしの中にも学習の機会がある

　日々の暮らしや仕事の中に埋もれている学習機会の価値を見過ごしてはなりません。私たちの日常は学習の機会に満ちています。特に体力、対人能力、個人能力、知性の向上にはうってつけです。肉体的持久力をつけたければ、エレベータを使わずに階段を使えばよいのです。傾聴能力を向上させたければ、発言している時間の３倍を傾聴に割けばよいのです。予算や財務に関する知識を増やしたいなら、予算立案の初期段階の仕事をやってみればよいのです。はしゃぎ回る子ども、あるいは厄介な同僚と一緒にいれば、忍耐力をつける一助になります。意思決定能力を向上させたければ、仕事において意思決定の場面はたくさんあるでしょう。

 振り返り

　この章の冒頭で、あなたは自分の学習対象を設定しました。来月、日常の中に学習の機会があるとすれば、それはどういう機会でしょうか。

　学習リソースを探索する間、日常の中に利用できるものはないか、もう一歩踏み込んで探索できないかと常に考えます。自分の仕事や私生活の状況を知っている人に、日常の中にあってもなかなか気づかない学習機会を見つける手助けをしてもらいましょう。
　身の回りのさまざまな学習リソースを試してみる、そして新たな学習リソースがないか日々気に掛けておきます。学習行為はセルフサービスです。支援

があろうがなかろうが、フォーマルな学習であろうがインフォーマルな学習であろうが、膨大な量の情報の中を動き回るしかありません。何かを知りたければ、Google で検索できます。自分は読書家ではないと思っていても、素晴らしい記事を見かけたら読む。コンフォート・ゾーンから出ることになっても、新たに身につけたスキルをロールプレー演習で試してみる。学生という立場を離れて久しいのに、社命によりオンライン研修を受講することになったとき、これも好機と受け止めて受講する。こうした私生活や業務上での出来事すべてを学習の機会に変えてしまいましょう。

新しいものを受け入れる

　探索フェーズは雑用や脇道に思われがちです。学校の図書館で何時間も調べ物をした記憶がよみがえるかもしれません。しかし、私たちはもはや学生ではありません。学習することの難しさ、時間との戦い、さまざまな役割を通しての板挟みなど、いくつもの困難に直面している大人です。時間とエネルギーを学習に投資するのですから、その前にリサーチするのは理にかなうことです。

　このように、ラーニング 4.0 の実践者として、この探索フェーズに臨みましょう。探索の時間を発見の時間にするのです。学習プロセスにおいて、好奇心や疑問が次から次へと湧いてくる時間、自分のニーズと興味を追いかけて、あふれる情報の中を縦横無尽に動き回る時間です。好奇心と発見の喜びに我を失うような、まさしくフロー状態になって過ごす時間になるかもしれません。探索の設問に対する答えが見つかったときはドーパミンが、いろんな着想を誰かとともに検討しているときはオキシトシンが、未知の物事に出会う喜びを感じているときはエンドルフィンが脳内を駆け巡ります。

　インターネット検索でこのような経験をした人も少なくないでしょう。ある疑問が湧き、インターネットで検索を開始し、検索結果をあれこれと見比べ、その中から本命らしきものをいくつか検討し、ついに求めていた答えにたどり着いたという体験です。この探索の結果、探したかったものに対する考え方に変化が生じるかもしれません。

発見という体験は、探索から得られる貴重な恩恵の1つなのです。

くまなく探索する：まとめ

　ラーニング4.0の実践において、検討すべき学習リソースは、何の助けもないままでは対処できないほど多種多様で、その量も膨大です。学習に多大な時間と労力を割く前に、最適な学習リソースや経験を探索する時間を設けましょう。まず設問を用意し、一歩引いて利用できそうな学習リソースを把握し、スキャナーの力を借りながら、学習対象と自分にとって最適な学習リソースを決めるのです。また、学習に役立つことを日々の生活の中から探すことも忘れてはなりません。これらは手が届く高さに実った果実のようなものです。それを摘み取って、あなたの新たな能力に変えてしまいましょう。慣れ親しんだ学習スタイルや学習リソースの好き嫌いに縛られずに、多種多様な学習リソースを受け入れなくてはなりません。ニーズに即したものという基準で学習リソースを選びましょう。

　このような手法による探索は、あふれ出る情報の整理に役立ちます。また、学習計画を立てたり、学習が進むにつれて必要となるサポート手段を準備するための枠組みも生まれてきます。探索の過程で将来像を練り続けることも忘れてはなりません。

　探索には別のメリットもあります。探索そのものが1つの学習体験であり、魅力的な探検旅行になることも少なくありません。広い視野をもって探索に集中することで、視野を広げるような物の見方を発見したり、学習というプロジェクトの目的を考え直すことになるかもしれません。

リンク

　ラーニング4.0の第三の実践方法を行う際の参考となるよう、ツール2とwww.learning4dot0.com/unstoppableに、「実践3：くまなく探索する」のテンプレートを用意しました。活用してください。

第8章

点を線で結ぶ

　ラーニング4.0は、学校で習得した構成能力（ラーニング2.0）と社会人になって習得した手法（ラーニング3.0）の上に成り立ち、その能力や手法をさらに伸ばすための学習方法です。この章では、将来像の実現に必要な学習リソースと学習活動を組み合わせる能力を微調整し、向上させる術を紹介します。この章では、以下のことを学びます。

- 学習の難易度に応じた取り組み方を知る
- 一般的な学習の進め方を知る

　学習へといざなう声が聞こえ、将来像が出来上がり、活用できそうな学習リソースや経験を見つけたとしましょう。あなたが次にやるべきことは、学習に役立てるために、他に必要なものはないか、どのようにして点と点を結び、学習ロードマップを作成していくかについて、検討していくことです。この段階では、学習の難易度を確かめ、学習の進め方を選び、通過ポイントを決め、学習の旅へと出掛けるための道具を準備しなければなりません。

学習の難易度を測る

　たとえば、更新版ソフトウェアの新機能について学ぶなど、容易に学習できることもあります。しかし、学習目標の達成に困難を極める場合もあります。チーム・リーダーとしての経験はまだ浅いのに、多様な人材を集めたチームの編成と統制を任されたと想像してみてください。困難な学習ほど、より多くの時間、リソース、気概が必要となります。したがって、立ちはだかる学習課題の難易度を測ることが肝要です。まず、将来像の実現に何が必要かを考えます。次に、図8-1の学習難易度スケールを用いて学習の難易度を測り、点と点を結びつけて、学習ロードマップの作成を開始します。

　学習は、困難なほど辛く、簡単なほど楽しいというものではありません。学習が困難なほど、信じられないようなエネルギーとフロー状態を生み出し、学習に没頭して時が経つのすら忘れてしまうこともあります。逆に、あまりにも簡単すぎて張り合いが感じられないと、脳波や脳内物質（エンドルフィンとアドレナリン）が学習モードにならないかもしれません。難易度の高低にかかわらず、学習への準備を怠ってはなりません。

図8-1．学習難易度スケール

1 ←――――――――――――――――――――――→ 10
容易　　　　　　　　　　　　　　　　　　　　　　　困難

- 既存のやり方で十分
- 心理的ストレスを抱かせない
- 経験があり、基本を理解している
- 学習しやすい環境、周囲が学習に支援的
- 今の立場、物の見方に近い
- 今の価値観、態度、マインドセットに近い
- 適切で簡潔、またはより良い解決手段がある
- 物の見方、やり方が似ている人たちと学習する

- 習慣あるいは行動パターンを変える、覆す
- 強烈な感情や防衛反応を引き起こす
- 未経験で複雑な領域
- 学習しにくい環境、周囲が学習に否定的
- 今の立場、物の見方とは異なる
- 価値観、態度、マインドセットの再考を迫られる
- 課題と解決手段が複雑、複数の原因が絡み合い、最適解がない
- 物の見方、やり方が異なる人たちと学習する

学習したいことをイメージしてください。図8−1のスケールを使って、学習の難易度を測ってみましょう。

学習の進め方を決める

学習の進め方には、その場で学ぶ、ゴールを決めて学ぶ、経験から振り返って学ぶやり方の3通りの選択肢があります。どれか1つの進め方で学習してもよいですし、さまざまな課題に対して、すべての進め方を同時に採用しても構いません。

進め方その1：その場で学ぶ

日常生活の一瞬一瞬に学ぶ機会が隠れています。大抵の人は見過ごしていますが、ラーニング4.0の実践者であれば、そのチャンスに気づく能力をもっています。

その場で学習が始まったとき、まず学ぶ機会が訪れたことに気づき、好奇心に導かれるままに必要な情報を収集し、必要に応じて要点のいくつかを忘れないための行動を取ります。たとえば、ブログを読んでいたら、あるトピックについてもう少し詳しく調べたくなるかもしれません。あるいは、誰かと会話しているとき、ビデオを見ているとき、業務で困難なことに直面したとき、興味をひかれる何かに出会うかもしれません。

自分は経験の浅いチーム・リーダーだと想像してください。ある女性の同僚との雑談の中で、彼女がチーム・メンバー間の対立を首尾よく解消できたことにあなたは気づきました。より良いチームのまとめ役になろうと苦心していたので、あなたの好奇心が刺激されます。その難しい状況にどう対処したのかを尋ね、聞きながら、自分も使えそうなやり方を心の中でメモに取り

ます。短くて、ほんの束の間の会話です。それでも、予期せず重要なことを学びました。

振り返り

数多くの学習の機会があるものの、情報があふれる時代においては、そのタイミングに気づきにくいものです。「その場で学習する」とは、何かが好奇心のアンテナに引っかかったときに始まる、予期していなかった学習機会です。

いきなり訪れる学習機会の背後には、学習にいざなう声が常に存在します。すなわち、自分の中から発せられる欲求や環境の変化、過去の経験からの欲求、将来起こり得るチャレンジや将来像への渇望があるからこそ、あるいは純粋な学習の喜びや興味を感じるものがあるからこそ、学習機会に気づくことができるのです。一瞬一瞬の学習機会には、学習にいざなう声を知らせるサインが常に伴います。「なるほど。興味深いことが今ここで起きようとしている」と思ったなら、後続の章で紹介する実践方法(金脈を手に入れる、学びの定着、現実での実践)を用いて、学ぶべき事柄を捉え、身につけ、活用しましょう。

学習機会はそこかしこに隠れています。とても刺激的なことですよね。人間の脳を構成する900億のニューロンと100兆のニューロン間結合が刺激され、活用されることを求めています。その事実こそ、人間が学習するために生まれたことのさらなる証です。

進め方その2:ゴールを決めて学ぶ

2つ目の進め方は、多くの人が計画的かつ意図的な学習として捉えている方法で、新たな将来像に向けて学習しようと心に決めたときに採用する進め方です。それは、いくつもの不確定要素からなる複雑な進め方の場合もあれば、今まで使ってきたソフトウェアの更新版を習得するときのように簡単な場合もあります。目標への道程が複雑になるほど、進捗の過程で計画を何度

も見直さざるを得ないことが少なくありません。活用する学習リソース、学習する時期と場所、使用するツール、授業料などの資金調達、学習時間の捻出、スケジュール調整など、さまざまなことを計画します。さらに、くじけそうになった場合に備えて、周囲のサポートがどれくらい必要になるか、またそれらをどのように得るかについても決めておきます。

　たとえば、ある職務への準備、ある能力の開発、ある領域における総合的なスキルと視点を高めることなどを想像してください。自分の性格を誰かに指摘されたのかもしれないし、新たな職務に就きたいから準備するのかもしれません。いずれにせよ、学習にいざなう声を聞いたわけです。この学習の進め方では、学習を始める前に、まず将来像を描き、最適な学習リソースを探索し、学習計画を定め、スケジュールと学習リソースおよび、取るべきアクションのリストを準備します。

　ゴールを決めて学ぶ際の進め方では、学習計画を立て、将来像をめがけて着実に歩みを進めていきます。

進め方その3：振り返って学ぶ

　過去の経験の中に埋もれたままの財宝があります。人は後悔や郷愁とともに過去を振り返ることも少なくありませんが、どうせ過去を振り返るのなら何かを学ぶほうがましです。ラーニング4.0を実践すると、想像力を発揮して過去にさかのぼり、そこから教訓と知恵を抽出することができます。

　「ツール5　学習リソース別ヒント」で、経験から教訓と知恵を見出す方法を紹介します。

過去にさかのぼりながら自分の経験をつぶさに見ていけば、さらなる学習へといざなう声が聞こえてくるかもしれません。たとえば、自分のチームがいくつもの課題を適切に分析できなかったのは、課題分析手法、あるいはさまざまな意見の持ち寄り方について、目線を合わせていなかったからだと認識したとしましょう。すると、チームワーク構築能力や問題解決能力が向上した未来の自分が頭に浮かびます。このように、過去を振り返ることから始まった学習（進め方その3）が、ゴールを決めて学ぶ進め方（進め方その2）へと変化していきます。

振り返り

ある体験を振り返ると、そこから学習の機会が見つかることも少なくありません。

軍の指揮官には、主要な軍事行動と武力衝突の一環として、過去を振り返って学ぶことが求められます。これはアフター・アクション・レビューと呼ばれています。このタイプの学習は実に得るものが多く、誰にとっても有効な手段です。過去の体験の中には膨大な量の金脈が眠っているのですから。しかし、その金脈の探索と採掘にかかる時間と労力も少なくありません。

振り返り

今日、その場で学ぶ機会がありましたか。どんなゴールを目指す学習プロジェクトに取り組んでいますか。振り返ってみて、学びがありそうな最近の出来事はありますか。

ラーニング4.0を実践するなら、この3通りの進め方を即座に開始できるよう備えなければなりません。学習の機会がそこかしこに潜在しています。そのことをより意識しなければなりません。

ラーニング4.0の7つの実践は、この3通りの進め方と切り離して考えることはできません。ただし、その結びつきの強さは一定ではありません。7つの実践のうち1つか2つしか活用しない場合もあります。たとえば、その

場での学習では、学習にいざなう声が聞こえた瞬間に将来像が想起され、引き寄せる力が生まれます。一方、ゴールを決めて学ぶときや過去を振り返って学ぶやり方では、より意識的な集中力が要求され、7つのほとんどすべての実践を活用します。

「学習とは物事を発見するプロセスである」と考えてください。どの進め方を取ろうと、いつ何時であろうと、何らかの発見があります。そのたびに将来像、学習リソースや経験、学習計画を変更することになります。学習はいつも、流動的で、成長志向を求められ、変化そのものなのです。

通過ポイントを決める

学習は探検です。探検家である自分をイメージしましょう。ここまでで、向かうべき場所（将来像）、現在地、最初の一歩を踏み出す方法（その場で学ぶ、ゴールを決めて学ぶ、過去を振り返って学ぶ）について理解を深めているはずです。学習リソースを探索し、学習の難易度も測ったので、進んだ先で自分ができることもわかっているでしょう。資格を取得するのか、少しずつ学ぶことができる講座を選ぶのかなど、使えそうな学習マップや進むべき道筋を教えてくれるものもあるでしょう。それでもルートがはっきりと見えてこない場合のほうが多くあります。そんなとき、どうやって先に進めばよいのでしょうか。

詳細な学習計画を作る必要はありません。とめどもなく変化し続ける今日、学習過程を事細かく決めたとしても、たびたび変更することになります。候補となるルートの通過ポイントを決めるだけで十分なのです。そこにたどり着けば、エネルギーを補給したり、コースを確認・変更したりする地点、それが通過ポイント（点）であり、学習という旅の途中で欠かせないものです。通過ポイントの例を以下に挙げます。

- 特定の学習経験や学習リソースと、その利用予定日
- 他者からのサポートと、巻き込むタイミング

- 学習の進捗を測るための主な確認項目
- 環境整備や教材手配の手順

　可能なら、ルート・マップのような絵に書いて、学習の途上で立ち寄りたい通過ポイントを見える化してみましょう。
　振り返って学ぶ際の通過ポイントは、過去の体験から学びを抽出すること、振り返りの際に聞こえてきた学習にいざなう声に対して、応答することなどがあるでしょう。

学習の旅に必要な道具を準備する

　探検家の準備とは、自分に待ち受ける探検のチャレンジや道中の状況に適した装備を手に入れることです。これはラーニング4.0の実践者にも当てはまります。困難な、あるいは未知の領域に踏み入るなら、ガイドかコーチを雇うことも考慮します。環境によって学習の紆余曲折が予想されるようであれば、緊急避難用に対面形式の学習機会を考慮しておく、あるいは学習プロセスの一環として実際の経験を取り入れるようにしておきましょう。難しそうな知識の習得が学習目標である場合、ノート作りのテクニックを備えておけば、その分野の根底にあるパターンを見つけ、知識を整理し、消化する一助になるでしょう。あるいは、パソコンのデスクトップ上にファイルを作って、学習目標に関わるすべての情報を格納するという方法もあります。
　また、学習しやすい環境をつくりましょう。もしエネルギーやモチベーションが失せてしまう気がするのなら、自分へのご褒美を用意する、あるいは机、パソコン、スクリーン・セーバー、果ては浴室の鏡まで、目につきやすい場所に自分の将来像を描いたメモを貼っておくなどしてみましょう。カレンダー・アプリでポップアップ・リマインダーをセットし、定期的に自分を応援するやり方もあります。教材は、必要なときにすぐ手の届く場所に置くようにしましょう。
　さらに、周囲の雰囲気も大事です。学習は全身全霊を使う行為です。脳と

体は体内環境や周辺環境から常に影響を受けており、意図せずともさまざまな刺激を受容しています。できれば、不快感、ストレス、集中力の低下につながるものを排除します。たとえば、周囲の色彩は集中力に影響を及ぼします。赤やオレンジよりも、青や緑のほうが集中力を高め、落ち着きます[1]。川のせせらぎ、波の音、落ち着いた音楽などのある程度のホワイト・ノイズは、過剰な負荷をかけることなくニューロンの活性化を促すので、優れた学習の助けになり得ます。低周波音がニューロンに刺激を与え、学習に適した集中力とくつろぎを保つ手助けをするのです。このような特性を利用して、音波を学習効率の向上に活用する研究がいま盛んに行われています。「確率共鳴」と呼ばれる、この研究分野の今後の成果に注目しましょう[2]。

学習の社会性について

通過ポイントを選択、整理して、学習ロードマップを作成する際は、共に学習する仲間やサポーターをつくることを考えましょう。学習は常に社会的要素をもっています。一人で学習するときですら、長い時を経て人類が獲得した言語、記号、知識を使っています。すなわち、学習は自分が産まれた場所に根づく文化的な前提や世界観の上に成り立っています。自分が使う学習リソースは他の誰かがデザインしたものであり、学習のさまざまな過程で誰かと関わり、誰かに依存します。

リンク

社会的学習については、第13章でさらに学びます。

学習の社会的側面が、さらに強い社会性を帯びる場合があります。たとえば、チーム、あるいは家族やパートナーと学習テーマを共有するかもしれません。誰かに助力や助言をもらう場合もあれば、その逆の場合もあるでしょう。これらは、周囲の人がラーニング4.0へアップグレードする手助けがで

きる絶好の機会でもあります。

　社会的側面によって学習に精彩が加わり、活力とモチベーションも高まります。また、学習の達成が困難なときほど、社会的側面は欠かせない要素なのです。社会的な通過ポイントを設けておけば、そこで苦労を分かち合い、心の重荷を減らすことができるかもしれません。仲間意識というご褒美、さらにはオキシトシンによる気持ち良さも得られるでしょう。

点を線で結ぶ：まとめ

　学習とは、多くのリソースと一連の人的活動を伴う旅のようなものです。したがって、多くの通過ポイント（点）を選定し、それらをつなぐ学習ルートをつくっては練り直すという作業が必要です。明確なルートが描かれた素晴らしい地図が用意されているときもあります。資格取得や学位取得が学習目標の一部分だったり、学習ロードマップが他の誰かによってデザインされている場合です。そんなときは、学習リソースの探索や学習計画の作成に多くの時間を費やす必要はありません。

リンク

　ラーニング４.０の第四の実践方法を行う際の参考となるよう、ツール２とwww.learning4dot0.com/unstoppable に、「実践４：点を線で結ぶ」のテンプレートを用意しました。活用してください。

　しかし残念ながら、快適な舗装道路が用意されている学習はめったにありません。多くの場合、地図に載っていない土地、あるいは不正確な地図しかない土地を、自分の力で冒険するのです。不完全かつ不足する情報を頼りに通過ポイントを選定し、それらをつなぐ学習ロードマップを作成しなければなりません。通過ポイントを計画すれば、学習の行程にある程度の枠組みを与えられるのですが、学習が進むごとに行程も変化し続けることも念頭に置

いておくべきです。

　進む先の見通しが良くても悪くても、またどの進め方（その場で学ぶ、ゴールを決めて学ぶ、振り返って学ぶ）であっても、通過ポイントを選定し、点を線で結んで、学習ロードマップをつくり、学習計画を見える化しましょう。そして、通過ポイントとルートを再検討すれば、ロードマップも変化するということを忘れないでおきましょう。

第9章

金脈を手に入れる

　この章では、新たな情報を脳内に取り入れ、それらを知識、スキル、感情的傾向、独創的なアイデアとして蓄え、いつでも使える状態にすることについて学びます。この金脈を手に入れるための実践には、難度は高くても、ラーニング 4.0 に欠かせない以下のメソッドが含まれています。

- あふれんばかりの情報が存在する現代において、多様な学習リソースや経験から有益な情報を取り出す
- 注意力をコントロールする
- 情報の良し悪しを判別する
- 物事の深層に潜むパターンと洞察を見つける

 振り返り

　学習の旅路の中でも特にこの実践は、多くの人が学習と考えていることに相当します。つまり、新たな情報を処理する行程です。学習の旅のこのフェーズでは、何を学べばより良い旅にすることができるでしょうか。

この実践は、学習行程の中で最も難度が高く、けれど最も魅力的な行程の1つです。外界にあった情報と洞察を脳内の短期記憶領域に取り入れ、長期記憶、スキル、価値、メンタル・モデルへ変換する行程です。創造的アイデアはこの行程の産物です。この行程において、脳内回路の組み換えと自己変革の準備が始まります。将来、役に立ちそうな情報と洞察を取捨選択し、それらを自分らしさへと取り込んでいきます。

　この行程を苦手にしている人は少なくありません。教材や講師にリードしてもらう必要がある。集中できない。書籍は端から端まで読むべきものだと思っており、中途半端な学習には罪悪感を覚える。講座やワークショップなど、誰かが作ったカリキュラムを追従するばかりで、自分の学習計画とどう関連するかを考えることはなく、教える側の良し悪しばかりが目について、自分の学習の質は評価しない。ゲーム形式の学習は楽しいが、人生に役立つ重大な教訓を見出したことがない。こんなことはありませんか。

　このような筋書きに陥らないよう、ラーニング4.0の実践の1つである、金脈を手に入れる方法を身につけましょう。この実践の目標は、新たな情報を短期記憶領域に運び入れ、無意識の学習と意識的な学習の両方に対する態勢を整えることです。定着した長期記憶、スキル、新たなマインドセットなど、永遠に失われることのない学習成果は、この両方の学習から生み出されます。そのためには、学習リソースに適したアプローチを選択する、学習に集中する、真の金脈を手に入れる、偽物を見分ける、より深い学びを得る準備を整える、といったことを実践するための注意力とテクニックの両方が求められます。

学習リソースに適したアプローチを選択する

　情報を提供する方法は、学習リソースによって異なります。業務または生活の中での体験から得られる情報の様式もさまざまです。また、学ぶ側の負担を減らす工夫を施した学習リソースであっても、その工夫の良し悪しはさまざまです。動画を例に取れば、自らを振り返り、大切な教訓が得られるも

のもあれば、淡々と流れる会話やシーンの中に秘められた意義を自分で見出さなければならないものもあります。動画に限らず、書籍、記事、専門家にも同じことが当てはまります。どのような考えやスキルが重要なのかを明快に伝えることができる専門家もいます。片や、高度なことができても、その方法を説明できない人もいて、その秘訣を容易に学べない場合もあります。書籍でも専門家でも、そこから学ぶと決めたからには、得るべきものを手に入れる準備、すなわちそこに潜んでいる金脈を探し当てることができるような、教材に適したつきあい方が求められます。

　ラーニング4.0を実践するならば、深層に埋もれて容易に理解できないことであっても、会得すべき核心を引き出さなければなりません。自分ならどうするか考えてみましょう。状況や学習リソースの種類によって方法はさまざまですが、いかなる場合にも欠かせないのは、脳内の意識システムと自動システムの両方の準備を整えておくことです。この状態であれば、学んだ事柄を整理統合しながら学習を進めることができます。

学習リソースを調べる

　どのような種類の学習リソースであっても、まずはリソースの全体像を把握しなければ、最適なアプローチを選ぶことはできません。この学習リソースから何を学ぶことができるのか、そのリソースは信用に足るのかということを考えます。そして、客観的に学習リソースを調べます。

　学習リソースを調べることは、ラーニング4.0のテクニックの1つであり、どんなリソースの中からでも、求める知識を見つけるためのものです。また、記憶と学習を広い意味で手助けするという点でも、この過程は欠かせません。求める知識に向き合う意識が高まり、好奇心がうずき出すからです。さらに、調べることによって疑問が生じ、その疑問によって脳内の自動システムと意識システムが活性化し、集中力が徐々に高まります。

　では、どのように行うのでしょうか。学習リソースが、書籍、講座、アプリ、動画などの「物」であれば、それによって何が得られるか、以下の観点で考えてみましょう。

- 金脈はどこに埋もれているか。
- 作者の意図する学習方法、利用方法はどんなものか。
- その学習リソースのどこからどこまでが重要な部分か。
- 金脈を手に入れるのに、どれくらいの時間を要するか。
- 他に必要なコストはあるか。

学習リソースが、コーチ、メンター、専門家などの「人」であれば、彼らと自分との境界線を見極めます。次の項目について明らかにしましょう。また必要なら、彼らに尋ねてみましょう。

- 彼らの専門性と出身分野は何か。
- そのトピックに関して、彼らはどのような信念を抱いているか。
- 彼らと協働する最善の方法とは何か。
- 学習者としての自分に対して、どのような手助けができると彼らは考えているのか。
- 次のレベルに到達するには、どのくらいの時間を要するのか。
- 彼らから教わる時間以外に必要となる労力と時間はどれくらいか。

職務への着任、プロジェクトへの参画、新たな行程や技術の導入など、体験型の学習リソースはどうでしょうか。この場合は、次の設問に対する答えを見つけましょう。

- この体験によってどのような能力が身につくのか。
- 誰が、どのような形で手伝ってくれるのか。
- 通常の業務の1つではなく、学習機会としてこの体験を活用するためには、どのようなサポートを利用できるか。

これらの設問は、過去の経験にも応用できます。設問の時制を過去形に変えればよいのです。学習リソースの種類を問わず、次の設問を付け加えてもよいでしょう。

- 手に入れたい金脈はどこに眠っているのか。
- この情報を信用する根拠はあるのか。
- 背後には誰がいるのか(何があるのか)。
- 自分が学び得るものは何なのか。

学習リソースに合った戦略を選ぶ

　書籍、記事、ゲーム、シミュレーション、生活体験、ワークショップ、オンライン講座、専門家との協働など、学習リソースのすべてに筋道と構造があります。ラーニング4.0を実践するならば、精巧なX線画像装置のように内部構造を透視し、金脈がありそうな場所を見つけることができます。したがって、目の前の学習リソースがいかなるものであっても、それはどのような構造なのか、金脈が埋もれていそうな場所はどこか、最適な学習機会にする方法は何かということを考えながら向き合います。

　先に進む前に、「ツール5　学習リソース別ヒント」を2、3分ほど見てみましょう。そこで紹介するアイデアは、学習リソースに合わせて調べるためのテクニックを選択するのに役立ちます。ただし、あらゆる学習リソースに適用できる万能テクニックなどあり得ないのは言うまでもありません。

学習に集中する

　計画的な学習で最も大切なことの1つは、学習に集中しなければならないということです。脳内の自動システムがどんなに素晴らしくても、頭に入っていないものを処理することはできません。つまり、学習行程における重要なタスクは、注意力をコントロールすることなのです。
　注意力を向け、研ぎ澄まし、維持することは、現代人にとって至難なこと

です。生身の人間には、長時間にわたって1つのことに神経を集中することを避ける性向があるため、計画的な学習にはエネルギーと意志の力が求められます。適度な間隔で仮眠、休憩、有酸素運動を挟んだほうが、結局はより長く集中できることが研究によって知られています。

幸いにも、大事にしていること、やりたいこと、疑問を解消してくれること、好奇心を満たしてくれることなどには、集中して取り組めることが少なくありません。目新しいことも注意を引きつけます。ひときわ目立って五感に訴えるからです。また、目標を達成できそうな手応えを感じているとき（ドーパミン）、欲求が満たされているとき、仲間とともに困難に立ち向かっているとき（オキシトシン）も集中できそうです。

ホワイト・ノイズも集中力の維持に役立ちます。ホワイト・ノイズによって、脳波に確率共鳴が生じ、ニューロン間の信号を増幅します。学習と記憶の質が確率共鳴によって向上するのは、前章で述べたとおりです[1]。しかし、異なるタスクを同時並行して処理しようとすると、集中力が削がれて効率が下がり、タスクの切り替えにはストレスが伴います。ストレスや不安は、適度であれば役に立つものの、度を超えると注意力が散漫になり、ニューロンを傷つけるコルチゾールが分泌され、脳内の学習機能に回復不可能な損傷を与えることすらあります。

新しいことや目標に向けて意識を集中する態勢を整えておけば、学習の達成に欠かせない情報のすべてを吸収できる可能性が高まります。条件が整えば、熱中して効率良く学べる状態、いわゆるフロー状態になり、学習リソースに没頭して我を忘れてしまうことすら期待できます。

注意力と集中力は、学習にとって極めて重要です。このセクションでは、学習に集中できる条件を詳しく見ていきます。

振り返り

学習するためには、脳内に情報を運び込むことが必要です。学習できない理由は、集中できていないことが原因であることも少なくありません。たとえば、そもそも耳に入ってこなかった名前を覚えられるわけがありません。集中したいとき、自分ならどうするか考えてみましょう。

身体エネルギーを維持する

　意識の集中とは、生理的かつ精神的な行為であり、大量のエネルギーを必要とします。体重の2パーセントしかない脳が、全消費エネルギーの20パーセントを消費するのです。エネルギーを最適かつ集中的に利用して情報を取り込む秘訣を紹介します。まず、呼吸を蔑ろにしてはなりません（今この瞬間、どのような呼吸をしていますか）。リラックスして腹式呼吸を心掛けます。もし不安やストレスを感じているなら、5回ほどゆっくり深呼吸をし、心を落ち着かせ、集中します。すると、心拍も落ち着き、脳波も学習に適した状態に移行しやすくなります。

　また、連続して学習する時間枠を決めます。10分から1時間の間がよいでしょう。連続する2つの時間枠の間には、少し歩き回ったり、眼を休ませるなど、数分間の休憩を挟みます。学習の開始とともにタイマーを起動させ、時間が来たら即座に小休憩を取ります。慣れないうちは5分から10分程度でタイマーをセットします。慣れてきたら、学習の時間枠を長くしていきます。学習を中断するわけですが、心配には及びません。脳はタスクの達成を欲求するため、次の学習枠ではモチベーションが高くなっているでしょう。

　もし疲れたら、休憩するか、仮眠を取りましょう。1日のうちでも気力と体力が新鮮な時間帯を選んで学習します。あるいは、可能なら歩きましょう。たとえば、歩きながら学習します。解決すべき課題を歩きながら考えたり、専門家やプロジェクト・メンバーと歩きながらミーティングをするなどです。緩やかな運動は、酸素の循環を促します。また、変わりゆく景色も、場所の記憶と学習内容が結びつき、その場所を思い返せば、学習内容を思い出せるかもしれません。

　さらに、休憩の際に短時間で大量のエネルギーを消費する運動を行うのもよいでしょう。そうした運動によって、脳由来神経栄養因子（BDNF：Brain-Derived Neurotrophic Factor）と呼ばれる強力なタンパク質が生成されます。このタンパク質は、ニューロンに刺激を与えて学習を促進すると同時に、ニューロンの損傷を防止することが知られています[2]。

モチベーションを維持する

　疑問と好奇心が学習を後押しします。学習の過程で次々と湧いてくる疑問を拒んではなりません。これはいったい何だろう、こうしたらどうなるだろう、この学習リソースは何を伝えようとしているのか、この方法のどこがあの方法よりも優れているのかなど、独り言をつぶやきながら学習しましょう。学習している内容とその有用性に焦点を当てた、ポジティブな独り言になるよう心掛けます。

　また、興味を引くものを無視してはなりません。エネルギーが足りなくなったと感じたら、心引かれる何かを見つけましょう。その領域に関心を移す必然性がなくても、あるいはその領域の前提知識に欠けていても構いません。興味の赴くままに進んでみて、基礎知識が足りないとわかれば、その知識を習得しようとする意欲が湧いてくるかもしれません。たとえば、著者がピアノ教室で講師をしていたころ、生徒たちが演奏したいと思う曲の楽譜を購入させていました。その曲が難しすぎると思えば、より簡単な曲に変えるか、基礎練習に励むか、曲の難しさに見合う量と真剣さで練習するかなど、何らかの動機づけになっていました。そんな生徒たちは、自分の曲をいつも愛していたので、似たようなレッスン量の他の生徒に比べれば、はるかに上達していきました。

　モチベーションを維持するには、いくつかの中間ゴールを設けて、たどり着いたら自分にご褒美をあげるという方法もあります。To-Doリストの完了マークが増えていくのを眺めると、脳内の報酬中枢からドーパミンが分泌されるでしょう。

　興味と好奇心が頂点に達した時点で中断するというおもしろい、そして効果的なテクニックがあります。「ツァイガルニク効果」と呼ばれていますが、続きが気になる学習法と呼んでもいいでしょう[3]。興味を感じている最中に物事を中断すると、タスクを最後まで完了したい気持ちが募って、脳は落ち着かない状態になります。推理小説で犯人が明らかになる寸前に読むのをやめたらどうなるでしょうか。続きを読まずにはいられません。ですから、中断し、一息入れ、軽く体操でもして、中断したところから再開するのです。気力と体力に新鮮さがよみがえり、しかも脳は最後まで知りたくてウズウズ

しているのですから、好奇心とやる気は満々、集中して学習を再開できるでしょう。

振り返り

ここで中断し、一息入れて、ツァイガルニク効果を体感しましょう。

注意力の低下をコントロールし、利用する

　思考が脇道にそれる事態は注意力の低下であり、排除、コントロール、抑制をしたいと誰もが思うでしょう。しかし、思考の脱線が役に立つときもあります。脱線したおかげで、学習に対する欲求が増加したり、より効果的に学習できたりすることがあるからです。

　一方、集中力や思考力が求められる脇道は、学習の邪魔にしかならないので避けるべきです。モバイル端末でメールを書きつつ、複雑な別の知的行為を行うようなマルチ・タスク、激しい有酸素運動、大音量で煩わしい音、集中力が削がれる視覚環境などは、学習を阻害する要因の典型です。このような阻害要因があると、貴重な精神エネルギーを本来の目的に使うことができません。マルチ・タスクによるタスクの切り替えには、多大なエネルギーが必要です。研究者の間では、マルチ・タスクを行うことや複数のことに注意を向けることは悪影響を及ぼすという考えが支配的です。マルチ・タスクによって、ミスが50パーセント増加し、学習に要する時間が50パーセント増加すると主張する研究もあります[4]。代償があまりに大き過ぎます。

　思考の脱線が学習を深める場合もあります。脳内の情報の整理統合を促す脱線や、創造性につながる脇道があるのです。脳内の自動システムが学習プロセスの大部分を担っていることを第1章で紹介しました。思考が脇道にそれることで脳内の意識領域が一息つけるため、自動システムによる無意識下の学習が促されます。また、脱線した思考が、図らずも創造的な思考や学習に発展するかもしれません。

　学習にいざなう別の声が、思考の脱線として現れる場合もあります。たと

えば、プロジェクト管理の講座で、自分のやり慣れたリーダーシップ・スタイルの是非が問われるような方法論を学んでいるとしましょう。その瞬間、感情が波立ちはじめ、講座に集中できなくなるかもしれません。胃のあたりが引きつって、息苦しくなる。疲労感がただよい、プロジェクト・マネジメントの新しい方法論よりも、今日の夕食のメニューを考え始めてしまう。このようなときは、単に疲れただけで、休憩を取ればいいだけかもしれません。しかし、この思考の脱線は、もう一歩踏み込んで学習すべきタイミングが来たことを教えてくれているのかもしれません。つまり、学習にいざなう別の声が、「自分のリーダーシップ・スタイルを見つめ直せ。表面的なスタイルではなく、心の奥にあるアイデンティティーや行動を変革しろ」とささやいているのかもしれないのです。

　学習行程の中に、あえて脱線を組み込む方法もあります。たとえば、新たなスキルを実生活に応用している自分を妄想するのです。あるいは、目的もなく数分だけ妄想に身を任せてもよいでしょう。脳はすでに学習モードになっているので、思いも寄らない的確な洞察や解決策が妄想の中に現れるかもしれません。学習とは程遠い行為を差し挟むのもよいでしょう。たとえば、散歩やジョギングなどです。取り込んだ情報が、脳内の自動システムによって処理される時間を作る、あるいは興味と関心が最高潮に高まったところで学習を中断し、ツァイガルニク効果を発動させるのです。

　もちろん、学習からいったん離れることで良い結果が生じるのは、新しい情報が感覚器官から視床と扁桃体を通過して、海馬や他の脳中枢に届いている場合に限られます。思考の脱線は、金脈を手に入れるためのプロセスの一部として機能する場合のみ効果を発揮するのです。そのプロセスの代わりとして脱線するのではありません。学習の種が脳にまかれていれば、思考の脱線によって意識システムの影響力が弱まり、代わって自動システムがニューロンの変化（学習が起こるときの身体的な変化）を促し、変化の定着につながるのです。

> リンク

ここまでの情報に興味をひかれ、まだ1章を読んでいなければ、ここで第1章に目を通すことをお勧めします。

　思考の脱線によって無意識のうちに情報が処理されるステップは、大事な要素であるので、次章でも再度説明します。外界の知見と脳内のニューロン結合を統合するという点で、思考の脱線は学習に欠かせません。思考の脱線は瞬時にして起こります。そのときの感情、環境、一緒にいる人など、その瞬間の状況が学習行程を左右します。

フロー状態を目指す

　フロー状態を経験したことがありますか。物事に没頭し、エネルギーに満ちあふれ、ハイな気分になって、時間が経つのも忘れてしまうような状態です。人が何かをするのは、それが楽しいから、あるいは好奇心に満ちているからこそです。「難しいけれど何とかなる」と感じる場合に、フロー状態が訪れます。あふれる好奇心ともてる技量が交わる領域です。

　フロー状態の脳は好奇心に満ちあふれているため、極めて効率的に知識を吸収します。脳内の意識システムに生じた疑問や好奇心がきっかけになるものの、ひとたびフロー状態に入ると意識システムの働きをほとんど必要としません。神経学者の研究によれば、フロー状態にあるとき、自分の行動を監督、計画、評価する機能をつかさどる領域の活動が低下することがわかっています。このとき、脳のエネルギーのほとんどが学習行為に注がれます。その間、脳内では、活発だったベータ波は沈静化し、代わって白昼夢を見ているときのアルファ波と、想像力が高まるシータ波の間の周波数に変わります。また、脳の仕事量を向上させる脳内物質の分泌も増加します[5]。脳内のこうした変化により、精神が一点に集中するので、より深いレベルのパターンを認識し、創造的に考える力が高まり、情報処理スピードが向上します。

　フロー状態への近道はあるのでしょうか[6]。まず、張り合いが感じられる

学習内容であること、かつ何とか達成できると思える難しさであることが必須条件です。5W1Hの質問に対する答えを探し求めながら、学習テーマへの好奇心を高めて、胸を躍らせ、わくわくしましょう。そして、最も興味がもてるトピックを学習の入り口に選びます。論理的に考えれば、スタート地点にふさわしくないと思えるトピックでも構いません。重要だと思う結果、局面、目標について、誰かと一緒に好奇心とやり甲斐を共有しながら議論を重ねる、そのような場をもつこともフロー状態に近づく一助となります。

思考を忠実に表現するメモの取り方

　この章の実践をすることで、新たな情報と既知の情報が連携しはじめ、膨大なコネクトームにあるニューロン結合の再構成を促します。このプロセスではノートを取ること役立ちます。脳内で連携させたい情報をノートに描き出すことで、覚えておきたいことを記憶したり、後に取り出したりする一助となります。さらに、ノートを書くために手を使うので、ニューロンの形成がさらに促され、学習の効果をサポートします。

　「ツール3　思考を忠実に表現するメモの取り方」では、ノートを取る際に役立つ数種類のテンプレートを紹介しています。

　しかし、目に入るものを片っ端から書き連ねるだけでは役に立ちません。新たな情報と既存の知識が、いかに関連し合うかを図で表現します。他の情報源や自分の経験も加味しながら、よりわかりやすい言葉で書き表します。学んだことが、いつ、どのような場合に役立つかなど、先々の活用イメージを書き加えるのもよいでしょう。感情的で創造的な領域と論理的で知的な領域の両方から湧き上がるイマジネーションと将来像を書き連ねます。ノートの取り方については、記憶の定着にも役立つので、次章でも説明します。

真の金脈を手に入れる

　学習とは学習リソースとの対話です。自分にとって学ぶべき重要なことは何か、それをどうやって見つけ出し、手に入れるかを問い続けます。将来像に関わる知識、あるいはスキル、洞察など、学習しようとしている事柄は重要です。しかし、予期せぬ宝物が見つかることもあります。そのような思いも寄らない金脈にも目を向けておかなければなりません。

 振り返り

　ちょっと立ち止まり、予期せぬ金脈の発見について考えてみましょう。それは、ラーニング4.0の深遠な部分であり、最大限の知性と創造性をもって学習に臨むことが求められます。

　学習リソースから見つけ出せる金脈には、次のようなものがあります。

- 知識、スキル、洞察など、自分が探し求めているもの、あるいはものの見方を豊かにしてくれるもの、今よりも価値のある方向へ導いてくれるもの
- 今の自分の固定観念や信念の是非を問うような思考パターン、たとえば、価値観、評価軸、世界観
- 現在、学習の目的としている課題に対して、創造的なアイデアや解決策を引き出してくれる情報
- 周囲の人にも極めて有用であり、皆と共有したくなる素材

　学習という行為が素晴らしいのは、ニーズを満たす一助になるだけでなく、新たな発見があるからです。明確な学習目標をもつことは重要ですが、新たな発見を素直に、好奇心をもって受け止めることも大事です。

偽物を見分ける

　黄金に見えるものすべてが本物だとは限りません。目の前の情報についても同じことがいえます。

　第4章で学んだ通り、人は偏った情報に踊らされています。意図的か否かにかかわらず、受け取る情報は選別されたものです。意図的に操作された情報すら存在します。そして、脳も同じような過ちを犯しています。第1章で学んだ通り、人の脳が自分の世界観に合わせて情報を取捨し、歪曲してしまうのは自然なことです。つまり、正確で的を射たように見えて実はそうではない、本物ではない金脈がたくさんあるのです。そして、偽物の情報が短期記憶域を通って、長期記憶域に保管されてしまいます。ひとたび長期記憶域に保管されてしまうと、人の意思、行動、ひいては学習までも偽の情報に影響されてしまいます。

　そこで、ラーニング4.0を実践するならば、次の2つの関門をくぐり抜けなければなりません。1つ目は、目の前の情報に含まれる歪みとバイアスを見極めること。2つ目は、自分自身のバイアスと歪みを意識しておくことです。

　これらの関門はひときわ難敵です。警戒心を保ち、自己を認識するには、多大なエネルギーが必要です。また、私たちが生きている現代は、大量の情報があふれていて、コンピュータとインターネットによって、誰もが好きなことを全世界に向けて発信できるのです。さらに付け加えれば、多額の資本のもとに情報のパッケージ手法が進化しつつあるため、バイアスを見抜くのはますます難しくなっています。力をもった人や組織は今、情報の取捨選択とパッケージ化に注目しています。今日のオープンな世界では、報奨、懲罰、情報の隠蔽や操作などの旧来型の社会統制のやり方は、役に立たないからです。

　目の前の情報に含まれるバイアスや歪みを見分ける方法はあるのでしょうか。また、自分の中のバイアスや歪みを知り、それらをコントロールできるのでしょうか。「難しいが不可能ではない」というのが答えです。しかし、もしラーニング4.0の実践者になろうとするのなら、誰かに情報操作されている、あるいは自分のバイアスが事実を歪曲させているという場面を認識することが求められます。

情報にバイアスはつきもの

　ある視点だけに偏ることのない情報を提示するのは難しいことです。しかし、数学や科学に関する情報の一部は、例外です。たとえば、「１＋１＝２、１０×１０＝１００」であることや、あるいは「水の分子は２個の水素原子と１個の酸素原子で構成される」ことなどです。また、観測可能かつ直接的な因果関係を表わす文章も例外です。たとえば、コーヒーをなみなみに入れたカップを倒してしまうと、コーヒーは床にこぼれます。しかし、知識、スキル、ものの見方など、学習することのほとんどは、そんな型にはまった話ではありません。たとえば、会社の業績が伸びたのは、経営陣が規模の縮小を決めたからでしょうか。それとも、同時期に販売が始まった新製品のおかげでしょうか。あるいは、その両方が貢献したのでしょうか。世界は無限に複雑で、原因と結果が時間的、空間的に隣接していることなど滅多にありません。人は誰も現実世界の一部を見ているにすぎないのですから、目にするもの、聞くもの、学ぶもののすべてが断片的であり、不完全なのです。

　つまり、情報に偏りがあり、断片的であることが問題なのではありません。それは当然のことです。問題は、バイアスを見抜く力があるかないかなのです。ラーニング4.0を実践するならば、次の疑問を常に意識しましょう。どのような視点、どのようなバイアスなのか。この視点の背後には何があるのか。どのように表現されているのか。バイアスが今、自分の学習に影響を及ぼしていないか。他者に影響されることなく選択し、変化し、行動するにはどうすればよいか。

バイアスを洗い出す

　これを実践するにあたり、バイアスに立ち向かう方法がいくつかあります。以降にそのいくつかをご紹介します。

視点を明らかにする

　情報を発信する側と受け取る側の両方の視点を見極め、修正すべき点があれば早いうちに修正しましょう。情報の作り手、情報の発信者を可能な範囲で突き止めます。彼らはどのような経歴の持ち主か。彼らは誰に帰属しているのか。その分野で彼らが信頼されている根拠は何か。その情報を発信することで彼らが得る、または達成しようとしていることは何か。その学習リソースと異なる視点、あるいは対立する視点を唱える人はいるか。そのトピックを自分はどのような視点で捉えているか。他の人たちは、自分のバイアスや価値観をどう思うだろうか。そのトピックについて考えているとき、自分の感情を波立たせるものはあるだろうか。

学習リソースを信用度スケールにプロットする

　スケールの左端は、可能な限りバイアスが排除された申し分ない情報（完全な情報）を指します。その右には、ある視点や行動を支持するがゆえに情報が偏っている場合（偏った情報）を指します。さらにその右は、意図してはいないものの、聞き手や読み手に誤解を与える、歪曲した誤情報を指します。その右は、作り手の主張を擁護し、受け手の考えや行動を操作する意図をもって情報を取捨選択した、虚偽の情報を指します。スケールの右端は、ある政治的な主張と動機を大衆に支持させる目的をもった情報、すなわちプロパガンダを指します（図9-1）。学習リソースを選択する際は、それがこのスケールのどこに位置する情報なのかを意識しましょう[7]。

図9-1. 信用度スケール

完全な情報	偏った情報	誤った情報	虚偽の情報	プロパガンダ
関連するすべてを網羅している情報。それにより、学習者が自分のバイアスに気づくことができる。	ある視点について偏って支持をしている情報。それにより、学習者が自分のバイアスに気づくことができる。	意図しないものの誤解を与える情報。それにより、学習者は自分のバイアスに気づくことができない。	意図的に誤解を与えている情報。それにより、学習者は自分のバイアスに気づくことができない。	ある動機と信条を大衆に支持させる目的をもって操作されている情報。それにより、学習者は自分のバイアスに気づくことができない。

偽物のテクニックを見抜く

学習していれば、取捨選択された情報、視点、バイアスに幾度も向き合うことになります。情報があふれている今日では、これは避けられません。著作者、コース開発者、ゲーム・デザイナー、コーチ、いずれも彼らには彼らの視点があり、かつ情報を伝達するためのテクニックを駆使しています。その事自体は問題ではありません。その視点やバイアスを良しと考えた上で教材として選ぶこともあるでしょう。しかし、その視点やバイアス、歪んだ主張によって、自分が意図しなかった方向に誘導されることもあるのです。したがって、自分の考えを偏ったものにしようとする意図に警戒を怠ってはなりません。その取捨選択された情報が自分の考えに影響を与えていないか、全力を注いで見極めましょう。

このセクションでは、作り手側がよく用いる、人の考え方を変えさせるテクニックを以下に紹介します。それらに気をつけながら金脈を探しましょう。安易な結論への帰着、情報の簡略化、自分の感情やメンタル・モデル、マインドセットによる曲解など、人間の脳が犯しがちな過ちと、その過ちを悪用するテクニックのからくりを知っておかなければなりません。

類似性

自分と立場や考えが似ている人が、ある考え方や行動を推奨していると、魅力的な話のように聞こえてしまいます。たとえば、企業が新たな事業計画をリーダー格の社員に訴えたい場合、他の社員からも認められているリーダーに変革の重要性について語ってもらうというテクニックを用います。

組み合わせ

新たな情報と、正や負の感情を呼び起こすものとが、結びつくことがあります。あるスポーツカーの隣に、獰猛そうで均整美をもったトラが座っていたら、人はどう感じるでしょうか。あるいは、新たに導入するマネジメント手法には無敵のニンジャの絵が、旧来のマネジメント手法には敗れた戦士の

絵がシンボルとして掲げられていたら、どう受け止められるでしょうか。

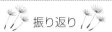 振り返り

　将来、本物の金脈に見せかける各テクニックに気づけるよう、その例を1つずつ、今のうちに考えておきましょう。

安易な因果論

　2つの事象が続けざまに起きたとき、私たちは、一方が他方の原因かのように考えてしまいがちです。このような安易な結論に飛びつく性向は、人間の長い進化の過程で組み込まれてしまったものです。しかし、世界は目まぐるしく変わり続け、しかも複雑化しています。「これが原因でああなった」と発言する人がいたら、安易に同意せず、他の要因はないのかと尋ねてみましょう。他の事例をたくさん観察してもなお、すなわち統計学的に考察してもなお、その発言は正しいのでしょうか。たとえば、経済不況と顧客損失が同時に起きたとしましょう。不況のせいにするのは簡単です。しかし、製品あるいは信頼関係に問題があったために顧客が去っていった可能性はないのでしょうか。

プライミング効果

　プライミング効果、あるいはフレーミング効果とは、最初の案や意見がその後の判断に影響を与える事象を指します。たとえば、休暇中に旅行しようと思い、白い砂浜の美しい海岸の写真が載っている旅行パンフレットを手に取ったとしましょう。あなたは、その写真のように素晴らしい海岸に行くパッケージツアーだと期待して、ツアーに申し込みをするでしょう。

単純接触効果

　最初は好きになれないと思っていた考えや振る舞いも、たびたび見聞きす

れば次第に好ましくなり、受け入れやすくなるかもしれません。これは、世間の評判はどれも正しいと考えてしまうバイアスです。

損失回避

　人は利得の可能性よりも損失の最小化を選んでしまいます。たとえば、「やり方を変えなければ、ボーナスは出ない」という言い方と、「やり方を変えれば、ボーナスが出る」という言い方を比べれば、前者のほうがより強い動機づけになるでしょう。

不安を煽る

　人間の脳は、否定的情報に刺激されるようにつくられています。身の危険を察知する仕組みが備わっているからです。これは否定的な言葉にも当てはまります。したがって、失業、評価、強制、失敗といった言葉を聞くと、注意力が高まります。政治家は恐怖や怒りによる効果を知っており、彼らの信念や解決策への支持を得るために、大衆の感情を操ることも少なくありません。これは効果的に興味を引くテクニックであり、信頼に足る情報源だけでなく、思惑を秘めた情報源もこのテクニックを利用しています。情報の中に何らかの思惑が秘められていないかを見極めましょう。

数字を隠して情緒に訴える

　個人のパーソナルなストーリーは、たとえ滅多にない例外的な出来事であっても、聞き手の考えや行動に影響を与えます。より説得力があるはずの統計値よりも効果的です。たとえば、気象災害によって何もかも失ったある家族のストーリーは、被災世帯数などの無味乾燥な統計値よりも人の心に訴えかけます。聞き手の態度や振る舞いに影響を与えたいときに、数字よりも個人的なストーリーを使う理由がここにあります。その事例が起こる頻度に疑問をもつことが大切です。

結果論

　ある事象の当事者に向けられた非難や賞賛を鵜呑みにせず、事象の因果関係を見極めましょう。起きてしまった事象だけを見て、物事の原因や当事者の是非を判断するのは簡単です。一方、当事者が行動を起こしたときの状況を吟味するのは容易ではありません。是非の判断を下すのではなく、過程から教訓を見出す視線を持ちましょう。

　映画『ハドソン川の奇跡』(原題：Sully)では、結果論の実態が描かれています。旅客機のエンジンに鳥の群れが突っ込んだため、パイロットのサリーはハドソン川に不時着することを選びました。当初、結果だけを見れば、最寄りの空港に引き返す時間的余裕があり、不時着を回避することができたと考えられました。しかし、刻々の状況が次々と検証され、サリーの決断が乗員乗客の生命を守る唯一の選択肢だったことが、次第に明らかになっていきます[8]。

単純化

　解決策を考えるとき、脳が複雑な解決策より単純なものを選びがちなのは、単純なものほど集中力や意思エネルギーが少なくて済むからです。そのため、複雑な問題に対しても、単純な答えで安易に納得してしまいます。問題解決や目標達成には、長い時間を割き、多少なりとも変化し続けることが求められる場合が少なくありません。複雑なことを過度に単純化している表現には注意しなければなりません。

　たとえば、コミュニケーション能力の講座で、フィードバックをする方法を学んだとしましょう。講座を終えて現実の世界に戻ったら、事はより複雑であり、彼我の力関係や反論される恐怖を克服しなければなりません。結局は、慣れ親しんだ単純な方法を取る公算が大でしょう。そのほうが、講座で得た知識を活用するよりも簡単だからです。

ナロー・フレーミング

　親は子どものおやつの時間に、ナロー・フレーミングを使っていることが

あります。おやつはピーナッツ・バターとジャムのどちらがいいかと尋ねる場面です。その他の選択肢がたくさんあることは言うまでもありません。ある問題を提示し、それに対する有効な解決策が1つか2つしかないと思わせるような情報源を目にすることはないでしょうか。しかし、解決策が1つか2つしかないことなど、滅多にないのです。二者択一を迫られ、その選択肢のどちらにも納得できない場合、その思考の枠にとらわれず、他の選択肢を模索しても構いません。たとえば、インターネット・セキュリティーに関する講座を受講するか、セキュリティー・コンサルタントに支援を仰ぐよう助言する人がいたとしましょう。これは本当に二者択一の状況でしょうか。

自我がもつバイアス

自分の考えは妥当で、周りの人の考えにはバイアスがかかっていると人は考えがちです。自分の行動については、自分にとって合理的な意図をもとに評価する一方、他者については、自分が目にした他者の行動でしか評価しないからです[9]。自己または自我がもつバイアスによって、自己認識の正確性が損なわれます。また、学習の過程で誰かが改善点を指摘してくれる場合に、受け入れることができるかどうかにも影響を及ぼします。

以上がバイアスの仕組みであり、学習目標の達成に何らかの影響を及ぼすものです。望ましい学習結果に導いてくれるバイアスの効果もあります。しかし、バイアスを悪用する他者の思惑にはまり、自身の学習にとって得策ではない場合もあります。しかも、自己バイアスが新たな知識や信念の獲得を阻害する場合があることも忘れてはなりません。急速に変化している今日、両方のバイアスは危険な存在なのです。

バイアスが影響している瞬間を認識できるか否か、自分の利益を最大化するためバイアスに従うか否かは、ひとえに自分次第です。そのバイアスは、自分が身につけたい視点を反映したものでしょうか。そのバイアスは学習や

自己変革の役に立ちますか。それとも、バイアスによる歪みを排除し、異なる考え方を選びますか。

根底にあるものを見出す

あらゆる学習リソースにおいて、その情報が純粋に客観的であることなど不可能です。科学者ですら、バイアスの入り込まない実験を行うことはできません。実験者や観察者は、常にストーリーの一部となっているからです。この事実は、物事の深層を見極めることの重要性を物語ります。しかし、学習素材の内側を見通すべき理由が他にもあります。

情報やストーリー、ゲーム、体験などの学習教材において、学ぶべき重要なポイントは、その奥深くに埋もれていることが少なくありません。繰り返し現れるテーマやパターンを探しましょう。教材をより深く理解する一助になるでしょう。このテーマやパターンこそ、深く埋もれていた本物の金脈です。

深層学習（ディープ・ラーニング）とは、混沌の中にパターンを見つけることです。その能力が人間には備わっています。トラックという概念を初めて獲得する幼少期を考えてみましょう。さまざまな種類のトラックに備わるトラックらしさ、すなわちパターンを本や玩具、街頭などから見出します。トラックとは1つのパターンなのです。大人になれば、さらに微細なパターンも見分けるようになります。このレポーターはいつも保守層に寄った発言をする。負けるが勝ちということもある。個人の変革にまつわるストーリーを見れば、人は失敗から学んだ後に成功するようだ。このようなパターンを見つければ、概念を関連づける脳機能の活性化が促され、情報の記憶と再生に役立ちます。

X線画像のように

深層学習の際は、目の前の情報の奥をX線画像のように見透かしましょう。

そして、多くの場面に当てはまる真実を探します。統計やビッグデータの専門家も、求める情報を得る際は同様の手法を使っています。あるハリケーンの被害地域を予測するには、膨大な量の情報をもとに数値計算します。深層にあるパターンや法則を見つけ、何が大事で、何が大事でないかを即座に見分ける能力こそ、専門家が専門家たるゆえんなのです。

深層学習では、多くの場面に当てはまる法則を探します。法則の多くは、「Xが起きていれば、次にYが起きる可能性が高い」という形式で表すことができます。あるいは、「このような状況の下では、これらの諸要因を注視することが大事だ」というメンタル・モデルのような形式で表す場合もあります。

深層学習における別の側面として、主張に内在する価値観やパラダイムを見極める能力が挙げられます。パラダイムとは思考の枠組みです。たとえば、18世紀以降の科学界では、人間は基本的に論理的行動を取るものだと考えられていました。人間の内面による影響や、機械とは違って人間は論理で行動しないという事実を、旧来の科学は無視していたのです。しかし、現代の神経科学や心理学の発展により、人間の振る舞いは論理的根拠以外の要因に大きく影響されていることが明らかになりました。この最新の科学的見解が、本書の考えの土台となっています。

専門家のように

今日の人工知能研究において、深層学習は主要なテーマの1つです。ビックデータの専門家は、インターネットの膨大な情報の中から、スパムや詐欺行為に見られる常套手段やパターンを見出そうと、最新のテクノロジーを駆使しています。このテクノロジーでは、膨大な量のデータを処理して因果関係の深層パターンを発見するプログラミングが用いられ、予期しなかったパターンが見つかることもあります。大量のデータを処理し、パターンを見つけ出す能力は、人間にも備わっています。では、人間はどのような手法を用いているのでしょうか。

その答えは、専門家と初心者の違いで説明できます。専門家は、専門分野

において見られる深層にあるパターンに気づくことができます。チェスのチャンピオンを例に取りましょう。対戦者には見えていない駒の動きのパターンがチャンピオンには見えているのです。ホテル業の専門家は、ホテルの業績データの中から、他の誰もまったく気づけない問題領域を特定できます。コックは、味見をするだけで、どの香料が料理のバランスを損ねているかが即座にわかります。

　一方、暗黙知に頼っている専門家が、自分の知識にまったく気づいていない場合もあります。この場合、ラーニング4.0の実践者に課せられた役割は、専門家たるゆえんである、彼らの深層にあるパターンを見出すことです。専門家の行動を観察し、彼らが問題を解決する際に考えていることを説明してもらうか、あるいは、次のような質問をしてもよいでしょう。意思決定や問題解決に必要な鍵は何なのか。探すべき鍵が何なのかを教えてくれるメンタル・モデルとはどんなものか。作業の最中に、どんなことを考えているのか。

　吸収する情報や取り組んでいる演習のより深いところに目を向けましょう。この状況において最も重要な特徴は何なのか。似たような状況にも当てはまるパターンはないのか。学んだことを活用できる機会が来たときに、何を探すべきか。チェス・ボードの上にさまざまなパターンと選択肢が見える達人に近づくにはどうすればよいのか。

　このような深層学習では、物事の表面を眺める以上の、より高度な学習行動が求められます。パターン、意思決定、行動に関する一般的な法則を見出したとき、強靭な概念関係が構築され、学習内容の記憶と定着の準備が整います。

　博士号をもっていなくても、使用する学習リソースの深層から共通する価値やパターンを見出すことは可能です。人にはその能力がすでに備わっています。トラックを識別できますね。私たちは、これまで幾度となくパターンを見出してきたはずです。

金脈を手に入れる：まとめ

　学習を旅に例えれば、金脈を手に入れるというこれらの実践は、学習者の脳と学習リソースが出会う場所といえます。つまり、ここで行っていることは、新たな情報を取り入れ、それらを将来に役立つ知識、スキル、価値観、創造的なアイデアに変換し、定着させるための取り組みです。

> リンク
>
> 　ラーニング4.0の第五の実践方法を行う際の参考になるよう、ツール2とwww.learning4dot0.com/unstoppableに、「実践5：金脈を手に入れる」のテンプレートを用意しました。活用してください。

　しかし、最初に、使用する学習リソースから必要な情報を取り出さなくてはなりません。人と同じように、学習リソースにも個性があり、構成の仕方もさまざまです。したがって、学習リソースに適した学習方法が求められます。「ツール5　学習リソース別ヒント」が役に立つでしょう。

　手に取ろうとしている情報の構成や取捨選択のあり方が、どれほど自分の思考に影響を与えるか、認識しておきましょう。学習している内容は、本物の金脈（信憑性が高く、信頼できる）か、それとも偽物の金脈（隠された意図のもとに学習者を操作しようとしている、あるいは根拠を明らかにせず信頼できない）か、明確に判断しなければなりません。

　しばしば学習体験の内側に埋もれている、深層にあるパターン、モデル、枠組み、価値観、教訓を見出すことができれば、見返りも大きいでしょう。目標は、専門家が問題の核心に迫るために用いている秘伝の極意を見出すこと、そして学んでいる知識やスキルを活用できるタイミングと状況を知ることです。

　この実践を通して、物事の表層と深層にある極めて有益な情報を、脳内の短期記憶領域に取り込むことができます。

　取り込んだ新しいアイデアと情報に対して何をするのか。学習行程の次のステップは、将来、必要な情報を短期記憶領域から確実に取り出せる準備を

整えることです。そのためには、学習成果を定着させる必要があります。これが次章の狙いです。

第 10 章

学びを定着させる

　この章で学ぶのは、学習の行程における4つの目標、すなわち記憶およびスキルの向上、信念と感情的傾向の変革、そして創造性の高まりです。これらの目標の達成にはラーニング4.0のテクニックが役立ちますが、それぞれの目標の達成に欠かせない特別なステップが他にもあります。このステップの実践が目標達成の一助となるでしょう。この章では、次のことを学びます。

- 記憶力を向上させる方法
- スキルまたは習慣を育てる方法
- 新たな情報に基づいて、感情的傾向や信念を変革する方法
- 学習を通して創造的な考えや解決策を生み出す方法

　第9章では、さまざまな種類の情報を処理する方法について学びました。しかし、新たな情報を頭に入れるだけでは学習しているとはいえません。覚えたての記憶は脆弱です。新たな知識、スキル、感情的傾向、創造的アイデアを、必要なときに引き出せるかはまだわかりません。脳の中をみると、この段階では新たな情報は短期記憶領域にとどまっており、最初の不可欠なステップは完了しています。しかし、ニューロンの新しい構造は不安定で、脳

内の膨大な連係記憶ネットワークにおける変化は始まったばかりです。

　学習の行程のこの時点では、金脈を手に入れたものの、まだ原石のままです。次は、それを装いのための宝飾品に仕立てる必要があります。では、手に入れた情報を学習成果として定着させる方法とはどのようなものでしょうか。その方法には、意識システムと自動システムのさらなる連携が求められます。両システムの連携の仕方は、求める学習成果の種類や学習内容の難易度によって異なります。学習成果には、以下の４つの種類があります。

- 知識。必要なときに思い出すことができる情報です。
- スキルと習慣。必要に応じて発揮できる能力です。人生のイベントやニーズに自分なりの方法で対処するために、知的なもの、身体的なもの、あるいは対人的なもの、内面的なものとして発揮されます。
- 感情的傾向や信念。自分の価値観をもとにつくられたレンズのようなもので、物事の解釈や重要性の判断に影響を与えます。
- 創造的なアイデア。学習モードになっているからこそ生み出すことができる新たな関連性です。

振り返り

　この章では、たくさんのコツや洞察を紹介します。先に進む前に、簡単なテストをして集中力を高める準備をしましょう。この章で、どのような学習テクニックが紹介されると思いますか。自分なりに予想して、リストを作ってみましょう。そして、この章を読み終えたときに、そのリストを再点検しましょう。

学習成果の定着についての一般論

　前出において、新たな情報を海馬に入れ、ニューロンの変化を開始する方法について学びました。しかし、学習内容を定着させたければ、さらにすべきことがあります。どの学習成果にも適用できるテクニックもあれば、知識、

スキル、感情的傾向、創造的アイデアのそれぞれにのみ適したものもあります。最初に、4つの学習成果のいずれにも応用できるテクニックを確認しましょう。それは、「自分が望む未来に磨きをかける」「自動システムに委ねる」「異なる活動を組み込む」「現実の世界と結びつけて考える」「グループで学習する」です。

自分が望む未来に磨きをかける

　学習した内容を統合する前に、手に入れたい学習成果について数分間考えてみましょう。深呼吸をして、自分のために築き上げたい未来をもう一度想像します。成功することで得られる恩恵や、学習しないことによって手に入らないであろう事柄について考えます。前進するための動機となるような将来像をつくり上げましょう。

　そして、その将来像に没頭しましょう。学習成果を活用し、身につけた知識、喜び、増大した影響力、活力、価値観に沿って行動する能力など、それらによって得られる恩恵を享受している自分を想像します。明確な将来像をもつことができれば、たとえ眠っている間でも、学習目標を達成しようとする力が脳内の自動システムの中に持続するでしょう。描いた将来像は、これから始まる意外性に満ちた学習体験に踏み入る動機づけにもなります。

自動システムに委ねる

　妄想にふけるとき、休憩しているとき、あるいは眠っているとき、自分も気づかない間にほとんどの学習活動が営まれています[1]。次に挙げる行動をいくつか試してみて、学習から得られる効果を高めましょう。

- 就寝する直前に、覚えたいことについて考えます。学んでいるスキルを頭の中でリプレイしましょう。眠っている間、脳は外界から遮断され、その日の不要な情報や処理されなかった情報は破棄されます。一方、新

たなニューロンの構造や結合を統合する活動は続き、脳内の索引が作成され、海馬内の短期記憶処理領域から大脳皮質内の長期記憶領域へと新たな情報が移動します。ある理論では、自分が重要だと考える情報は睡眠中に優先的に処理されるといわれています[2]。したがって、部屋の明かりを消す前に、「覚えておきたいことはこれだ」と自分に言い聞かせましょう。

- 習得が難しい事柄は、十分な睡眠を取った後か、有酸素運動の直後に学習しましょう。眠りから目覚めたとき、疲れが取れた脳はより多くの処理能力を発揮します。有酸素運動の直後は、酸素とエンドルフィンが燃料となって学習エネルギーが活性化します。

- ツァイガルニク効果を活用しましょう[3]。好奇心と関心が最も高まった時点で学習を中断します。その後の内容を知りたいと強く思いながら学習を再開するとき、ツァイガルニク効果が現れます。絶好調のタイミングで中断すると、無意識領域に緊張感が生まれ、学習している内容が自動システムの To-Do リストのトップに躍り出ます。

- 一度ですべてを学習するのではなく、間隔を空けて学習しましょう。能動的で意識的な学習、すなわち、金脈を手に入れ、成果を定着させる行動に時間を割きます。しかし、自動システムが無意識のうちに情報を処理する時間も必要です。複雑な学習目標に取り組んでいる場合、積極的に学習し、その内容をメモに取ったり、自問自答によって自分の言葉に置き換え、就寝する前に手短に復習し、数日後に学習内容を再考します。次の内容を学習する際は、前回の学習内容も復習します。そして、このプロセスを繰り返します。秘訣は、少しずつ段階的に学習を進め、時間間隔を徐々に広げながら復習することです[4]。試してみましょう。

異なる活動を組む込む

インターリーブ（異なる活動を組み込む）という概念は、認知科学の新たな知見であり、学習に欠かせない関わりがあります。関連し合う異なる活動を不規則に並べることによって、効率が向上し、いくつもの記憶経路が作成

されます[5]。たとえば、新たなセールス手法を学んでいるとしましょう。あなたは、マニュアルを読んだり、15分程度のオンライン講座を受講したりします。そして、学んだ内容を次回のセールス訪問でどのように活用するか計画します。次に、重要なアイデアをメモに取ります。同僚と学習内容について意見を交換してもよいでしょう。このように学習を多様な活動に細かく区切って取り組みます。これによって集中力を維持し、ニューロンの塊同士が複数の結合を生み出す可能性が高まり、学習過程をサポートします。

あるいは、テニスを習うことを考えてみましょう。あなたは、レシーブやサーブの練習に時間を費やします。次に、プロ・プレーヤーのビデオを見ながら、ネット際に出るタイミングを学びます。この方法は一般的な身体トレーニングにも応用できます。筋力トレーニングと持久力トレーニングを交互に行うというのも、異なる活動を組み込んだ学習といえるでしょう。

完了しないうちに次から次へとタスクを変えてしまうと、学習の進捗が遅れるように思えるかもしれません。しかし、全体的に見れば、やり方を変えることによって学習は加速します。また、回復や休息の確保にもなります。身体と筋肉を使う行為を学んでいる場合は特に重要です。高いパフォーマンスが持続され、上達し続けることが可能となります。

現実の世界と結びつけて考える

学習したことは、いつかは日々の現実に生かされます。そのとき、新たに身につけた知識、スキル、感情的傾向は、現実の状況と永久に結びつくでしょう。学習の初期のプロセスでは、あなたが起こそうとしている変化に向けて、環境と周囲の人々の準備を整える方法を探します。未来に向けて準備を整えることで、新たな習慣への変化が促され、他の誰もうかつに邪魔できなくなることでしょう。たとえば、新たなマネジメント手法や問題解決手法が、職場の人々にどのような影響を及ぼすでしょうか。後で抵抗勢力に対処するよりも、早くから周囲の関心を集め、協力を求めておくことが肝要です。

振り返り

ここでいったん中断し、ここまでを手短に復習しましょう。メモに簡潔に書き留めるのもよいでしょう。「ツール３　思考を忠実に表現するメモの取り方」で紹介しているメモの取り方を１つ使ってみてください。あるいは、すぐに使ってみたいと思うテクニックをいくつか選んでもよいでしょう。

グループで学習する

　周囲の人と一緒に学習することで、より多くの恩恵が得られます。学んだことを、自分の言葉に変えて、新たな角度で見てみましょう。いくつもの関連記憶を形成するのに役立ちます。目標を口にすると、達成された状態を未来から引き寄せる力が強くなります。そして、周囲の人々のサポートを引き出すことにもなり、集中力やモチベーションの持続を促します。また、周囲の人たちと一緒にいると、喜びの脳内物質であるオキシトシンの分泌量が増加します。さらに、やりがいのあるプロジェクトでの同僚との協働は、学習効果が最も高まるフロー状態に移行する可能性を高めることが、研究によって明らかになっています。

　チームで学習プロジェクトに取り組んでいる場合、このようなソーシャル・ラーニングによる恩恵が得られます。具体的に手助けしてくれるわけでもなく、ただそばにいるだけであっても、精神的な支援を交換し合える仲間がいれば、やはり同様の恩恵が得られます。

　どのような状況であろうと、上記の４つのテクニックを使って学ぶように計画しましょう。自分が望む未来に磨きをかける。睡眠、休憩、時間間隔を空けることを活用する。異なる活動を組み込む。現実の世界と結びつけて考える。グループで学習する。目的が何であろうと、こうした行動が学習成果の定着を促します。

効果的に記憶する方法

4つの学習成果のうち、最初に紹介する成果は、情報の記憶です。物が覚えられない、昔よりも記憶力が衰えたなどと、大人はよく言います。そして、記憶を掘り起こせないときもあります。生きていれば、ニューロン結合の数は増え続けるので、あらゆる記憶をかき分けて調べるのは極めて難しくなるからです。しかし、人間の脳は偉大な記憶装置であることを忘れてはなりません。学習に自信がもてないときは、一歩立ち戻って、いま自分の脳の中で900億個のニューロンと100兆個のニューロン結合が光り輝いていることを想像しましょう。

人は意識をしていなくても記憶を掘り起こしています。幼児が泣いているのを見て、お腹が空いているか、寒いのか、おむつがぬれているのかと考えるのは、記憶に基づく解釈です。営業に関する課題に取り組んだ際、セールス・パイプラインの知識を知らない間に応用して問題領域を読み解いたりするなど、このときも、もっている知識を活用しています。道路の向こうにいる友人に気づくのも、視覚に写る像と記憶内の像とが一致するからです。技術的課題に直面し、可能性のある原因をいくつか思い浮かべる。このようなときも、複雑なニューロン結合が活躍しています。外界と関わっているときはいつも、記憶の中から苦もなく情報を取り出しているのです。

しかし、知っているはずの事実、名前、概念、アイデアを思い出せないときもあります。忘れてしまった原因は何でしょうか[6]。教育者や脳科学者がいくつかの原因を挙げています。

- 忘れたわけではない。単に初めから知らなかっただけ。すなわち、上の空で学習していた。
- 記憶の安定化が不完全だった。新たな情報に合わせてニューロンが変化しなかったのは、おそらく新たな情報と対立する強固な考えが干渉したから。
- 長い間、その記憶を出し入れしなかった。脳内に蓄えられた記憶や、思い出すためのネットワーク経路も、使わなければ脆弱になり、朽ち果てる。
- その記憶は、自分の大事なものと結びつかなかった。それゆえ、眠っている間に不用品として消去された。

- あまり興味がもてなかったため、好奇心がわかず、ドーパミンなどの脳内物質が十分に分泌されなかった。

リンク

第1章で学んだ通り、何かを思い出すためには、脳内において情報の蓄積と抽出が必要です。自然に起こる行為ですが、この過程をより意識的に、確実なものにすることが可能です。

学習中の脳で何が起きているか誰にもわかりませんが、次に挙げる条件、または行動が、記憶を手助けするといわれています。

- 記憶しようとする概念が、多感覚的かつ鮮明さをもって脳内に関連づけされている
- 忘却と記憶覚醒を頻繁に繰り返すことによって、記憶経路を強化する
- 積極的に復習する
- 本質のパターンと関連性を見つけようと努める

関連性を鮮明にイメージする

あらゆる人の名前を記憶している人、たくさんの物事を記憶し復唱できる人がいます。関連性を鮮明にイメージする術を習得すれば、それも簡単です。人の名前を覚える方法を紹介しましょう。まず実際に名前を耳に入れます。集中して聞かなければなりません。次に、記憶するためのテクニックとして、その名前と他の事柄とを結びつけます。後で記憶を容易にたどることができるよう、鮮明な事柄と結びつけるのがコツです。たとえば、ジョン・プール（John Poole）。紫色（purple）のプール（pool）で泳ぐ彼を想像します。あるいは、リサ・マッギン（Lisa McGinn）。彼女の家の一室を間借り（lease）し、ギネス・ビール（Guinness beer）を飲む彼女を思い浮かべます。彼らの顔をじっと見つめながら、このような関連性を心に刻むのです。部屋の様

子や同席している人も併せて心に刻めば、覚えたい名前との関連性が強化されます。小さなメモ帳に名前を記入するのもよいでしょう。骨が折れる作業ですが、これを習慣にしましょう。効果があることは間違いなしです。

次に、たくさんの物事を記憶するための簡単なテクニックも紹介しましょう。アンカー・リストと呼ばれる、とても役に立つテクニックです。物事を思い出す（アンカー）ための、自分なりの一連のイメージを用います。たとえば、1 (one) はバン (bun：ハンバーガー用のパン)、2 (two) はシュー (shoe：靴)、3 (three) はツリー (tree：木)、4 (four) はドア (door：扉)、5 (five) はハイブ (hive：ミツバチの巣箱)、6 (six) はスティック (stick：杖)、7 (seven) はヘブン (heaven：天国)、8 (eight) はゲート (gate：門)、9 (nine) はバイン (vine：つる状の植物)、10 (ten) はヘン (hen：メスの鶏) といった具合です。たとえば、あなたがまず郵便局に行き、次に友人に電話し、報告書を終わらせて、日用品を買いに行くとしましょう。どれも忘れずに行うために、バンが山積みされた郵便局、旧型でサイズの大きい靴を履いた友人、木の枝からぶら下がった報告書用紙、閉まるドアで押しつぶされる寸前の日用品の袋をイメージしましょう。あり得ない光景ですが、効果はあります。脳は関連性が大好きです。五感、特に視覚に基づく関連性をこよなく愛しています。

しかし、より抽象的で複雑な情報との関連性をつくる術はあるのでしょうか。適用する原則は変わらないのですが、「1 (one) はバン」のようなテクニックはシンプルすぎて、重要事項の記憶にはあまり役に立ちません。コツは、他の感覚と情報処理の手法を用いて、関連性を常につくり続けることです。

情報を五感に変換する—視覚を中心に

関連性をイメージする方法の1つは、ある概念と別の概念の間の関連性を図にすること、すなわち脳内に構築したい関連性を描き出すことです。これは、概念マップやマインド・マップとも呼ばれ、概念間の関連性を図に書き表す手法です[7]。マスターしたい知識を調べ始めたタイミングで、マップの初版を書き起こします（第9章を参照してください）。

関連性を視覚的にイメージするとき、脳内のより多くの部分が、他の感覚

と比べて視覚情報の処理に当てられているため、記憶に大きな影響を及ぼします。ただし、視覚以外の感覚も忘れてはなりません。何を学んでいるのか、自分の言葉で自分に言い聞かせます。もし可能なら、匂いと結びつく関連性もつくります。匂いは、視床や海馬を介さず、直接脳に届きます。我が家を思い出させる匂いを思い出してみてください。

全体像と詳細を行ったり来たりする

学習リソースの要点や構造を洗い出しましょう。これを行うことで、全体像の中で学習要点がどこに位置するのか繰り返し自問自答することになるので、役に立ちます。全体像と詳細を行ったり来たりすることで、学習内容を格納する構造が脳の中に用意されます。マインド・マップなどの視覚的なメモが、その構造を生み出すのを促します。

場所を移して学習する

効果は些細ですが、環境を変えて学習すれば、後に役に立つ関連性がつくられます。この方法を学んだのは、この大木の下に座っていたときだった、などがその例です。歩きながら考えをまとめるのもその例です。軽い運動によって高い体内酸素レベルが維持され、集中力も高まります。

将来の自分の物語を創作する

人間の脳は、自分の経験にまつわる物語を繰り返し創作します。この性向を学習に役立てましょう。場所、時間、周囲にいる人を具体的にイメージします。イメージが具体的であればあるほど、必要になったときに思い出せる可能性が高くなります。

自己の感情や創造性を刺激する

学んでいることを、より直感や感情に訴えるものに変えましょう。1つの

方法はメタファーを利用することです。本書で学ぶラーニング4.0に応用した例を紹介しましょう。

- **もし本書が動物だったら**、どのような動物でしょう。イルカでしょうか。知的で、水面を跳ねたり潜ったり、時には遊び好きで、我慢強い動物です。
- **もし車だったら**、ハイ・グレードなピックアップ・トラックでしょうか。多数の部品で構成された、信頼性の高い乗り物で、流線型なのに車体の内側にはさまざまなものが備えられています。
- **もし国家だったら**、美しい田園地帯と都市をもった民主国家でしょうか。個人の力と責任を拡大する点で民主的です。人の感情や無意識的な部分を尊重する点で郊外のようであり、論理や意識的な部分を尊重する点で都市のようです。
- **もし観光地だとしたら**、理性的な都市構造と野生に満ちた自然を兼ね備えた場所です。

想像力を働かせましょう。そして、1つのイメージを用いて、記憶を強化する関連性をつくります。そこには、学んでいる事柄から生まれる感情も含まれます。

誰かと学習内容について会話する

会話をすることで新たな情報を自分の言葉に置き換え、相手の質問に答えることで学習内容やテーマを深く考えることになります。また、会話によって新たな結合経路がつくられ、コネクトーム内の100兆個のニューロン結合に取り込まれます。

誰かに教える

周囲の人が何かを学ぶ手助けの準備をすることほど、記憶の統合に役立つことはありません。なぜでしょう。その準備によって、すぐに自分が理解していない事柄が見つかり、疑問や学習への衝動がわき上がるからです。ある

概念をわかりやすく説明できるよう、物事のより深いところにあるパターンや関連性を探し求めるとき、その概念と現実世界とを結びつける準備が整います。誰かに教えること、あるいは単にそう想像するだけでも、後に取り出しやすい記憶を形成するための立派な手段です。

テスト問題を作り、解答する

　学習の最中やその前後に自分でテストすることは、記憶の固定に役立つ優れた方法です。あるテーマについて学習を開始する前に、そのテーマについて知っていることを考えたり、メモに書き出したりします。そして、使用する学習リソースにさっと目を通し、各セクションの見出しからテストの設問を作ります。たとえば、本書には、4.0 の学習者は脳がどのように学ぶか理解していると書かれています。学習する脳に関する章を読む前に、脳の働きについて知っていることをテストしてみましょう。そして、その章を読み終わった後で、同じプロセスを繰り返します。このような前後のテストによって集中力が高まり、学習した内容の整理に役立ちます。前後のテストによって自己診断テストにゲーム感覚が生じ、好奇心や学習意欲が高まって、学習プロセスを支える脳内物質の分泌を促します。

振り返り

　関連性を鮮明にイメージすることに関するこのセクションを終える前に、ここで取り上げているテクニックをさっそく使ってみましょう。学んでいる事柄の記憶に役立つでしょう。

いったん忘れる、そして思い出す

　記憶には 2 つの重大な側面があります。まず、脳内に記憶を形成しなければなりません。次に、必要になったときに記憶を見つけ出さなければなりません。忘却は、これまでは記憶の敵と考えられていましたが、記憶の友にも

なり得ます。いったん忘れて再び思い出すことによって、情報を見つけ出す神経経路が強化され、さらに、思い出すたびにニューロン結合の数が増えていきます。

　忘れてしまったことを思い出そうとすると、記憶に新たな力が加わります。このことについて考えてみましょう。忘れてしまったアイデアを探すとき、いくつかの思い出すきっかけを使っています。忘れていたアイデアがひとたび見つかれば、思い出すきっかけになったものが（思い出したいという欲求も含まれます）、そのアイデアとのつながりとして記憶されます。探し求める記憶をたどるために学習リソースをもう一度見直さざるを得ない場合でも、やはり同じことがいえます。将来、その記憶をよみがえらせようとしたとき、記憶はさらに強化され、記憶をたどる経路も増加しているでしょう[8]。

　だから、繰り返すことが効果的なのです。重要な情報を繰り返し見直すことで、知的関連性が強化されるだけでなく、同時に新たな関連性が形成されるからです。記憶を促進するために、いったん忘れましょう。

振り返りの時間を設ける

　確実に覚えたいなら、振り返りと行動を交互に実践するようにしましょう。このとき、自分にとって大切な言葉を使って振り返ることは、記憶を定着させることに効果的です。振り返りとは、学んでいる事柄について、一歩引いて探求を深め、自分自身や周囲の人と話し合うことです[9]。

　今日のような変化の速い世界では、行動こそ高く評価されますが、振り返りを行うことなどは怠けているように見えるため、振り返りや深層学習に時間を割くことは、難しいと思われがちです。しかし、より効果的に記憶したければ、復習のための時間を設けなければなりません。どのような方法があるのでしょうか。

- **本格的な学習に取り掛かる前に自己診断テストを行いましょう。**
　これから出会うトピックや状況について知っていることは何か、あるいはこの章で述べられる提案は何だろうかなどを自問自答します。後者の

設問に答えることで、内容についての予想と現実の間に有益な緊張感が生まれます。予想が間違っていても、好奇心と集中力が増します。うそではありません。これも不思議な脳の働きなのです[10]。この章で紹介する学習テクニックを予想してほしいと、この章の最初にお願いしました。これは一種の事前テストです。このようなテストによって、好奇心が高まり、すでに保有している知識と本書が紹介する新たなアイデアとの結びつきが築かれ、記憶プロセスの手助けとなることが少なくありません。

- **一塊の情報を処理した直後に、自己診断テストを行いましょう。**
  何を発見しましたか。それがなぜ自分にとって重要なのですか。これらについて事後にテストすることで、記憶の蓄積と抽出の両方が強化されます。

- **批判的な振り返りを行いましょう。**
  新たなアイデアをじっくり検討し、根底にある前提やつながりを探します。まず、新たな情報を、同意できるものとできないものとに振り分けます。自分の感情的反応や現在の自分の考え、自己像と対立する概念によって、深層学習が挫折してしまいそうな瞬間を見過ごしてはなりません。言い換えれば、自分自身や自分の中の前提と客観的に向き合いましょう。このようなプロセスを補うことによって、情報がより記憶しやすいものになります。

成人学習のある研究者は、人は経験から学ぶのではなく、経験を振り返ることで学んでいると指摘します。経験を積むものの、そこから何も学ぶこともなく日々を過ごす人もいる。何かが記憶に残ったとしても、役に立つかどうかもわからないことを偶然に学習しただけだと言うのです[11]。

振り返りの時間を設けることは、学習に集中することと同様、学習の達人に近づくために欠かせない営みです。これらの取り組み無くして学習の成果は残りません。

テーマとパターンを探す

　情報を記憶したいとき、事実やアイデアに着目するのが普通です。しかし、ラーニング4.0を実践するならば、より深層にある何かを探すことになります。その何かが見つかれば、より多くのことを記憶できるでしょう。では、それは何でしょう。情報を構成しているパターンやメンタルモデルを探しましょう。チェスの達人には、他の人に見えない盤上のパターンが見えていることはすでに紹介しました。気圧、湿度、季節、ジェット気流に関する情報を読み解くことができる気象の専門家には、発達する嵐のパターンが見えています。身近な人が去っていく、あるいは亡くなるときに生じる感情のすべてを考えてみましょう。この感情には、否定、怒り、取引、抑うつ、受容というパターンがあり、これらは「喪失の五段階」と呼ばれています[12]。この深層にあるパターンを理解していれば、何かを失ったときの幾多の反応を理解し、整理する一助になります。

　本書で紹介するメンタルモデルは、情報を処理する際に役立ちます。情報を処理するプロセスは、論理的で非論理的、かつ意図的で自動的です。学習には、3通りの進め方（その場で学ぶ、ゴールを決めて学ぶ、振り返って学ぶ）があり、ラーニング4.0の7つの実践を用います。学習リソースの構成や、チーム学習や教え合う際の枠組みとしてラーニング4.0の実践を用いる方法など、新たなメンタルモデルも紹介します。

振り返り

　学習の特性には4つの要素、ラーニング4.0には7つの実践、学習の進め方には3通りの方法があります。

　深層にあるメンタルモデルや枠組みを想像し描き出せば、詳細を記憶するための構造が構築されます。これは優れた記憶テクニックであり、時間を費やすだけの価値があります。

効果的に記憶する方法のまとめ

学んだことを維持しておくには、記憶を確実に脳に格納し、必要なときに取り出せるようにしなければなりません。もし記憶したければ、情報を処理する（金脈を手に入れる）だけでは不十分です。図１０－１に示す、さらなる取り組みが必要です。

図１０－１．記憶のテクニック

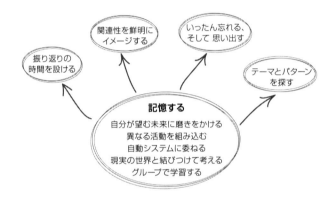

学習に費やす時間を２つに分けましょう。半分は情報を取り入れる時間、もう半分はこのセクションで紹介した方法を用いて情報を処理する時間とするのです。このような時間の使い方が実践できなければ、記憶力の低下を年齢や人生の複雑さのせいにしてはいけません。記憶できない本当の理由は、学んだことを適切に格納する時間を取らないからです。自分が学んだことは自分の監督下にあるのですから、ラーニング4.0を実践する責任を負うのも自分です。前頭前野を覚醒させ、機能させるべく、この章で紹介するテクニックを使いましょう。このような取り組みによって、記憶力は飛躍的に向上するでしょう。

スキルと習慣を身につける方法

　目指すべき第2の学習成果は、スキルと習慣です。スキルと習慣には、認知的・精神的なものがあります。たとえば、問題分析テクニック、創造的な思考方法、小売業の受発注処理方法などが挙げられます。また、身体スキルや身体的習慣もあります。スポーツ、部品の組み立て、飛行機の操縦、手術などです。そして、対人能力に関するものもあります。フィードバックの方法、フィードバックを受け入れる方法、対立の対処方法、面接の実施方法などです。パーソナル・スキルもあります。怒りのコントロール、不安感への対処、時間の管理などです。このセクションで着目するのは、スキル開発や習慣の定着に役立つテクニックです。

 振り返り

　先に進む前に、自己診断テストをしましょう。このセクションで学ぶスキルや習慣を変革するテクニックには、どのようなものがありそうでしょうか。

　スキル開発の主たる目標は、あまり意識しなくとも自在にスキルを活用できるようになること、すなわち習慣にしてしまうことです。しかし、スキルを自在に活用できるようになるには、しばしば時間が掛かります。また、新たなスキルと旧来の習慣が相いれない場合があります。旧来とは異なる世界観を身につけなければならない場合もあるでしょう。自分を変えようとするとき、古い習慣の影に隠れていた恐れに遭遇することすらあるかもしれません。たとえば、怒りの感情をコントロールするスキルをつけようとしたら、自分の自信のなさが怒りとして現れていることに気づいたとします。ならば、自信のなさに対処することが次の課題となります。

習慣とは

　結末も考えず同じことをし続ければ、それは習慣になってしまいます。こ

れは、喫煙、子育て、リーダーシップの発揮など、あらゆることに当てはまります。脳は習慣が好きなのです。習慣とは無意識に現れる行動パターンであり、エネルギーを節約することができます。習慣に従って行動すれば、プロセスのすべてに気を配る必要がなくなります。結果を気にする必要すらなくなります。習慣によって集中力に余裕が生まれ、他のことに注意を払うことができるのです。

このように、習慣は役に立ち、不可欠なものである一方、不利な面もあります。それは習慣を改めるのは極めて難しいということです。神経結合に焼き付けられた反応行動は無意識に起こります。習慣を変える、あるいは改めるには、この無意識の反応行動を無効化しなければなりません。習慣を引き出す状況と自分が取りたい新たなアクションの結びつきをつくり変える必要があります。これには多大な意識の力が求められます。新たな行動を取るべきタイミングを知り、無意識に発動していた反応行動を停止させ、異なる行動を取るよう自分を奮い立たせなければなりません。

染みついた習慣を改めなければならないような新たなスキルを身につけるには、どうすればよいのでしょうか。ここでは、「しばらく初心者になりきる」「チェックリストとフロー・パターンを利用する」「知覚学習法を活用する」「アップダウンに対処する」という4つのテクニックを紹介します。

しばらく初心者になりきる

しばらくの間は初心者になりきれば、新たなスキルの獲得に要する時間が短くなるでしょう。初心者として試す価値のあるテクニックを紹介します。

細分化する

スキルや習慣を細かいパーツに分け、それぞれのパーツに慣れるまで、緊張感の少ない状況でパーツごとに練習しましょう。実際には、慣れるまでというよりはむしろ、自由に使いこなせるまで練習します。コミュニケーションの新たな方法を学ぶのなら、傾聴と聞いたことを繰り返す練習に数日を費

やします。ゴルフのスイングを改造するのなら、まず数コースは構えに集中し、その後にバックスイングに取り掛かります。筋肉の使い方と神経結合を改造していることを意識しましょう。状況に応じて新たな行動を発動するよう自分の脳に言い聞かせ、過去の反応行動が発動しないようになるまで訓練を積む必要があります。楽譜のパートを1つずつ、ゆっくりと確実にマスターしていく音楽家の練習方法と同じであり、自在に演奏できる力をつける早道です。

しばらく手順書どおりに行動する

チェックリストを利用したり、または段階的なアプローチを取りながら、新たなパターンを確立しましょう。たとえ簡略化した手順があったとしても、経験豊かな先達が編み出した基本手順に習熟するまではその手順に従います。基本手順に習熟してしまえば、先達の教えから離れるときも来るでしょう。使ってみてはじめて気づける利点を基本手順の中に見出すかもしれません[13]。

専門家を観察し、協働し、まねる

専門家がスキルを発揮している様子を見つめ、あたかも自分が実践しているかのように想像していると、そのスキルが自然に身につくことがあります。これは、積極的に観察する方法であり、アスリートに用いられています。優れた選手の動きを観察しながら、自分の筋肉の動きを想像したり、その動きがうまくできた自分を想像したりなど、頭の中で練習するのです。イメージを駆使するこのテクニックは、新たなスキルの土台となる神経結合や筋肉の記憶の形成を促します。そして、十分に観察した後、専門家ならこうするだろうと思うやり方を実際に試します。このとき、自分が何か新しいことを試そうとしていることを周囲に伝えておくとよいでしょう。

誰かからフィードバックをもらう

　ご存じの通り、自分の考える自己像はバイアスの影響を受けています。意思と行動とを混同してしまうからです。こうしたことを避けるために、自分の行動とその影響について、周囲の人に意見を求めましょう。問題解決のような知的スキルとは違い、目に見えるスキル、たとえばバットの素振り、フィードバックのやりとり、プレゼンテーションなどに取り組んでいるのなら、自分の行動をありのまま動画に撮ります。誰かに撮ってもらってもいいし、自撮りでも構いません。この動画を見ながら、客観的に自分の行動を眺め、分析しましょう。知的スキルの場合は、自分の考える手順を言葉にし、経験豊かな専門家に意見を求めます。

　意見を求めるとき、あるいは内省するとき、ラーニング4.0のマインドセットをもつようにしましょう。何がうまくできていて、どこまで習得できているか、改善または微修正すべき箇所はどこかなどを問います。その際、うまくできているか、何か意見はないか、または上達したかなど、イエスかノーの一言で答えられるような質問をしてはなりません。このような質問は一般的すぎて、役に立つ情報は滅多に得られないからです。うまくできていた点を2つ、あるいは改善すべき点を2つ挙げてほしいなど、建設的で前向きな助言を求めるようにします。このような姿勢で助言を求め、活用するためには、自分の振る舞いとその影響を学ぶための情報として助言を受け止めること、そして自分に対する評価や批判として捉えないことです。

　このように、しばらくは初心者になりきりましょう。基本を身につけ、簡素な状況下でなら基本手順に慣れたと感じ始めることがねらいです。そうなれば、より複雑な行動の基礎を築き、新たな能力を身につける一助になるでしょう。熟達してきたら、より難しい状況に身を置きましょう。

チェックリストとフロー・パターンを利用する

　時には、チェックリストやフロー・パターンで自分のスキルを下支えするのも役立ちます。ここでいうチェックリストとは、あるスキルの獲得に欠か

せない手順や実践を並べたものを指します。パイロットや外科医など、あるタスクを見過ごすと大惨事につながる仕事に携わる専門家には欠かせないものです。とは言え、多数の要素から構成されるスキルを身につける上でも役に立ちます。チェックリストは、長期記憶に収めるかどうかわからないような情報を記憶する、外付けメモリーのようなものと考えてよいでしょう。

　フローとは、事象が時間と空間を移動する際の流れを表したイメージのことです。これは、スキルを構成する手順を確実に追うための簡便な手法であり、注意力散漫の対処法としては、何度もチェックリストを使用するよりも効果的です。旅客機の出発時点検を行う際、チェックリストは補助的に使用して、作業フローを主に活用するパイロットが増えています。パイロットは、標準的なフローに従って機器を左から右に順番に見渡しながら、要所要所で目を止めて機器の状態を確認します。このとき、意識的な集中力が求められます。

　このフローを使ったテクニックは、さまざまなスキルの習得に活用できます。たとえば、プレゼンテーション・スキルを身につけたいとしましょう。自分がスピーチで必ず用いるフローのパターンがあると想像してください。そのパターンは、まず聴衆をイメージする自分から始まるでしょうか。次に聴衆のニーズをイメージします。そして、聴衆の目をひくオープニング、主要な論点とストーリー展開、そして締めくくりの言葉を頭の中でなぞります。このようなフローは、イメージする力と右脳の空間認識能力を活用する方法です。

知覚学習法を活用する

　知覚学習法とは、あるスキルを短期間で習熟するために、指導やガイドライン、準備が何もないまま、できるだけ実践を多く積むことで学習するテクニックです[14]。それは、トライ・アンド・エラー型の学習スタイルであり、何がうまくいって、何がうまくいかないかというフィードバックを常に受け取りながら、状況に対応し行動していきます。より高度なスキルが求められる困難な状況も対処できるようになるまで、フィードバックを参考にして、自

分の振る舞いを適応させることを自然に学んでいきます。

　ゲームを学ぶのに、この知覚学習法が活用されていることが少なくありません。ゲームの実践を通して、勝利の喜びや上達という形でフィードバックを受け取りながら、ルールを自然に学んでいます。こうしたことは、脳の無意識の領域が学習能力をもっているからこそ、可能になるのです。実践を重ねれば、脳がルールとパターンを理解します。知覚学習法と相性が良いのは、脳内の自動システムのみでしょう。

　知覚学習法の唯一の問題は、獲得したスキルは暗黙知であり、形式知ではないことです。つまり、自分にも他者にもルールとパターンを説明することが難しいということです。しかし、知覚学習法によって加速度的にスキルを獲得することができます。手順と理論を学ぶという従来のやり方と組み合わせて、知覚学習法を活用しましょう。

　ここまでの説明で、知覚学習が奇妙な学習法に聞こえるかもしれませんが、そうでもありません。人は人生の中で、トライ・アンド・エラー形式でフィードバックに頼りながら、多くのスキルを獲得します。完全に一致するわけではありませんが、これも知覚学習法です。違いは、知覚学習法では、明確な目標をもちつつ、学びに満ちた体験を短期間に何度も実践するという点です。いわば、パワーアップ版のトライ・アンド・エラーなのです。

アップダウンに対処する

　自身の経験からわかる通り、スキル開発が順調に右肩上がりで進むことはありません。行く手には常に障害が待ち受けており、急速に上達したかと思えば、スキルの向上が停滞し、一定に保たれるときもあります。ここまでに獲得したスキルが失われたかのように思えることすらあります。何が起きているのでしょうか。その原因として考えられる事柄がいくつもあります。

- 1つの学習法にこだわりすぎていませんか。何を学ぶにしても、学習には、時間の間隔、睡眠、複数の学習法の活用を組み合わせることが求められます。

- やる気が薄れていませんか。やる気の欠如は、脳内物質の分泌に影響を及ぼします。
- 学習の役に立たない脱線をしていませんか。
- 自分を否定する独り言をつぶやいていませんか。たとえば、「こんなものマスターできない」「もう無理」「失敗するのが恥ずかしいのでトライできない」など。
- より深い部分の感情や恐れが行く手を遮っていませんか。それらを明らかにし、対処するか、切り開いて進む必要があります。
- 睡眠や運動が足りていますか。学習によるエネルギー消費に見合う食事を取れていますか。

アップダウンが記憶の統合に欠かせない時間となり、スキルの向上に貢献する場合も少なくありません。しかし、危険な状態でもあります。大抵の場合、それは、新たなスキルや習慣が定着したり、古い習慣を乗り越える前にやってくるからです。そうした場合、途中で学習をあきらめたり、従来の習慣に逆戻りしたりしがちです。

アップダウンや、停滞状態にうまく対処する方法を紹介します。次に挙げる方法を試してみましょう。

- **支援を仰ぎましょう。**
  自分のやろうとしていることを友人、同僚、配偶者に話し、応援団になってもらうのです。彼らの前で、自分がしようとしていることや目標を言葉にして伝えます。自分が学習していることを周囲に知ってもらうと、オキシトシンの分泌が促されます。また、自分を奮い立たせることができたり、自分の将来像と目標を明確にする一助にもなります。

- **中間目標をいくつか設定するか、休憩を取りましょう。**
  中間目標を設定するなら、数日で達成できる目標を設定することが肝要です。休憩を取るなら、スキル開発の取り組みを再開する具体的なスケジュールを決めておきます。目標を達成することで、ドーパミンによる報酬が得られるので、短いステップをいくつか設定し、それぞれを完了

したことによる喜びを味わいましょう。

- **「ユリシーズの契約」を作成して、上達への動機づけを促しましょう。**
 ユリシーズの契約とは、第三者あるいは自分自身との間で取り交わす契約です。最終目標と関係のないことに手を伸ばしたくなったとき、最終目標へと進む道に引き戻す効果があります。催眠術にかかってしまうような、美しいセイレーンの歌声に惑わされないよう、ユリシーズは自分を船のマストに縛りつけるよう部下に命じたという神話があります。セイレーンの歌声の誘惑に負けてしまえば、トロイア戦争後、自国に帰るという大きな目標を達成できません。ユリシーズと部下は、セイレーンの歌声が聞こえる領域を脱出しない限り、いかなる状況においてもユリシーズの緊縛を解かないことで合意します。資格取得と昇進を現実におけるユリシーズの契約だと考えてみましょう。ある研修を完了して能力を証明すれば、資格を取得できます。また、昇進できるかもしれません。そして、学習目標を達成した自分へのご褒美として、週末の旅行などの報酬を自分自身に約束するといった一種の契約を取り交わすのです。

スキルと習慣を身につける方法のまとめ

 スキル開発が時に難しいのは、従来の習慣が顔を出すからであり、スキルを習得して、それが習慣になるまでに時間が掛かるからです。これは、知的スキル、身体スキル、対人スキル、パーソナル・スキルに当てはまります。自我と旧来の振る舞い方とが結びついている場合、あるいは現在の振る舞いが心の脆弱さを隠している場合、事態はさらに複雑です。しかし、望む未来に向かって進むには、新たなスキルや習慣が必要になると考えるなら、その変革を成功させるための手順があります（図10-2）。
 あるスキルを身につけたいなら、しばらく初心者になりきること、チェックリストとフロー・パターンを利用すること、知覚学習法を試すこと、アップダウンに対処することを心に決めましょう。この章ですでに述べた、望む将来像を描く、睡眠と休憩を活用する、異なる活動を組み込む、周囲に支援

を仰ぐといった、一般的な学習テクニックを活用することも忘れてはなりません。このような取り組みに対する見返りの1つとして、自分の人生により積極的に関わっていく能力が身につくでしょう。

図10-2. スキルの開発と習慣化のテクニック

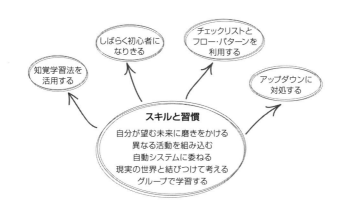

振り返り

　この章の冒頭で挙げた、学習の4つの成果について覚えていますか。これまでに、記憶、そして新たなスキルと習慣の2種類の学習成果について学びました。ここで休憩を取り、散歩などをして、脳内の自動システムに主導権を譲りましょう。休憩から戻ったら、第三の学習成果である、信念と感情的傾向について学びます。

信念と感情的傾向を見直す方法

　知識とスキルこそ学習のすべてだと大抵の人は考えます。しかし、着目すべき第三の要素があります。自分の価値観、信念、そして感情的傾向を見直すということです。それは、私たちが重要な決断を下す際の基準となるものであり、人の心の奥深くにしまわれています[15]。

自分の信念が、自分自身にとって役に立たない、あるいは自身や自分の世界観にそぐわない場合があります。信念の多くは、若いころに形成されたものであり、自身の未熟な世界観、周囲の人々、文化などから影響を受けています。本書は、「受講者は講師に盲従するものだ」「専門家やカリスマ的存在の発言はいつも正しい」「学習能力は年齢とともに低下する」といった信念の是非を問います。むしろ、「学習における自分の力に対する自分の信念に疑問をもて」「洞察力をもって自分の学習プロセスをコントロールせよ」と主張します。

　ラーニング4.0を実践するならば、自身の選択肢や振る舞いを決めている信念を知ることが肝要です。さらに、その信念に疑念を呈する姿勢が求められます。これこそ、今日の複雑な社会において力をもった大人であり、社会の建設的なメンバーであることを意味します。

　信念と感情的傾向は、心の内にあって、自分の振る舞いを決定づける源です。自分の信念や感情的傾向は、学びによって変化させることができるものです。たとえば、自身の経験、発見、身の回りの情報によって自分の信念や感情的傾向は誤ったもの、あるいはこれからの人生や世界においては不適切であるとわかったときに変化が起こります。ところで、どのようにして信念を獲得し、洗練するのでしょうか。このセクションでは4つのテクニックを紹介します。自分を知る、信念が顔を出す瞬間を認識する、新旧を比較する、そして変化することのメリットを列挙するというテクニックです。

自分を知る

　信念や感情的傾向を知るというのは、極めて困難なことです。なぜなら、それらは水面下に隠れて機能し、人の振る舞いの大部分を形づくっているからです。また、報酬、権力者からの要求、他の状況条件など、外部からの力が信念や感情的傾向よりも優先されるときがあります。自分の内面にある信念や価値観とその時々の要求とが相反するとき、人生において最も困難な状況が訪れます。それは、自分がどんな人間であるのかを試されているかのようです。たとえば、誰に対しても敬意をもって接することが大事だと信じて

いたとしても、同調圧力によって異分子を排除するような誘惑に駆られることがあるかもしれません。

信念や感情的傾向よりも、状況から生じる圧力が優先されることもあるので、個々の状況から自分の根底にある信念を推察できるとは限りません。ならば、信念の存在を知る方法はあるのでしょうか。1つの方法は、さまざまな状況における自分の行動を観察し、その行動の趣旨やパターンを知ることです。次のことを自問自答しましょう。このような行動を取ることが多いのはなぜか。このような考えや意見には同意するのに、その他には同意しないことが多いのはなぜか。人やアイデアに対する自分の感情的反応から、自分の信念について何か知ることができるだろうか。こうした問いに対する自分の答えから、その信念や感情傾向が自分にとってしっくりくるかどうかを判断します。

信念が顔を出す瞬間を認識する

学習していることと自分の大事にしている信念が衝突するとき、人は意思決定をするものだと考えましょう。同意できない考えは無視する、防衛的になり心を閉ざす、好奇心をもって検討するといった意思決定です。学習しているからには、検討こそが当然の選択肢であるのは明白です。以下のような、自分の価値観、信念、感情的傾向の是非が問われている瞬間を見逃してはなりません。

もっている知識とスキルを使っていない

学習目標の達成に必要な知識やスキルを保有していても、人はその知識やスキルを使っていません。あるいは使おうとしません。おそらく何かを変えるつもりで、変革する能力をもっているにもかかわらず、その能力を使っていないことに気づきます。

たとえば、あなたがリーダーシップを身につけたいとしましょう。そのためには、何が必要かわかっているし、リーダーシップに必要なコミュニーショ

ン・スキルを保有していることもわかっている。しかし、その知識やスキルを役立てられずにいる。それどころか、昔ながらの上意下達型の上司のように振る舞っている。そう、これこそが習慣です。しかし、どんな習慣も変えることができます。ひょっとして足りないのは、自分の振る舞いを変えようとする内に秘めた思いかもしれません。よくよく振り返ってみると、自分は周囲をコントロールする立場を好んでいることや、細かく監督し、なんらかの報酬を与えない限り、人は勤勉に働かないと信じていることに気づきます。このような学習目標と信念の不一致が、信念を変革せよと告げています。

もっと良い進め方がある

　もはや習慣的行動では問題を解決できないときがあるでしょう。あるいは人生の重要な部分に近づくためのより良い進め方があるかもしれません。たとえば、本書を手に取ったとき、あなたは学習そのものが進化に欠かせない能力だと思っていましたか。おそらくそうではないでしょう。しかし今や、学習する能力が自分の成功や個人的能力に欠かせないものだとわかったはずです。課題は、自分の学習行動を進化させるのだという新たな信念を強化することです。

新たな見方やアイデアが不快に感じる

　新たな考えを避けたいと感じたとき、あるいは、自分が防衛的になっていると感じたとき、自分の価値観、信念、感情的傾向の繊細な部分に触れたのかもしれません。たとえば、学習方法などすでに知っている、自分はもうすでに優秀なリーダーである、顧客と向き合うためのこの新しいメソッドは役に立つはずがないなどと、感情的に発言していることに気づいたら、自分がもつ信念にとらわれているのかもしれません。感情的なリアクションは、そこに学ぶべきことが存在する、すなわち心の奥深くにある繊細な部分に何かが触れていることを示すシグナルであることが少なくありません。これこそ、学習せよとささやく声に耳を澄ませるべき絶好のタイミングです。ある考えを拒絶しようとする場合、学ぶ価値がないという理由ならまだしも、不快だ

とか、自分の信念と相いれないという理由で拒絶してはなりません。

このようなシグナルに気づいたときは、まずは客観的になりましょう。「自分の価値観、信念、感情的傾向であるXに対して、新たな価値観、信念、感情的傾向であるYからその是非を問われている」と独り言をつぶやきます。そして、新旧を比較するのです。

新旧を比較する

自分の信念や感情的傾向を変えるのは容易ではありません。長い時間を掛けて培われたアイデンティティーを構成する一部だからです。しかし、新たな情報や洞察が、自分のその大切な一部を刷新せよと迫ってくるときがあります。自分の価値観、信念、感情的傾向をリセットする必要があると思ったら、旧来の見方と新しい見方を左右に並べて、比較する時間を設けましょう。旧来の信念をもち続けるべき理由は何か。新しい見方を受容すべき理由は何か。図10-3は、学習に関する信念に着目した比較の例です。

図10-3. 学習に関する信念を変える理由、変えない理由

旧来の信念	新たな信念
特別な取り組みをしなくても、学習はいつでも始まる。自分の手法を改良することは重要ではない。	学習は人生において最も重要な活動の1つであり、新たな学習方法を体得する価値はあるだろう。
・自分の学習に対して誰かが責任をもってくれると期待するのはたやすいことだ。 ・今まで通りの学習方法を取り続けるのなら、ラーニング4.0を学ぶ必要はない。ラーニング4.0の習得には、異なる考え方やスキルをたくさん習得しなければならないようだ。 ・今まで通りで問題ない。	・学習は、現実をより正確に反映している。自分の学習のほとんどが自分の行動によって決まる。 ・今日の変化し続ける世界や職場で生き残るためには、学習こそが不可欠であり、自分の学習を他者に頼ることはできない。 ・自分の学習方法を刷新する術を習得すれば、周囲の人をサポートすることもできるだろう。

学習に関する新たな信念を受け入れるよほどの理由がなければ、本書で紹介する信念を学ぶエネルギーも湧いてこないでしょう。成人学習においては、

信念を見直すことが、主要な学習目標となることが少なくありません。知識やスキルを獲得する必要があると思っていても、少なくとも学習の初期段階では、真のテーマは、価値観、信念、感情的傾向に関連するものかもしれません。

変化することのメリットを列挙する

信念や感情的傾向を変えたいと決心したのなら、変革することのメリットを列挙しましょう。シーソーの上に座っている自分を想像してください。旧来の信念による恩恵のすべてが片側に乗り、自分の進化を妨げています。もう片方には、自分にとって有意義な恩恵を乗せて、対抗しなければなりません。この恩恵の重さを感覚的に知ることが、新たな選択、新たな行動、新たな信念の支えとして欠かせない知識やスキルの獲得の動機づけとなるでしょう。

信念と感情的傾向を見直す方法のまとめ

自分の価値観、信念、感情的傾向が、自分の意思や振る舞いに及ぼす影響を考えてみましょう。1つの新たな信念が、多くの振る舞いに影響を与えることがあり、数多くのスキル領域や知識領域における自己変革の動機づけになるかもしれません。広告主、教育者、政治家、宗教指導者は、個々の振る舞いよりも、価値観や信念に着目します。彼らにとっての金脈は、聞き手の価値観や信念を変えることや、操作することなのです。自分自身の学習を完遂するためには、自分の信念を知り、信念が顔を出す瞬間を認識し、新旧を比較し、変革によるメリットを列挙しましょう（図10−4）。

 振り返り

この章で紹介した信念と感情的傾向について振り返り、最も興味を引かれ、役に立つと思うものを挙げましょう。あなたは、どれくらいそれを重要な学習目標として捉えていたでしょうか。

図１０−４．信念と感情的傾向の変化を促すテクニック

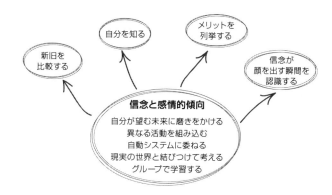

創造的なひらめきを得る方法

　ある記事や動画を見た後、内容は覚えていないけれど、創造的なアイデアがひらめいたことはありませんか。これこそ、創造的な成果を生み出した学習の例であり、学習によって達成できる第四の成果なのです。

　旧来の学習では、創造性が生まれる余地がほとんどありません。書籍、動画、ケーススタディの内容を学習する。そして、テストでその内容を繰り返す。これが望むべき成果であるときもあります。スキル開発の方法に関するセクションでは、実際、あるスキルを習得する際は、初心者になりきって専門家をまねることが役に立つと述べました。しかし、学習内容によっては、丸暗記や単なる模倣が主要な成果ではないかもしれません。今日の急速に変化し続ける世界では、新たな解決策や手法を創造できる能力がますます重要視されており、そのような能力を身につけることを、学習の主要な目標とする場合が少なくないのかもしれません。

　ラーニング４.０の実践者は、創造的なアイデアを生み出す手段として、学習を活用することが増えています。創造的なアイデアを生み出すためには、特定の情報を得るためではなく、問題やプロジェクトに関連する洞察、アイデアを引き出すことを目的にして学習リソースと向き合います。このような

場合、自分なりの疑問や課題を用意して自分の脳の準備を整え、1つの学習リソースに没頭します。学習リソースがその疑問や課題に直接関わるか否かは、大きい問題ではありません。問題や課題に関わるアイデアがわき上がったら、そのアイデアをメモに残し、再び学習リソースに戻ります。学習リソースを利用し終えたとき、内容の大半を覚えていないかもしれませんが、ひらめいた創造的アイデアをさらに追い求めようと決意するかもしれません。創造的な成果を求めて学習したいときは、次の3つの手順を試してみましょう。「創造性を高める準備を整える」「創造性のトリガーとして学習リソースを利用する」「創造的なひらめきをつかまえる」という手順です。

創造性を高める準備を整える

　第1章では、睡眠中あるいは関連しない別プロジェクトに参画している間に、自分の代わりに問題を解決し、疑問に答えようと、脳内の自動システムが動作することを紹介しました。言い換えれば、問題から注意力をそらすことが問題解決の手助けとなり得ます。脳のもつこの素晴らしい能力を使って、学習から創造的成果を導き出すことができます。創造的成果と他の目標とが共存する場合もあれば、創造的成果が唯一の目標である場合もあるでしょう。
　新たな情報に触れるときはいつも、創造的な洞察を生み出す状態がおのずとつくられることを知っておきましょう。何か新しいことを学んでいるとき、創造的でいられないなどあり得ません。学習モードに入っていれば、新たな情報、既知の情報、探している答えが脳の中で自然に結びつきます。それゆえ、新たな記憶は、元の情報から派生した創造の賜物です。さらに、ある記憶を取り出したときはいつも新たな結びつきが作成されているので、取り出した記憶は何らかの変化を経ています。
　学習リソースに取り組む前に疑問点と解決すべき問題を準備しておけば、脳の準備が整い、創造的な成果が得られる可能性が高くなります。疑問点や問題が難題であればあるほどよいでしょう。たとえば、複雑な合併交渉や、解決策が見当たらない、難しいチーム課題などです。
　創造的な解決策を探すための最初のステップは、問題や疑問点に没頭する

ことです。それについて頭の中であれこれと考えてみましょう。その難題を、気分、緊張、興奮として、体で感じ、悩みます。そして、いったん脇に置き、書籍、仕事、オンライン講座、学習ゲームなどの学習リソースに意識を集中する準備を整えます。

創造性のトリガーとして学習リソースを利用する

　このステップでは、講座、ケーススタディ、シミュレーション、ゲーム、記事、動画などの学習リソースに没頭することによって、検討したい疑問点を生み出しましょう。疑問点に意識が向いても構いません。解決策を発見しようと気に掛ける必要はありません。手元の教材に戻って、可能ならフロー状態に移ることを心掛けます。最初に生み出した未解決の疑問点が頭をよぎったなら、そこに意識を注ぎます。学習リソースをトリガーにして、あなたが直面している難問について想像しましょう。解決に創造性を必要とするこれらの問題が、この本や動画で学んでいる内容とどれくらい関連しているか、自問自答するのもよいでしょう。

　創造性を求めて学習しているとき、脳内では常にニューロンの結合が行われていますが、その多くはその時点では意味を成していません。友人との人間関係に関する厄介な対立を解消したいとしましょう。しかし、あなたは今、奇想天外な方法を使って、物理的な障壁を乗り越えるゲームを始めようとしています。そこで、このゲームを利用して、対立問題を解消する創造的な策を見出そうと考えます。ゲームに興じながら、友人との間にある壁をいかにして変化させるか、思いつくままにさまざまな策を脳裏に浮かべます。そのとき、脳内の自動システムによって、問題に直結しそうな過去の体験が記憶から取り出されます。その体験や洞察は、単に記憶を掘り返しただけでは思い出せなかったでしょう。その後、新たな解決策を携えて、意識をゲームから本来の問題へと移します。高名なユング派心理学者、マリー＝ルイズ・フォン・フランツ（Marie Louise von Franz）は、このプロセスがもつ力についてこう述べています。「創造的なアイデアは、まるで鍵のように、これまで理解できなかった事実のつながりを解き明かす一助となります。こうして

我々は人生の神秘の奥深くに分け入ることができるのです」[16]。

このプロセスにおいて、先ほどのゲームから学ぶべきすべての教訓を得るか否かは問題ではありません。それは、現時点での学習目標ではないのです。

創造的なひらめきをつかまえる

「ひらめいた！　興味深いものを見つけた！」と叫ぶときが来ました。

脳の準備を整え、使用している学習リソースの中を思考が駆け巡っていれば、フロー状態が近づいているか、すでにフロー状態になっているかもしれません。このような状態では、判断と評価をつかさどる（そして、大量のエネルギーを消費する）脳内の意識領域が休止状態に入ります。苦労することなく集中でき、白昼夢を見ているような状態になり、洞察を得られる可能性が高くなります。この状態を利用して、浮かび上がってくる創造的思考のすべてをかき集めます。その思考に対して直ちに行動を起こす必要はありません。書き留めるか、スマートフォンのメモにでも記録するだけにとどめて、創造的思考の収集を続けます。

また、日常を過ごしているとき、あるいは眠っている間も、創造的洞察がひらめく瞬間があるので、事前に備えておきます。創造的学習目標の達成や、将来像へ近づくための取り組みは、脳内の自動システムに任せてしまいましょう。創造性を求めて意識を整えておけば、不意の出来事のように洞察がひらめくかもしれません。ある難しい問題の解決策を見つけられないと諦めかけていたが、眠っている間に、あるいはシャワーを浴びている間に創造的な答えを思いついたと想像してください。これも、自分で準備し、開始したプロセスなのです。

創造的なひらめきを得る方法のまとめ

ラーニング 4.0 を実践するならば、学習の成果として手に入れた洞察や解決策の多くは、創造的で斬新なものでしょう。創造的洞察の獲得は、時には

予期せずに訪れることもありますが、学習プロセスの主要な目標として設定することも可能です。創造的洞察を得るためには、創造性を求める意識の準備を整えます。まず、望むべき答えや解決策への道筋となる疑問や問題を明らかにします。次に、創造性のトリガーである学習リソースに取り組んでいる間、心はあてもなくさまよい、白昼夢を見ているような状態にしておきます。最後に、フロー状態を保ったまま、疑問点と教材が交差する箇所で創造的なひらめきを得るのです（図10－5）。

図10－5．創造的なひらめきを得るテクニック

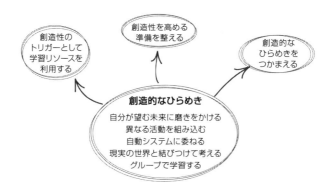

　おそらく生まれてくる創造的アイデアの多さに驚くことでしょう。奇抜で的外れなアイデアもあるでしょうが、自分の問題を解決しそうなものや、斬新な解決策への道筋を与えてくれるものがあるかもしれません。創造性を志向する学習は、学習成果の一種としてますます重要視されており、学習リソースに対する新たな態度が求められます。学習目標に応じて、創造性のトリガーとして学習教材を使用しても構いません。使用する学習リソースの内容を覚えない、内容をそのまま活用することもないと考えても構いません。それでも、学習リソースによって芽生えた新たな考え方が、教材とはかけ離れた領域での疑問や問題を解決する一助となるでしょう。

振り返り

2、3回ほど深呼吸し、目を閉じて、将来の学習に役立ちそうなアイデアを3つ挙げましょう。

学びを定着させる：まとめ

　学習にはなんと多くの側面があるのでしょう。しかし、この章で取り上げた学習のプロセスが重要なのは、後に学習内容を活用できるよう変換し、蓄積するプロセスだからです。知識、スキルと習慣、信念と感情的傾向、創造的なひらめきという、異なる4つの学習成果があることを理解できれば、素晴らしい結果を残しつつ、ラーニング4.0の学習プロセスを楽しむことができるでしょう。この4つの学習成果すべてに役立つテクニックがあります。自分が望む未来に磨きをかける、睡眠、休憩、時間の間隔を利用する、異なる活動を組み込む、グループで学習するという4つのテクニックです。その一方、それぞれの学習成果に固有のテクニックもあります。

- 知識を記憶するには
    » 関連性を鮮明にイメージする
    » いったん忘れる、そして思い出す
    » 振り返りの時間を設ける
    » 深層にあるパターンとメンタルモデルを探す

- スキルを身につけるには
    » しばらく初心者になりきる
    » チェックリストとフロー・パターンを利用する
    » 知覚学習法を活用する
    » アップダウンに対処する

- 信念を見直すには
    » 自分を知る
    » 信念が顔を出す瞬間を認識する
    » 新旧を比較する
    » 変化することのメリットを列挙する

- 創造的なひらめきを得るには
    » 創造性を高める準備を整える
    » 創造性のトリガーとして学習リソースを利用する
    » 創造的なひらめきをつかまえる

このような実践によって培われた、永続的な記憶、スキルと習慣、感情的傾向と信念、創造的成果が、必要とされる瞬間を待ち続けます。しかし、新たな能力を身につけたからといって、日々の生活においてその能力を発揮できるとは限りません。もし周囲の人々や環境が協力的でなかったら、その能力を発揮できるでしょうか。もし身の回りの事象がトリガーとなって、気づかないうちに旧来の習慣が顔を出したら、どうしますか。学んだことを現実の世界で実践できるのでしょうか。

リンク

ラーニング4.0の第六の実践を行う際の参考となるよう、ツール2とwww.learning4dot0.com/unstoppableに、「実践6：学びを定着させる」のテンプレートを用意しました。活用してください。

ラーニング4.0を実践するならば、個人の変革を推進できる人物でなければなりません。また、周りの人の考えや行動に影響を与えるような、ある種の社会工学者であることも求められます。次章では、新たな知識を日常の一部にしっかりと組み込み、自分の周囲の変化をも促す方法を紹介します。

第 11 章

現実で実践する

　第 8 章の学習難易度スケールを覚えていますか。そこでは、学習や活用が容易にできるものもあれば、難易度の高いものもあることを紹介しました。その難しさは、学習内容（知識、スキル、信念、創造性）と関連しています。しかし、学習した内容を現実の世界で活用することの難しさもあります。新たな能力を獲得するモードから、その能力を生かすモードへと段階的に切り替える取り組みが求められます。この章では、その取り組みについて紹介します。

- 現実で実践することの難しさを理解する
- 変化を受け入れ、成功させる準備を整える
- 仲間をつくる
- 学習を継続しつつ、変化を喜ぶ

 振り返り

　実践したいと思う新たな習慣やスキルはありますか。この章を読みながら考えてみましょう。

現実で実践することの難しさを理解する

その難しさについて、次のことを考えてみましょう。新たに学んだことを生かしたいと思える状況が目の前にあります。自分の脳、大きな自己、新たに獲得した知識、スキル、信念、創造的なひらめきは準備万端です。将来像ややりたいこと、変化したいことについても意思が固まっています。つまり、あなたは現実で実践する段階に入ったということです（図11-1）。

図11-1. 学習した事柄を適用する意思

自分	状況に甘んじる自分	新たな状況
●学習している自己 ●大きな自己 ●新たに獲得した知識、スキル、価値観、創造的なひらめき ●将来像	●自己のアイデンティティー ●状況によって顔を出す習慣 ●妥協した将来像 ●定着していない新たなスキル	●物理的環境 ●周囲からの期待や力関係 ●ルール、手順、報酬

しかし、物理的環境、ルールや報酬、そして周囲の人々は、自分の望む変化を受け入れる準備ができていないかもしれません。さらには、変化しようと計画していても、現実の状況に身を置いた瞬間、自分の別の一面（状況に甘んじる自分）が顔を出し、旧来の習慣に引き戻されてしまいます。すると突然、今の状況に合わせたり、従来のやり方を続けることのほうが、将来像を目指したり、変化しようすることよりも重要だと思えてしまうのです。

いったい、何が起きたのでしょうか。

自分が、より大きなシステムの一部であることを知ってしまったのです。ラーニング4.0を実践するためには、自分の学習成果をこの大きなシステムの中で生かす方法、すなわち学習成果を現実で実践する方法を知っておくことが大事なのです。具体的には、自分をコントロールすることと、周囲の環境を変えることの両方が求められます。

変化の中の自分をコントロールすることの難しさ

　第2章では、人は、さまざまな場面で異なるペルソナが現れることを学びました。すなわち、人は特定の役割を演じており、その役割によって周囲から認識されています。自分の自尊心や自我と、状況に応じたペルソナや習慣が、強固に結びついているかもしれません。それゆえ、自己を変革しようとするとき、恐れがそれを妨げるかもしれません。新たな振る舞いが定着しておらず、変化の途中である場合はなおさらです。これこそ、学習の初期段階で実際の経験を取り入れ、実践の場で周囲の人たちを巻き込むことの理由の1つです。このようにして、学習の中に実践の場を持ち込むのです。

　もう1つ、変革を妨げてしまう可能性のあるものとして、周囲の環境があります。これは、周囲の環境によって、旧来の習慣に引き戻されることがあるからです。記憶が機能する理由の1つとして、記憶が行動や考えと現実の状況とを結びつけることが挙げられます。これは「エピソード記憶」と呼ばれています。映画のシーンを思い出しているかのように人生のエピソードを記憶するのです。そのため、実際の環境に身を置くことで記憶が大量にわき上がり、関連する旧来の習慣も自動的に顔を出してしまいます。その状況を離れるまで、そのことに気づかないことすらあるかもしれません。

　加えて、現実の状況に置かれたとき、場に特有の着目すべき事柄が他にもあります。それは、その場での満足感が優先され、それと相いれない将来の目標が覆い隠されてしまうと、本来の目標に沿わない成果で満足してしまうということです。こうした状況について、経済の専門家なら、現在を優先して将来を安売りした瞬間だと言うでしょう。

　ここで述べたことはすべて、知識、スキル、信念、創造性に対する意欲がいまだ脆弱で、成長の途上にあるときに起こる事象です。結局のところ、人の成長はずっと続くものであり、本書で述べる7つの実践の順番に沿って、整然と成長するわけでもありません。

周囲の変化を促すことの難しさ

現実の世界では、人は一貫性のある振る舞いをすることを期待されています。そのため、あなたが変化を成し遂げると、習慣や現在の安定的な状態に揺らぎが起こります。周囲の人々はあなたの変化に驚き、意図の有無にかかわらず変化に抵抗するかもしれません。しかし、それは周囲の人々だけではありません。プロセス、ルール、報酬があなたの新たな意図とかみ合わないかもしれません。このような状況は、あなたの振る舞いをサポートしてくれる物理的環境が整えられていない場合に、より顕著に現れます。

次のような状況を想像してください。あなたは将来、周囲の人々を引きつける、優れたリーダーになるというビジョンをもちました。そのビジョンに向かって進むべく、バーチャル会議をより効果的に行うための新たな手法を学びました。バーチャル会議の準備方法、テクノロジーの利用方法、遠隔地にいる人たちの参加を促す方法も学びました。また、管理職と一般職の両方が参加する会議が行われることも想定して、さまざまな意見が飛び交うように促す方法も学びました。

このように、職場での会議に新たなやり方を取り入れようとしたのですが、困難が待ち受けていることに気づきます。そこで、あなたは学んだことを活用する前に、自分の会社では実際、会議がどのように行われているのかを考えます。自分と同様、同僚の多くも、バーチャル会議によって多くの時間が無駄に浪費されていると考えていることに気づきます。また、滅多に発言しないチーム・メンバーが何人もいます。上級職も出席している会議はなおさらです。加えて、会議中の内職が常態化し、使っているテクノロジーは役に立たず、準備もせずに会議に臨む出席者がいることに気づきます。つまり、こうした現状が学習成果の活用を阻害する要因なのです。

新たな能力を身につけるだけでは不十分です。能力は現実の世界で活用しなければならないにもかかわらず、現実の世界は自分の変化を受け入れる準備ができていないことが少なくないのです。このことを理解することが、学習成果を現実に実践するための第一歩です。

変化を受け入れ、成功させる準備

学習の成果を日常の中で活用しようとすれば、多くの要因が関わってきます。今学習している、あるいは学習を終えた事柄を現実に適用するとき、どんな困難に直面しそうかを考える時間を設けましょう。自分自身と環境とを観察し、学習成果の現実での活用を支持する力と抵抗する力のそれぞれを見つけ出すことから始めます。これは「フォース・フィールド分析」と呼ばれています（図11-2）。

図11-2. フォース・フィールド分析

学習転移（Learning Transfer）の目標：
自分が学び、確立しようとしている新たなバーチャル会議手法を現実で実践する。

	正の力	負の力
自分の中	＋優秀な会議リーダーという自己像 ＋この新たな会議のやり方にわくわくしている	－会議をリードする役割を担うのは不安である －仕事に対する自分の倫理は、「自分でやる」である
環境	＋バーチャル会議に関して、良質のチーム・トレーニングは高価ではあるが、存在する ＋強い影響力をもつチーム・メンバーには、会議の質の向上を望んでいる者もいる	－会議用のテクノロジーの信頼性が低い －発言したがらないチーム・メンバーがいる －とても騒々しい職場がある
現実での活用に向けた行動	正の力を増幅するには： ＋賛同してくれるチーム・メンバーとともにアイデアや計画を練り上げる ＋チーム・トレーニングのパンフレットを入手し、周囲に受講を勧める ＋チーム・リーダーに関する有名な言葉の中から、自分のモチベーションを鼓舞するものをいくつか集め、机の上に飾る	負の力を取り除く、最小化するには： ＋他者がすべきことに手を出したくなったら、10 数える ＋コスト削減効果を示しながら、インターネットの遅さを解決するよう IT 部に話をする ＋自分からメンバーのところに行き、皆の考えを聞く機会を増やす

このリストには、正の力と負の力、すなわち自分を支援するものと成功の妨げとなるものの両方を列挙する必要があります[1]。その力には、内的な力と外的な力の2種類が存在します。

内的な力：
- 将来像の強固さ
- 実現したい基本的価値観やメンタルモデルの強固さ
- 新たな学習成果の習得度や自信
- 旧来の習慣の根強さ
- 正でも負でも、その状況下での感情の強さ
- 変化に対する抵抗感あるいは前向きな気持ちの強さ

外的な力：
- 周囲との関係性、周囲の期待
- システムが機能する仕組み
- 物理的環境、ツール、形あるリソース

　まずは影響を及ぼす力を理解し、確実に学習成果を現実で活用する方法を決めなければなりません。そして、正の力を強化するよう計画しましょう。正の力は、すでに自分に味方をしてくれている力なので、少し強化するだけで大きな見返りがあるでしょう。図11–1の例の通り、前向きなチーム・メンバーに、新たな会議手法の準備を依頼してみてはどうでしょう。計画を挫折させるものがあれば、すぐに行動を起こす必要があるか決断します。たとえば、テクノロジーの信頼性が低いことが問題であれば、IT部門にもちかけ、会議用のテクノロジーに関する全社計画の立案によって打開を依頼しましょう。難しい問題に取り組む前に、正の力を増幅し、簡単な問題を先に処理するほうがよいかもしれません。

　より大きな問題があると、学んだことを活用することが難しい場合があります。自分や周囲の人々は、その問題を自ら解決、または対処する立場にないかもしれません。職場では、組織、テクノロジー、風土、業務プロセス、システム、リーダーシップなどに課題があるかもしれません。家庭では、家計、役割についての前提など、暮らしのさまざまな面で問題があるかもしれません。自分が属するコミュニティー、政治システムでも、何らかの変化が必要であるかもしれません。

　このような課題は、手の届かない場所にあり、自分ではコントロールでき

ないもののように見えるかもしれません。しかし、自分もその環境の一部なのです。望むならば、周囲の人々を集結し、行動を起こす方法を見つけることができます。もしそのような方法が見つかったとしたら、個人の変化から始まったことが、周囲に広がっていくかもしれません。このような変化の営みが大きな運動を引き起こすこともあります。女性の権利、人種の平等、動物の倫理的扱いや、企業におけるパフォーマンス・マネジメント・プロセスの改善などが例として挙げられます。しかし、そのような壮大なものである必要もありません。実際には、多くの人が会議にもう少しだけ積極的に参加できる手助けをすることや、今よりましな会議用ソフトウェアを購入するようIT部門を説得することかもしれません。

要は、学んだことを現実で活用することに対して、何らかの障害がありそうなら、正の力を増やし、負の力を減らすか変化させるための作戦を立案することです。自分が属する環境において、自分は強大な力をもっていると信じましょう。あなたの行動が周囲に波及効果をもたらします。学んだことを現実で活用することが成功するか否かは、自分次第です。この変化の激しい時代、学習成果を用いて周囲に揺らぎを生み出すことは可能であり、時にはそうすべきであることも事実です。自分が始めたことが、全体として望ましい効果を及ぼすことを信じましょう。

仲間をつくる

学習成果を活用するための最善の方法の1つは、仲間をつくることです。学習成果の活用が成功するよう支援してくれる人、あるいは変化に抵抗する信念や行動パターンをもっている人が、仲間として最善です。

バーチャル会議を例に取れば、その種の会議に普段から関わっている人や、IT部門の誰かを仲間にするとよいでしょう。管理職も重要な仲間となるかもしれません。また、バーチャル会議の改善に着目した新たなポリシー、ツール、トレーニングを管理職に提案することも価値があるでしょう。これによって3種類の力強いサポートが得られます。仲間、強い影響力をもつ人か

らのサポート、そして、ポリシーやシステム、トレーニングの改善を通して得られるサポートです。これは、三重の恩恵です。

　一方、学習成果をどこでどのように活用しようと、何の関わりもない仲間もいるでしょう。しかし、単なる友人、サポーター、スポンサーであっても、学習や変化に対するエネルギーがなくなったとき、停滞状態に陥ったとき、フロー状態やピーク状態を祝福したくなったとき、自分の学習活動をテストし、洗練するサポートが欲しいとき、彼らはそばにいてくれるでしょう。学習の旅の道連れに最低一人は仲間が必要です。学習難易度スケール上で、困難なほうに位置する場合はなおさらです。

学習を継続しつつ、変化を喜ぶ

　学習成果を実際に活用しているときも、学習は続いています。そこでも脳内で新たな関連性がつくられます。新たな学習にいざなう声が聞こえ、さらなる学習の糧となる情報を探したくなるでしょう。

　つまり、学習成果の活用もまた学習だということです。新たな能力を現実の世界で活用しながらも学習は続いていますが、何かを成し遂げたと実感することは大事です。達成感の欲求を満たす方法の１つは、その都度、成功を祝福することです。学習する自己には、ゴールの達成や上達の手応えから得られる報酬が必要です。何かを学んだとき、活用してみたとき、仲間を得たとき、周囲の環境に影響を与えたとき、旧来の習慣を抑えて新しい行動を起こしたとき。このようなときは自分を祝福しましょう。このような地点を、学習途上の中間目標と考えます。中間目標の達成を認識することで得られる脳内物質の分泌が、さらなる前進の一助となるでしょう。人が学習を途中で放棄する最大の理由の１つは、上達の手応え、希望、達成感を十分に感じられないからです。

　この報酬プロセスに、いくらかのスパイスを加えてはどうでしょう。ある日までに何か新しいことを試したら、将来の自分に報酬を与えるといった取り決めをつくります。つまり、ユリシーズ契約をつくるということです。こ

うしたスパイスによって、今日の満足を優先するのではなく、将来の自分にとってもっと重要な何かを生み出すことができるのです。

さまざまな逆風が吹いているように思えるときでも、自分の世界において強大な力をもっているのは自分自身です。ラーニング4.0を実践するなら、自分の世界に責任をもたなければなりません。周囲に支援を求めることはあっても、変化を受け入れる完璧な世界を誰かがつくってくれるのを待っていてはなりません。自分のコンフォートゾーンから少し踏み出すとともに、行く先々に報酬を用意しましょう。道程の各ポイントで自分を祝福します。職場や人生の現実世界で、学習成果を惜しみなく活用できたときはなおさらです。

現実で実践する：まとめ

好奇心を満たす、あるいは新たな考えや新たな世界を探求する。そんなふうに、人は純粋な喜びを求めて学習することが少なくありません。人はまた、人生のさまざまな場面で、知識やスキル、価値観、創造的なひらめきを手に入れるためにも学習します。ニューヨーク・タイムズ紙の科学担当記者であるベネディクト・キャリー（Benedict Carey）は、次のように述べています。

> 実際のところ、学んだことを現実の世界に転移することこそが学習のすべてである。とあるスキル、公式問題、文章問題などから本質を抽出し、異なる文脈において、表面的には同じものとは思えない問題にその本質を応用する能力である。真の意味で習得したスキルは、いつどこでも活用できる[2]。

現実の世界は、自分の望む変化を応援してくれるとは限りません。また、新たな学習成果を応用できるほど、自分の準備が十分にできていないかもしれません。しかし、この章で紹介したように、学習成果を実際に活用することの難しさを知り、成功の準備を整え、仲間をつくり、成功を祝いながら学

習を継続すれば、変革を成功に導く条件を整えることが可能です。その過程で、周囲の人々や環境に影響を与え、人生や仕事をより良いものに変えていける可能性もあります。

 リンク

　ラーニング4.0の第七の実践方法を行う際の参考となるよう、ツール2とwww.learning4dot0.com/unstoppable に、「実践7：現実で実践する」のテンプレートを用意しました。活用してください。学習成果を現実で実践しようとすると、自分の習慣や周囲の環境が障害となりそうな場合があります。そんなときは、障害を乗り越える作戦を練る際に、これを思い出して活用してください。

第3部

愛情としての学習

　学習とは、愛情に基づく行為です。それは自分自身への愛情です。絶えず変化するこの世界を生き抜き、成功を収めるため。生涯のあらゆるステージで成長し続けるため。目的を見つけて達成しながら自己実現を果たすため。その助けとなるのが学習なのです。そして学習とは、周囲の人への愛情でもあります。身近な学習者の姿というのは、リスクを恐れず変化に対してオープンな環境をつくり出すからです。さらに、教師やコーチ、メンターの役割を担うことも、愛情です。なぜなら、ラーニング4.0の実践者のロール・モデルとなったり、学習プロセスを導いたりすることで、他者の成長と学習を支援するからです。

　このセクションでは、生涯学習者（第12章）、チームの一員としての学習者（第13章）、学習の道のりで他者を導き、助ける人（第14章）といった、学習におけるさまざまな役割をもつ皆さんに向けて、多くのポイントをまとめていきます。

第 12 章

生涯学習者であるということ

　ラーニング 4.0 のレベルで学習するということが、21 世紀においては人生の不可欠な要素となっています。ラーニング 4.0 は、創造性豊かで、生成的なプロセスであり、自己実現の支えとなります。この章では、生涯学習とはどのようなものなのかというイメージをご紹介します。ラーニング 4.0 の実践者としての意識と関心、能力を高めましょう。

　本書の冒頭では、人の学習の道のりは生まれる前から始まり、児童期から青年期、そして早期成人期へと進展していくということを述べました。これらの時期に人が学習することの多くは、普段面倒を見てくれる人や教師によって形づくられたものです。また、学習に対する姿勢や、自身の学習の舵を取る感覚が形成されるのも、これらの時期です。同時に、脳のあらゆる機能が徐々に成熟し、前頭前野（人間の脳の最高中枢）は 20 代後半で完全に発達した状態となります。

　中には、このはじめの二十数年間の成長の過程で、学習と学習の舵取りについて誤った認識が生まれ、その後の人生にまで影響が及ぶ人もいます。子ども時代のありのままの好奇心や探究心が、目上の人を満足させなければという気持ちや失敗に対する恐怖にすり替わってしまう人は多いのです（皆さ

んも心当たりがあるかもしれません)。「学習＝学校」となり、学習スキルとは「勉強スキル」やテスト勉強を意味するようになります。学習の主導権は、教師やファシリテーター、コーチ、学校、ひいては職場の上司が握り続けることとなります。

　学習とは、生涯にわたるプロセスであり、生きていることの証です。では、今日の変化が激しく、急速に進化し続ける情報化社会において、生涯学習者であるということは何を意味するのでしょうか。いまだかつてないほど、高い意識と主体的なアプローチが必要なのは確かですが、それだけにはとどまりません。

　この章は、ラーニング4.0の旅にさらに深く踏み込んでいきます。より充実した人生を送るために、アップグレードされた学習に関する知識をぜひ活用してください。フランスの哲学者であり、小説家であったエミール・ゾラ (Émile Zola) のものとされる次の言葉を心に留めておきましょう。「この世界に何をしにやってきたのかと問われたら、芸術家の私はこう答えよう。『自分らしく思い切り生きるため』と」(If you ask me what I came to do in this world, I, an artist, will answer you: I am here to live out loud.)

　皆さんもぜひ、人生を自分らしく、思い切り生きる芸術家となってください。あらゆる形の学びを見つけて、それを前向きに取り入れる人生を送る。つまり、生涯学習者であれということです。そのためには、人生の出来事に好奇心と探究心をもって向き合うこと、3通りの学習の進め方すべてを活用すること、学習にいざなう、ほんの微かな声にも応じること、情報を賢くフィルタリングすること、自分の感情を自覚すること、そして自らの力を手に入れることが必要です。

好奇心と探究心をもって人生に向き合う

　探究心と好奇心をもって人生に臨めば、身近なあらゆるところに学習の機会は存在します。人が日々巡り合うさまざまな学習の機会について考えてみましょう。以下に例を挙げます。

- 街を歩いていて、普段より街角のホームレスの人が増えていることに気がつき、いったい何が起きているのかと疑問をもつ
- 自分の地域での新たな取り組みの計画について、政治家が話しているのを聞き、さらに詳しく知ろうと決意する
- 立ち並ぶオークの木々を見つけ、あれほど背の高いものが、どうやって立っていられるのかと不思議に思う
- 親友と口論になり、自身の根拠があやふやだったので軽く調べてみる
- もめ事にうまく対処できていないと感じ、どうにかしたいと考える
- 新たなビジネス戦略とそれが自分の率いるチームに与え得る影響について、打ち合わせに参加する。そこでよく話を聞き、たくさん質問する

　第5章の内容からあらためて強調しておきたいポイントは、学習にいざなう声とは、あらゆるところから生じるものであるということです。自身の内側、自分を取り巻く環境、過去や未来に端を発する場合もあります。あるいは、もって生まれた好奇心がくすぐられたからということもあるでしょう。
　こうした声が聞こえてきたとき、無視するのか、積極的にあらがうのか、探究心をもって掘り下げるのかは、自分次第です。状況によっては、これらの反応はどれも妥当であるかもしれません。そのうちに、自分がどのような反応をしがちかということに気づく場合もあるでしょう。その反応には、もっと深い何かが影響しているのでしょうか。
　好奇心と探究心は、生涯学習者であることの証であり、誰しもが身に覚えのあるものです。[1] まだほんの幼く、この世界が果てしなく魅惑的だと思っていたころ、これらは生活の中心を占めていたものなのです。人は、「ノー」という言葉に出くわすまで、できることは何でもやってみます。その「ノー」をどのように経験したかということが、現在の好奇心や探究心にいまだに影響している可能性があります。ミスをせずに、決められた役割だけをこなすことで、「ノー」と言われるのを避けなければならないと信じてきた人。未知の世界に足を踏み入れたりしたら、周りの大人たちが自分を愛してくれなくなると信じてきた人。そのような人は、何か新しい物事に直面したとき、学習の機会に背を向けるという反応をするかもしれません。この防衛反応も、子ども時代には理にかなっていたのです。なぜなら、子どもの生活は両親や

面倒を見てくれる人たちからの承認に左右されており、芽生え始めた自我に関わる問題だったのですから。しかしながら、そのような姿勢では、今日は進歩することができないのです！

「ノー」を別の視点から捉えると、大人たちは行動に対して「ノー」と言っているのであり、その人自身のことを言っているわけではありません。「ノー」をこのように用いる親は、子どもの探究心や好奇心、自我やより大きな自己を承認しています。同時に、複雑化する人生のさまざまな場面に対処できるよう、子どもを守りつつ自己管理能力を伸ばしてあげているのです。心理学者たちによると、これは間違いや失敗があっても、その人が屈辱を受けることのない「ノー」です。こうした前向きな活用によって、模索したり、学習したり、変化したりする機会を前にしたとき、探ってみようとする意欲と自信に満ちあふれる人生の土台がつくられるのです。

大人になってもなお、昔経験した屈辱的な「ノー」の負の影響を抱えている人もたくさんいます。それは、完璧であることへのこだわりや、新たなチャレンジへの恐怖、質問することへの抵抗、さらには興奮や喜び、探究心を表に出すことへの躊躇となって表れます。

幸い、この目まぐるしく変化する時代は、大人になった後でも、その人がもって生まれたありのままの探究心や好奇心を大人として取り戻す、あるいは、これらにあらためて全身で向き合うためのチャンスにあふれています。ただし、学習の展望がますます複雑で豊かになる中で歩みを進めるには、好奇心や探究心に加えてスキルが必要です。それが、いろいろな進め方で学習するというスキルです。

3通りすべての学習の進め方の達人となる

すでに皆さんもご存じの通り、生涯学習者として選べる学習の進め方には3通りあります。ラーニング4.0を活用すれば、すべての学習の進め方を自在に使いこなせるようになるでしょう。まず、突然訪れるさまざまな学習の機会に気づくようになります（進め方その1）。誰かとの会話の中で、ある

いは読書をしているときや仕事中に、面白そうな有益な情報にピンとくるかもしれません。そのときは探偵のように、その学習がどこにつながるのかを確かめてみてください。もしかしたら皆さんも、今朝の新聞やニュース番組で何かに興味をかき立てられて、こうした「その場で学ぶ」ことを経験していたのではないでしょうか。

振り返り

　３通りの学習の進め方の詳細については第８章を、それぞれの進め方のヒントについては、「ツール１　３通りの学習の進め方の手引き」を参照してください。

　「ゴールを決めて学ぶ」ことが必要と感じる場面も出てきます（進め方その２）。学習難易度スケールと照らし合わせて、目標達成の難易度を測ってください。そして、指針となる将来像を描き、学習リソースを探し集めます。ロードマップを描いて学習の計画を練り上げたら、目標達成に向けて学習の実践に取り組みます。それは新年の抱負かもしれませんし、あるいは、さらに大きな目標に取り組んでいて、通常の日課とは別に、特別な学習時間を設けなければならない場合もあるかもしれません。

　また、「振り返って学ぶ」機会も見逃せません（進め方その３）。たとえば、プロジェクトが完了したとき。あるいは精神的に不安定だった時期や、変化があったとき。さらには長期にわたり比較的安定していた時期。これらはどれも、将来に生かせる洞察の宝庫といえます。過去の出来事について、学習のレンズを通して振り返ってみましょう。何を目指していたのか、何が起きたのか、自分はどう行動して何を感じたのか、他の人はどのように関与したか、生じた結果に作用した条件は何だったかといったことを検討します。過去に隠されている教訓を、はっきりとした洞察にするのです。そこからさらなる学習へといざなう声が聞こえたら、それに応じるのか、どう応じるのかを判断します。たとえば最近、自分の行動を振り返って反すうし、次はこうしようとか、あれはうまくいったなどと、今後に向けて考えを巡らせたことがあるのではないでしょうか（振り返って学ぶ）。

　つまり、学習へといざなう声に応じるときには、常にこの３通りの学習の

進め方（その場で学ぶ、ゴールを決めて学ぶ、振り返って学ぶ）で始めます。そして必要に応じて、ラーニング4.0の7つの実践を活用することが、皆さんの成功の助けとなります。

学習へといざなう微かな声にも応じる

ほとんどすべての経験が、学習の機会をもたらしてくれます。ただし、そこにある機会に気づくことが難しいものもあります。生涯学習者は、学習の機会をキャッチする感覚がより研ぎ澄まされているので、次のような状況においても、学びを得られる可能性が高いといえるでしょう。

自分の見解が他人と異なるとき

人は自分の見解が他者と異なるとき、学習の機会を見逃しがちです。そして、次に何と発言しようか、どうやって自分の意見を擁護しようかということに、時間とエネルギーを割いてしまいます。

しかし、生涯学習者であれば、それを一歩引いて見つめ、相手と気持ちを通わせようとするでしょう。そのために、相手にとってなぜその意見が大事なのかということも含めて、その人の言い分に耳を傾け、質問を投げかけて、自分の理解を確認します。このようにして学ぼうというアプローチを取る場合、話を聞いたり質問をしたりしたからといって、必ずしも相手の言い分に同意したり、それを支持したりすることにはなりません。むしろ、自分の意見をもう1つの見方として提示しながらも、問題に対するさまざまな考え方や、なぜその人がそのような信念をもつのかということについて、自分自身も学習することができるのです。

習慣となっている行動

人が日々行うことのほとんどは、習慣化されているといえるでしょう。無意識に行動し、何が起きているかもあまり考えることはなく、予想通りの光景を目にします。習慣は大切です。人の脳は、可能な限り自動モードで動こうとします。しかし、生涯学習者としては、時として習慣が役に立たず、学習の妨げになることすらあるという点を踏まえておかなければなりません。

ラーニング4.0の実践者は、習慣となっているいくつかの行動の自動モードをオフにします。つまり、「自分が何をしているのか」「なぜそれをするのか」ということに意識を向けるのです。そして、それに伴う結果や周囲への影響にも注目します。さらには、行動しているときの自分の体の状態や気持ちもチェックします。たとえば、毎週行われる会議、登校前や帰宅後に子どもと交わす会話、食事時のしきたり、自分のサッカーのプレースタイルまたは走り方、何年も読み続けている雑誌など、自分が何を変えたいのか、どう変えたいのかについて考えてみるのです。

予期せぬ機会

何の前触れもなくやって来る学習機会によって、変化がもたらされることも多々あります。それはさまざまな変化としてもたらされます。仕事の体制や役割の変更、顧客による大口注文のキャンセル、重要なプロジェクトに打撃を与えるようなミス。こうしたことに対して、最初はおびえたり、防衛的になったり、なかったことにできないかと願ったりするかもしれません。それでも生涯学習者は、こうした変化を脅威やいら立ちのもとではなく、きっかけとして大事にし、学習にいざなう声と捉えて対応を見直します。

 振り返り

最近、予期せぬ学習の機会が訪れませんでしたか。そのとき自分がどのように対処したかについて、考えてみましょう。

人生の目的と成長欲求

　第2章では、自分が誰なのか、どうなろうとしているのかという、人がもつ欲求や人生の目的に着目しました。人間は複雑な生き物であり、その欲求や目的は常に変化していきます。だからこそ、学習して、身につけたことに磨きをかけ、成長して、変化せよとささやきかける声が発せられるのです。ラーニング4.0を実践する生涯学習者は、こうした内面のエネルギーを自覚し、尊重します。誰もが、自分ですら理解できないような多くの謎をもっています。ただ、人生を歩んでいくにつれ、自分の中で何が起こっているのかをより的確に観察できるようになることは可能なのです。さらに、自分をよく見つめて、心の奥底に潜む目的や価値観を見出したら、それらをさまざまな選択や学習に一層役立てることができるでしょう。

賢くフィルタリングできるようになる

　人は日々、たくさんの情報をフィルタリングします。何に注目すべきか、知っておく価値や学ぶ価値があるのは何か、何を無視して、何を疑うべきかといったことを判断しているのです。

　生涯学習者は、ニュースで見聞きしたこと、ブログやソーシャル・メディアで読んだこと、マーケティング担当者や政治家がこちらに訴えかけていることについて、よく考えるようになります。ラーニング4.0では、好奇心やオープンな考えをもちながらも安易には信じ込むことなく、鍵となる洞察や他のさまざまな見解にも、目を凝らすことが大切とされます。ただし、情報の歪曲には注意しなければなりません。人間の脳は操作されやすいからです（第1章および第9章参照）。自分の価値観や信念を守りつつも、それらを問うべきときや改めるべきときは、それに気づけるようにしましょう。

　また、生涯学習者は、物事をより深くまで見つめるようにもなります。表面的なものは、氷山の一角でしかないかもしれないとわかっているからです。それゆえ、路上でデモに参加している人たちの奥底に潜む動機を知りたいと

思うようになります。新しい肥料はなぜ効果があるのか、主成分は何で、どう使えばよいのか、またそれは安全なのかと考えるようになります。誰かに「この政策はよくない結果を招く」と言われたとき、あるいは、何かを例に挙げて「そういうものだから」と言われたとき、信用できる裏づけとなる根拠を求めるようになります。

そして、好奇心をもち続けます。見聞きしたことを信じる前に、深く掘り下げます。「なぜ」と問いかけ、真の金脈を手に入れるのです。

自分の感情を自覚する

振り返り

あなたはどちらかというと感情的ですか。それとも理性的ですか。感情が湧き上がってきたときはどうしますか。その感情をかみしめ、掘り下げますか。それとも無視して先へ進みますか。日々の学習における感情の役割について、このセクションではどんなことが述べられるでしょうか。

喜怒哀楽の感情は、日々の生活の中で避けられないものです。生涯学習者は、自分の気持ちを自覚し、それが学習の合図であれば見逃しません。たとえば、それは特定の状況にもっとうまく対応するスキルを磨く必要性を示しているのかもしれません。もしくは何かにわくわくして、もっとやりたいと実感することもあるでしょう。はたまたその気持ちは、子どものころから自分の心の奥底に埋もれていた部分から生じている、学習にいざなう声かもしれません。感情は、振り返って学ぶ学習の大きなきっかけとなることもあれば、妨げとなることもあります。たとえば、後悔やそれに伴う気持ちは学習へといざなう声となり得ます。しかし、より良い未来への教訓を見つけるには、その前に失意の中を進み、罪悪感さえ乗り越えなければならない場合もあるでしょう。

自分の感情に気づかない人も珍しくありません。しかし、ラーニング4.0

の視点をもつ生涯学習者は違います。感情が、人間として欠かせない要素であることを理解しているからです。脳の中で感情をつかさどる部位（扁桃体）は、情報処理の大部分に作用していて、たびたび新しい情報にプラスやマイナスのイメージを与えます。事実、人が脅威やストレスにさらされている状況では、その人がもつ理性的な面よりも、扁桃体が優位に立つのです。

　感情は、消し去ろうとしたり無視しようとしたりしても、心の奥底に隠れるだけです。それではエネルギーを奪われますし、態度に表れてしまうこともあります。怒りや悲しみ、自己嫌悪を感じながら、学習に気持ちを向ける大変さを考えてみてください。とても消耗するのではないでしょうか。反対に、学習に正面から向き合ったとき、または感情が揺さぶられるような問題に変化を起こしたときに、どれだけエネルギーがあふれてくるかも考えてみてください。

　感情は自分の強みとして利用しましょう。将来像に感情をあてはめて、思い描く未来にいる自分がどんな気持ちかを考えてみるのです。強い感情が芽生えたら、それは、深い意味をもつ挑戦や強い欲求、元型（アーキタイプ）、またはシャドウの問題に触れたサインと捉えてください。つまり、学習へといざなう声が発せられているということであり、それは物事を深く学ぶ上で欠かせない要素なのです。

自らの力を手に入れる

　学習する能力、そして自分で学習の舵を取る能力というのは、人生において自らの力の源となります。人間の進化の最終段階というのは、主に脳に集中していました。これには2つの大きな目的があります。1つは、現在の状況に適応できるようにすること、そしてもう1つは、将来的な生き残りと成功のために、新たな手段や環境をつくり出すことです。学習する力と、自分で学習の舵を取る力こそが、主体的な人生を送り、周囲に影響を与えることを可能にします。自らの力というのは、この主体性のことなのです。

　学習者として優れてくると、自分の人生に対する力が高まります。人生を

精いっぱい生きるためのチャンスは1回、与えられた時間は100年ほどであろうことを認識するようになります。そして、そのための鍵となるのが、学習に対する姿勢や学習能力であると考えてください。本書で取り上げた以下のラーニング4.0の実践を磨き続ければ、学習に対する積極性とスキルを高めることができるのです。

　自分の人生というステージを精いっぱい満喫するには、変化せよといざなう声に気づかせてくれる力として学習を捉えましょう（実践1）。将来像を鮮明に描いたら、それを利用して、学習にいざなう声を意思決定の指針へとつなげます（実践2）。世の中の情報から、必要なものを探して見つけ出すことができるという自信をもって取り組みましょう（実践3）。使用する学習リソースとやるべきことをつなぎ合わせたロードマップを作成し、計画した学習を網羅する3通りの学習の進め方を策定します（実践4）。情報を扱う際には、偽物を見分けて金脈を手に入れます（実践5）。必要なことを覚えたり、スキルを身につけたり、感情的傾向や信念を見直したり、学習を利用して創造的なひらめきを得たりして、学習の成果を定着させます（実践6）。そして、時には障害にもなる自分自身や周囲の状況をうまくコントロールして、学習したことを実際に実践します（実践7）。こうした実践を活用する際には、学習の展望（学習する脳、学習する自己、変化する世界、そして急速に進化する情報）を把握しておきましょう。

　これらにより、人生における自分の力を手に入れることができるようになります。また、自分の中の変化や周囲の変化の力を、学習能力を高めるために利用することができるようになります。さらに、この力は他の人に分けてあげることもできるのです。

生涯学習者であるということ：まとめ

　学習とは、生涯続くものです。その歩みを止めることはできません。ただし、自分で学習を強化したり、その焦点を絞ったり、範囲を広げたりすることはできます。ですから、自分がもつ学習のポテンシャルを存分に体験して

表現することに、自らブレーキを掛けないでください。脳の素晴らしさについて（第1章）、そして学習する自己の能力について（第2章）、より理解が深まったことでしょう。世界は急速に変化していて（第3章）、世の中の情報量が拡大している（第4章）ということも事実です。しかし、皆さんは、ラーニング4.0の7つの実践という新たな学習能力で、それに備えることができるのです（第5章から第11章）。

リンク

www.learning4dot0.com/unstoppable にアクセスして、ラーニング4.0を実践する生涯学習者としてのプロフィールを作成しましょう。

　この知識を身につけることにより、皆さんは、好奇心にあふれ、探究心を忘れない、生涯学習者になることができます。生涯学習者とは、3通りの学習の進め方を使い分け、人生のさまざまな場面で学習にいざなう声に耳を澄ませて、賢く情報を見分けられる人です。また、自分の感情を自覚し、学習の力を自ら発揮して、人生を精いっぱい、勇敢に歩む人です。必要とあらば一歩も引かず、それでありながら、しかるべきときには新たなアイデアや物事のあり方にオープンな人です。それが、学習する自己であり、生涯学習者であるということなのです。

第 13 章

チームのラーニング 4.0 を促進する

　皆さんの学習に対する感情的傾向やアプローチは、チームをはじめとするグループでの作業において周りの人にも波及します。この章では、グループでの学習に対して、より意図的に影響を及ぼしていく方法を紹介します。さらに、ラーニング 4.0 のマインドセットやスキルを他の人と分かち合う方法についても取り上げます。

　今日の複雑な学習の展望において、チーム学習の重要性はますます高まっています。社会、ビジネス、家庭での問題や課題、さらには多くの個人的な問題や課題も、解決するにはチームで一緒に取り組み、学習することが必要となります。イノベーションも、チーム学習に左右されます。そのため、チームで学習方針を生み出し、実行することを促すことが重要となります。

振り返り

　今、あなたはどのようなチームやグループに属していますか。この章を読みながら、そのチームやグループについて考えてみましょう。

　学習が、チームの重要な焦点となることはまれです。通常、主な目的となるのは成果です。チームは、共に何かを達成するために結成されます。その

ため、チームとして何を達成するか、各メンバーがどう貢献できるか、そしてチームがどう一丸となって動いていくかといったことに関心が移りやすいのです。もちろん、互いに自己紹介をしたり、チーム・ビルディングのアクティビティーをしたりして、人間関係について少し考慮することもあるかもしれません。しかし、焦点は常に、必要な作業の実施、期日の遵守、問題の解決、物事の順調な進行、チーム内外での進捗報告といったことに戻ります。

このような成果主義が生まれることが多いのは、力関係や、何が失敗とされ、失敗がどう扱われるか、そして、適切な仕事のやり方やコミュニケーションの取り方、会議の運営方針といったことについて、チーム内に雰囲気として暗黙の了解があるときです。そこで学習目標について触れられることは滅多にありません。実際、学習目標を認めることを弱みと捉える人もいるのです。格好よく見られたい、リーダーになりたい、物事をわかっている人間でありたいという欲求が、個人の行動を駆り立てることがよくあります。時として環境（たとえば、報酬や権力者からの注目など）が相まって、「グロース・マインドセット」ではなく「フィックスト・マインドセット」の世界をつくり出す場合もあります。

忘れてはならないのは、ひたすら成果や競争に焦点を絞っていると、成果が損なわれる可能性があるということです。それは、リスク回避、責任のなすりつけ合い、自己防衛的な行動、不信感、協力したり、情報共有したりすることへの消極性といったものにつながる場合があります。また、リスクを恐れない姿勢、独創的な問題解決、イノベーションといった、チーム活動により促進されるべき相乗効果そのものが阻害される可能性もあります。このような相乗効果はすべて、チームが学習志向であるかどうか、そしてそれを実行に移すことに長けているかどうかにかかっているのです。

チームの指針や理念に学習の存在なくして、チームが高い成果を挙げることは不可能です。学習はチームの重要な原動力です。チームの学習を支え、自分もその恩恵を受ける方法はいくつかあります。参加するチームに、自分が身につけたラーニング4.0に関する知識を取り入れてください。それにより、チームの仲間を、チーム学習の新たなレベルへと引き上げましょう。これを実現するには、チームを学習の軌道に乗せ、問題を学習の観点で捉えます。そして、3通りの学習の進め方を意識し、ラーニング4.0の7つの実践

をチームの強みへと変えるのです。

チームを学習の軌道に乗せる

　いかなるグループも、その立ち上げ方次第で、そこにメンバーが寄せる期待は決まってきます。また、それによって、その後の関係性や行動の土台がつくられます。ですから、どのようなチームであっても、最初からチーム像に必ず学習を組み込むようにしましょう。学習へといざなう声（実践1）や望む未来の創造（実践2）について身につけた知識を活用し、チームの目的を明確にするのに役立ててください。次に、プロジェクトの期間全体を通して、チーム・メンバー同士がどのように学習をサポートし合っていくかについて合意を形成します。

　以下は、初めてのチーム・ミーティングを想定したシナリオです。

> チームについて、以下の点を話し合い、記録します。その際には、成果面の課題に加え、学習についても必ず議論するようにしましょう。

- チームとしての行動や学習の必要性について話し合う
    » チーム結成の理由は何か
- 行動にいざなう声は何か
    » 声はどこから聞こえ、なぜ発せられているのか（そうした声は、自身の内側、自分を取り巻く環境、過去、未来から聞こえる場合だけでなく、純粋に何らかの機会や好奇心がきっかけで生じる場合もあるということを思い出しましょう）
    » チーム全体を学習にいざなうのは、どのような声か
- 自分が望む未来を思い描く
    » 力を合わせて何をつくり出したいのか
    » どんな学習領域に挑もうとしているか
    » 学習がうまく運んだときの景色や気分はどのようなものか（取り組

みと学習を進めていく中で、イメージが変わることもあります）
    » 全員で将来について考え、できる限り鮮明に描写してみましょう。チームで何を行うかではなく、共に何をつくり上げたいかを考えます。また、学習機会についても話し合います（ブレークスルー、イノベーション、創造力、ストレッチ目標）。
- 今の自分たちを知る
    » チームでの取り組みによって変わる、または影響を受けることとなる、今現在の状況について、可能な限り事実に沿って明確にします。
    » 現在像と将来像のギャップによって緊張関係が生じ、共通の目標に向かってチーム・メンバーそれぞれの自動システムをシンクロさせやすくなります。

次に、同じミーティングの中で、チーム・メンバーが自身の学習にも、他のメンバーの学習にも尽力することを促しましょう。

- それぞれの学習へといざなう声を共有する。この部分は、学習を軌道に乗せる上で重要となります。以下について、チーム全体の前で各メンバーに述べてもらいましょう。
    » このチームで生かしたい能力（身につけている知識やスキルの中から使いたいもの）は何か
    » このプロジェクトに参加した動機（自分の内側、自分を取り巻く環境、過去、未来、または何らかの機会から聞こえた声）は何か
    » 各メンバーが学習したいものは何か
    » 強化したい、あるいは習得したいスキルや知識は何か
    » 探求したい信念や感情的傾向は何か
    » 何に対して創造的なひらめきを得たいか
    » 各チーム・メンバーは、他のメンバーの学習にどのような支援ができるか
    » 他のチーム・メンバーにどのような支援を望むか
- 質問を促す
    » チーム・メンバー同士で質問し合い、回答を掘り下げてみましょう。

» これは、お互いのことを知るため、また、サポートし合いながら共に取り組む心構えをするための大事な手段であると捉えてください。
- チームの状況確認において、その都度チームの将来像と学習の進度を見直す

　チームがこの取り組みをどのように始めるかが、そのチームの成果を左右します。ですから、いかなるチームの立ち上げでも、必ず学習をチームの指針に組み込むようにしましょう。これにより、サポートし合いながらストレッチな目標に挑むという、成果主義だけでは得られない空気が生まれるのです。

問題を学習の観点で捉える

　自分にとって大きな学びとなった経験について考えてみてください。そこには、問題、障壁、失敗、予期せぬ結果、または驚くべき運命のいたずらがあったのではないでしょうか。しかし、自分が学習の機会と捉える問題でも、自己防衛的な反応や非難的な反応をする人もいる可能性があります。こうしたことは、チームでも起こります。どんなグループにおいても、権力や自尊心の力学は存在するものです。そのため、自己防衛や非難が生まれる危険性というのは常にあるのです。
　問題や危機は素晴らしい学習の機会であるとはいえ、その最中に客観的な目をもち、探究しようとするのは容易なことではありません。その上、どのような問題であれ、チーム・メンバー間での見解の相違は起きてしまうものであり、解決策の解釈や立案には、メンバーそれぞれのバイアスが関与してくるのです。時間的なプレッシャーも、チームでの問題解決をさらに難しくします。メンバーが物事の探究や学習に力を注ぎ、互いにサポートし合うグループとして始動したはずなのに、派閥ができたり、自我を守ろうとする行動に走ったりする場合があります。また、一部の主張の激しいメンバーや力をもつメンバーが、問題を解決したり、あるいは隠蔽したりする事態に陥る場合もあります。

チームが学習の観点をもち合わせていれば、問題も、危機も、予期せぬ機会も、学びの宝庫と捉えることができるでしょう。ここで、第9章で紹介したことが役立ちます。以下を心掛けてみてください。

- **問題を学習リソースとして扱う。**
  問題は、ユニークな学習リソースです。他の学習リソース同様、問題を分析し、解決策を生み出すために活用できる具体的な方法がいくつかあります。学習志向のチームは、原因を突き止めたり、取るべき行動を決めたりする前に、まずは一歩引いて、共に問題解決のプロセスを確認します。
- **学習に集中する。**
  問題が起きたり、危機的状況に陥ったりしたときには、前頭前野（注意を制御する部位）をフル回転させることが大切になります。それにより、バイアスや気を散らすものに惑わされることなく、最も重要な情報を見極めることができます。ここで自己防衛に走ったり、逃げたりしてはいけません。
- **物事の深層に潜むテーマとパターンを見つける。**
  学習志向のチームは、目の前の問題の表層的な部分や問題に直接関係のある部分だけではなく、その奥に潜む原因がないかを探ります。たとえば、宣伝方法が原因と思われた問題が、実はチームで扱う製品とは違う方向に市場がシフトしているサインということもあります。

チームで学習の観点をもつようにすれば、迅速に問題を把握し、より持続可能な解決策を見つけやすくなります。チーム・メンバーは、権力争いに巻き込まれるようなこともなく、やる気と能力を存分に発揮できるでしょう。

3通りの学習の進め方を意識する

個人の学習の場合と同様に、チームの学習でも、その場で学ぶ、ゴールを

決めて学ぶ、振り返って学ぶという3通りの進め方ができます。こうした進め方で学習する機会がやってきたら、それに気づいて行動に移せるように、チームを手助けしましょう。

その場で行うチーム学習

　チームには、その場で学ぶ機会が無数にあります。たとえば、問題を解決しようとする中で、計画を練る中で、仲間との会話の中で、あるいは、疑問への答えや代替手段を模索することに焦点を当てたリサーチ活動の中で。こうした機会においてしばしば試練となるのは、その機会を認識して、学習しようという姿勢を取れるのか、はたまた権力争いへと発展させてしまうのかという点です。チーム・メンバーは、好奇心や探究心をもって、疑問を投げかけ、それについて今のところ無知であることを認められるでしょうか。それとも、こうした偶発的な状況から、誰が一番賢くて、知識が豊富かを競う勝負へと発展してしまうでしょうか。

　チームがその場で学習をする機会を得たとき、その機会に好奇心や探究心をもって向き合うと、高い確率でメンバーのオキシトシン・レベルが上がって、チームに対して良い感情が生まれます。さらに、チームがフロー状態に入って共同作業をすれば、創造的なひらめきも生まれやすくなります。こうした経験は、当然ながらチームへの高いコミットメントや絆を生み、後でより困難な状況が発生したときの拠りどころとなるのです。

ゴールを決めて行うチーム学習

　ゴールを決めて学ぶやり方とは、目的とする能力があって、周到な計画のもとにその習得を図ることです。チームの場合、ゴールを決めて学ぶやり方には、チームのレベルとメンバー個々のレベルの2段階があります。初回のミーティングで、以下のようにしてチームを学習の軌道に乗せることができれば、このどちらのレベルの学習もスタートさせることが可能です。

- チームを学習にいざなう声と個人を学習にいざなう声を明確にする
- チームが望む未来を描き、そこに向かって張力が働くように、現在の自分たちを把握する
- チームで協働することで、どのような学習のメリットを期待しているか、それぞれのメンバーに明らかにしてもらう

　チームで指針を明らかにしたら、ラーニング4.0の他の実践も出番となります。学習志向のチームはまず、各種のスキャナーを活用して、客観的な視点から最適な学習リソースを探します（実践3）。チームの良いところは、メンバーで作業を分担できることでしょう。たとえば、印刷刊行物を確認する人、専門家の話を聞く人、あるいはチームの目標や課題に関連しそうな講座やアプリを検討する人というように、分担することが可能となります。

リンク

「ツール4　スキャナーとその活用術」には、世の中にあふれる情報を取捨選択する際に役立つサービス、ツール、人のリストを掲載しています。

　最適な学習リソースがそろったら、チームで、それらをつなぎ合わせてロードマップを作成します（実践4）。成果を出すため、そして学びを得るために、やるべきことの基本計画とスケジュールを練り上げるのです。個人やチームで共に情報を扱うときには、金脈を手に入れること（実践5）、および学習成果を定着させること（実践6）についてのヒントも参考にしてください。たとえば、白熱する会議で、自分たちがもつバイアスがチームの足を引っ張っていると指摘するメンバーがいるかもしれません。また別のメンバーが、そこまでの決定事項について反すうするために、そろそろ休憩を挟んだほうがよいと気がつくこともあるでしょう。あるいは、関連性のある別の活動を組み込むことが、学習に有効であることを踏まえて、学習効果を上げるために新たな活動に切り替えることを提案するメンバーもいるかもしれません。また会議の山場で、あるいは空気が緊迫しているとき、誰かが休憩を挟むことを提案する可能性もあります。これは、気分転換しても、ツァイガルニク

効果によりやる気は持続しているので、その後も集中できることを見込んだものです。

　生み出した変化を実行に移す準備ができたら、実践7、すなわち現実での実践に取り掛かりましょう。何かを変えようとしても、人がもつ習慣や取り巻く環境が阻害要因となって失敗しがちです。ラーニング4.0の実践者として、変化を受け入れ、成功させる準備を整える、仲間をつくる、変化を喜ぶといったことの大切さを忘れずに、こうしたもう一歩をチームが実践できるように働きかけましょう。

　チームがゴールを決めて学ぶ方法に取り組む際には、しっかりと計画に沿って行うことが大切です。とはいえ、学習とは形を変えていくものです。学習を進める中で、何を学びたいか、何を学ぶべきか、新たな発見があることでしょう。チームの将来像は見直しや、場合によってはリセットが必要であるということを、チーム全体で踏まえておかなければなりません。さらに大規模な計画の一部となる取り組みの場合は、将来像についてあらためて話し合う必要があるでしょう。つまり、チームの学習とは、共同作業を完遂するという枠を超えたものなのです。

振り返って行うチーム学習

　自分たちの経験をチームとして振り返るということは、なかなか行われることではありません。実際、チーム・メンバーたちはすぐに次の課題に取り掛かる場合も多く、プロジェクトの達成を認め合い、たたえ合うようなことはまれです。しかし、これでは同じ問題が繰り返し発生するため、数々の学習が棚上げされた状態となってしまうのです。こうした事態に陥る理由の1つは、現代にまん延する行動重視の考え方にあります。もう1つの理由としては、人間の脳が、意識的な思考よりも無意識を好むということが挙げられます。学習を十分効果的に行えないのは、そのためです。学習成果の定着には、入念な振り返りと行動のバランスが取れていなければならないのです。振り返りの中で、隠れた教訓を浮かび上がらせ、今後活用できるように整理しましょう。学習とは、実行することと学びを吸収することが半々の割合でなけ

ればならず、それはチームにおいても同様なのです。

　チームによる、振り返って行う学習の機会はたくさんあります。むしろ、チームで取り組むプロジェクトや活動はすべて学習リソースであり、マイクロラーニングの機会を提供してくれます。1日の終わりに、あるいは何か活動をやり終えた後に、それまでに起きたことを振り返る時間を数分もってみましょう。どんなチーム・プロジェクトでも、成果と学習の両方に焦点を当てた振り返りを行う価値があるのです。次の4つの分野に注目してみましょう。

- 完了したプロジェクト
    - » 当初の意図
    - » 実際に起きたこと
- チームの学習
    - » 今回の成功を踏まえて今後も継続し、他の人たちが同じことで試行錯誤しないですむように共有したいこと
    - » 今後のプロジェクトの改善や成功につながる教訓や新たに得た洞察
    - » 協働プロセスがうまくいったかどうか
    - » 今後のプロジェクトでも継続したほうがよいこと、変えるべきこと
- 個人の学習
    - » 各個人がどのように成長したか
    - » メンバー間で、互いの学習をどのように助け合ったか（メンバー同士の具体的なたたえ合いを含む）
- 学習を促す目標
    - » 振り返りを経ることにより、新たな目標に向けた学習へといざなう声が、聞こえてくるかもしれません

　自分たちが得た教訓を他のチームと共有することで、チームワークにもさらに幅広い学習効果をもたらすことができます。誰かに教えるということは、教える人の脳にも、またチームのカルチャーにも、学習したことがしっかり定着するというメリットがあるのです。そしてもちろん、他のグループや、自分たちが所属しているさらに大きな組織にとってもメリットがあります。

　プロジェクトの振り返りというのは、時間と労力を要します。関わった人

たちのエネルギーが、すでに他のプロジェクトに移り始めていることもあるためです。しかし、学習したことについてしっかり振り返ることの効果は絶大です。「自分たちは何を学んだか」という話し合いを、称賛に結びつけるようにするとよいでしょう。著者がこれまで関わった、チームによる学習のすばらしい取り組みの中には、必ず振り返りを称賛へとつなげているところもありました。ビール会社ということもあって、パーティーや懇親会は会社のカルチャーの一部となっていました。とはいえ、どのようなチームの取り組みでも、その途中や終わりにたたえ合うというプロセスがあるのはよいものです。

ラーニング 4.0 の実践をチームの強みにする

振り返り

ラーニング 4.0 の 7 つの実践を挙げられますか？　第 10 章の中の「効果的に記憶する方法」のセクションで、さまざまな記憶方法を紹介しています。

　本書の第 2 部では、ラーニング 4.0 の実践を個人の能力として取り上げました。これがチームの強みとなった場合を想像してみてください。ラーニング 4.0 の 7 つの実践を活用する際、自分だけでなく仲間の力も頼れるとしたら、そのチームでの経験は素晴らしいものになるのではないでしょうか。考察してみましょう。

1. チームの中にある、いざなう声に耳を澄ませる

　ラーニング 4.0 を実践するチームのメンバーは、各自の学習の優先度を互いに把握しています。また、現在置かれている環境の変化や、いずれやってくるであろう試練を察知できます。そして、あらゆるものから生まれる学習

の機会について話し合います。

2．自分が望む未来を思い描く

共に何をつくり上げようとしているのかについて、チーム・メンバーはビジョンを共有しています。その一部として、このチームでの活動中に、各メンバーがどのようなスキルで貢献できるのか、そしてどのようなスキルを磨きたいという希望をもっているのかを把握しています。

3．くまなく探索する

チームの意見や考え方の参考にしたり、学習に役立てたりするための最適な情報を探します。すぐに手に入る情報や、自分たちに都合のよい情報ばかりにならないようにします。また、最適な学習リソースを見つけるためにスキャナーを活用します。その際は、作業を分担して効率性を高めます。

4．点を線で結ぶ

チームの目標達成に向けて、利用する学習リソースを整理します（リソースをつなぎ合わせてロードマップを描く）。成果を出すため、そして学びを得るために、やるべきことの基本計画とスケジュールを作成します。ただし、学習を進めるうちに発生する変更にも柔軟に対応するようにします。

5．金脈を手に入れる

情報は賢く利用します。好奇心をもって、学習に集中し、他の人の見解も尊重します。偽物に惑わされないように注意し、物事の奥底に潜む結びつき

や洞察を探ります。

6. 学びを定着させる

　チーム・メンバーが、「情報の記憶」「新しいスキルと習慣」「感情的傾向や信念の見直し」「創造的なひらめき」という４つの学習成果を挙げられるよう、協力し合います。脳科学や心理学の研究結果に基づく、学習の高度な実践を活用できるように助け合います。

7. 現実で実践する

　何かを変えようとしたときに、習慣や取り巻く環境が阻害原因となって失敗することがよくあるという点をチームは理解しています。ですから、学習したことを現実で実践できるようにメンバー同士で助け合うのです。仲間として成果をたたえ合い、習慣を変えたり環境を一新したりすることに協力します。こうして、新しい価値観や行動、成果へとつなげられるようにします。
　これらの実践をチームの強みとする上で有効な方法の１つは、チームの立ち上げ時から実践を導入するということです。その後は、実践のさまざまな要素を問いかけに変えることで、定期的に状況を確認します。たとえば、「上記のラーニング4.0の実践それぞれの記述と照らし合わせて、自分たちのチームは10段階中どれくらい達成できているか（１＝実践できていない、１０＝絶好調！）」といった問いかけをしてみましょう。

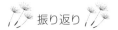 振り返り

　ぜひ本書をチームの必読書としてください。チームの取り組みや学習の中で適宜、各章および第４部のさまざまなツールを参考にしてください。www.learning4dot0.com/unstoppable では、評価テストのほか、学習コミュニティーとしてのチームに役立つさまざまな方法を紹介しています。

チームのラーニング4.0を促進する：まとめ

　チーム・メンバーとしての経験は、人生の中ですばらしいものにも、厄介なものにもなり得ます。その違いは、チームが学習コミュニティーであるのか、はたまた地位争いや自分を売り込むことに利用されるだけの存在なのかによるところが大きいでしょう。ただし、学習志向であることは、単にチーム・メンバーのためになるというだけではありません。それは、チームが高い成果を挙げる上でも重要な原動力となるのです。チームが学習志向だと、チームへのコミットメントや信頼、俊敏性が高まり、そしてイノベーションが生まれやすくなります。これらはいずれも、目まぐるしく変化する今日の複雑な学習の展望の中で、優れた取り組みをしていくには欠かせないことなのです。

第 14 章

周囲の学習をサポートする

　誰かの学習をサポートするチャンスは、日々やってきます。同僚から問題の解決に手を貸してほしいと頼まれる。子どもから宿題を手伝ってほしいとお願いされる。個人的な問題または人生の節目の試練で悩んでいる友人から、アドバイスを求められる。あるいは正式にリーダーの役に就いている場合は、他者の成長をサポートするのも仕事のうちかもしれません。専門の訓練を受けたコーチ、心理学者、カウンセラー、または教育者でない限り、他者の学習をサポートする能力をきちんと身につけた人というのは、滅多にいないのではないでしょうか。つまり、皆さんは周囲の人に対して、自己流のサポートを行っているということです。この章では、誰かを手助けするという重要な人間関係に、ラーニング 4.0 の実践を取り入れる方法を紹介します。それにより、サポートをする側として皆さんがより貴重な存在になるとともに、ラーニング 4.0 のフレームワークを周囲の人と共有することで、他の人たちもいつでも学習に活用できるようになるでしょう。

振り返り

　あなたが今、家庭や職場などで、教えたり、指導したり、助言したりする立場にある相手は誰ですか。その人たちのことを思い浮かべながら、この章を読んでみてください。

成人学習の20パーセント以上で、自己流のサポートが行われています[1]。ところが、良かれと思って行われるサポートや支援が必ずしも効果のあるものとは限らず、それどころか学習の妨げとなることもあるのです。こうした事態は、たとえば、聞く側に回るべきところで発言する、もっぱら評価する側として振る舞う（これは学習者の不安や成果へのストレスをあおります）、あるいは学習者に主体的に取り組ませるのではなく、主導権を奪うといったことにより発生します。

　自分自身が学習のプロセスを習得しようと努力せずに、誰かの学習をサポートすることは難しいでしょう。ただ、本書で洞察を得た皆さんは、学習するとはどういうことなのかをすでに理解し、他者の学習をサポートするのによりふさわしい立場にあるといえます。これまでに、学習する脳、学習する自己の心理状態、ラーニング4.0の7つの実践、そしてさまざまな学習に共通する3通りの進め方について説明しました。これらは、自分自身が学習する際にも、周囲の学習を手助けする際にも活用することができる、基本的な洞察なのです。

　本書で学習したことを、今度は他者をサポートするために使ってみましょう。サポートする側としての役割について考え、その大切さを理解するようにしてください。サポートする側になるということは、愛情に基づく行為であるとともに、自分の学習スキルを磨くのに適した方法でもあるのです。誰かを効果的にサポートするには、ふさわしい（思いやりのある）心構えをもつこと、サポートのフレームワークとしてラーニング4.0の7つの実践を活用すること、サポートする側のさまざまな役割を通じて相手と会話すること、そして、サポートすることそのものを学習と見なすことが必要となります。

ふさわしい（思いやりのある）心構えをもつ

　周囲の学習をサポートするというのは、寛大さと愛情に基づく行為です。自分以外の誰かに関心と気遣いを見せ、その人のために専門スキルや時間を使うからです。それは、「知っている」状態と「知らない」状態の間の無防

備な空間に、その人と共に足を踏み入れることでもあります。その空間で、自我が脅かされることもあるでしょう。そんな中、心を閉ざして自己防衛するのか、心を開いて学習するのかは、その人が決めなければならないのです。

　この聖域では、サポートする側の心構えが重要となります。そして、その心構えが思いやりや共感、愛情といったものに基づいていることが大切です。その点において、神経科学や心理学からもたらされた知見を土台とする、次の4つの心構えが特に重要なのです。

- 学習者の欲求やライフステージに合わせる
- 自己管理能力の向上をサポートする
- 成果重視ではなく、学習重視のマインドセットを奨励する
- 学習フレームワークの習得を助ける

学習者の欲求やライフステージに合わせる

　「学ぶ側の準備ができたときに、師は現れる（When the student is ready, the teacher appears）」という格言を聞いたことがあるでしょうか。これを別の角度から考えるならば、誰かの学習をサポートする場合、主となるのは学習者であり、サポートする側ではないということです。人は情報を取り込んだり、サポートを受けたりする際に、その人独自のフィルターを使います。最終的に何を学習し、何に従って行動するのかは、その人の感覚、欲求、捉え方、感情、心構えにより決まるのです。これに影響を与えようと、アメとムチや環境をうまく使って、新たな感情的傾向や行動を引き出すようにすることは可能です。一見これは、相手に学びや変化をもたらすように思えるかもしれません。しかし、あくまでサポートされている側が、学習に対してやる気をもって主体的に取り組むのでなければ、せいぜいその場だけ従っている状態であり、ともすれば憤りを生むことになるのです。

　もちろん、時には、外的コントロールや説得、報酬に頼ることもあるでしょう。たとえば、人をいじめるのではなく、尊重することを子どもに学ばせようとしているときなどです。ただ、概して成人の学習をサポートする際の

道義にかなった（と同時に最も効果的な）スタンスとは、あくまで学習者自身の内側から発せられる学習へといざなう声に対して、手を貸すことなのです。その声とは、本人の欲求やそのとき迎えているライフステージ、過去と現在と将来の問題に対する感じ方、あるいは探究心から生まれてくるものです。その人のためにならない方向に進んでいると思ったときには、本人が結果を予測できるように手伝ってあげましょう。きちんと情報を得た上で、行動を起こすのかどうかを本人が自由に選べるようにするのです。

自己管理能力の向上をサポートする

　心理学者、プロのコーチ、カウンセラー、教育者たちで、おおむね一致している意見があります。それは、誰かをサポートする活動では、相手が自ら方向づけを行い、自ら道をつくり出す力を向上させることが、重大な目標であるということです。時には、他者がある程度の管理を行う場合もありますが（極めて体系的な学位課程に取り組んでいる人、あるいは業務改善プログラムの対象となった人を思い浮かべてください）、それはあくまで例外です。成人学習の大半のケースでは、学習者自身が終始その学習プロセスに責任をもたなければなりません。それはなぜでしょうか。第2章で学習した通り、大人なら誰しも、さらなる自主性と責任をもつべく進歩することは、然るべきことだからです。誰かの自己管理の役割を奪うということは、その人を精神的な意味で退行させようとすることなのです。ですから、誰かの学習をサポートする際には、その人が将来、自分の学習を管理できるように、より大きな自信をもたせてあげることが重要な目標となります。

学習重視のマインドセットを奨励する

　多くの人は、実験してみる、間違える、失敗する、学習している姿を知られる、さらには、行動するのではなく考える時間をつくるといったことに恐れを抱きます。しかしながら、こうした恐怖心や不安を、サポートする側が

あおっている場合も多々あります。学習プロセスにおいては、成果を挙げたり、テストを受けたりすることが重視される場面もあるでしょう。そういった場面では、サポートする側は評価やランク付けをする役目を担うことになるかもしれません。完璧さや成果、評価といったものに重点を置くのは、そうした機会に取っておいてください。誰かをサポートするときには、物事を掘り下げる、試行錯誤する、そして振り返りと行動を交互に行うことに力を注ぎます。サポートする側の役割は、決めつけたり、指図したりすることではありません。問いかけを行い、洞察に耳を傾け、励まして支えることであり、相手の学習プロセスの見通しを示してあげることなのです。

ラーニング4.0のフレームワークの習得を助ける

　今日の絶えず変化する学習の世界では、学習アプローチのレベルをラーニング4.0にアップグレードする必要があります。しかし、サポートされる側の人がすでにこれを行っていることはごくまれでしょう。ほとんどの人は、学習を当然のこととして、大抵は無意識のままに行っています。人は自分を学習者として考えたときに、力不足であると感じがちです。しかし、情報量がどんどん拡大し、世界が目まぐるしく変化し続けている今日、学習を成り行き任せの場当たり的なアプローチで行うわけにはいきません。サポートする側の役目に就いたら、これを変えていくことができます。3通りの学習の進め方とラーニング4.0の7つの実践という、より意識的な学習のフレームワークを、サポートするすべての人に紹介しましょう。そうすることで、他者が学習方法を学ぶのを、ラーニング4.0の実践者として支援することができるのです。

サポートのフレームワークとして、ラーニング4.0の7つの実践を活用する

　誰かをサポートする際には、本書の核を成す、ラーニング4.0の7つの実践を活用してください。以下がその具体的な方法です。

1. **いざなう声に耳を澄ませる**：学習へといざなう声を本人が認識できるようにサポートします。
2. **自分が望む未来を思い描く**：五感を使って未来を描けるようにサポートします。そのような将来像は、本人の行動する意欲を刺激し、計画的な目標設定を行う際の指針となります。また、無意識に行われる自動学習も、将来像によって導かれるのです。
3. **くまなく探索する**：世の中の情報はどんどん増えて多様化しています。そのような中で情報をかき分けて調べる手助けをします。どのようにスキャナーを活用し、その人のニーズや状況に最適な学習リソースを選べばよいかを示しましょう。
4. **点を線で結ぶ**：その人が挑む課題や置かれている状況に合わせて、各種の学習リソースや計画を選んで整理し、一連の学習としてまとめるのを手助けします。計画は、新たな機会や情報とともに変化する可能性のある指針として捉えられるようにしましょう。
5. **金脈を手に入れる**：学習していることについて話をしましょう。利用する多種多様な学習体験を最大限生かせるようにサポートします。本人がさまざまな視点を把握し、物事の深層に潜むパターンやフレームワークを発見できるようにします。
6. **学びを定着させる**：目指す学習成果が得られるように、最適なテクニックを用いるのをサポートします。効果的に記憶する方法、スキルと習慣を身につける方法、信念と感情的傾向を見直す方法、創造的なひらめきを得る方法を活用しましょう。
7. **現実で実践する**：本人が学習したことを日常的に生かし、継続できるように、自分自身と周囲の環境とをコントロールするのをサポートします。

学びは至るところに存在し、誰かの学習プロセスに遭遇する可能性はいつでもあります。ですから、これらを実践する上で唯一の正しいやり方というものはないのです。その上、相手との関係の質や、その人に固有の特性（たとえば、欲求、ライフステージ、スキル、感情的傾向など）によっても、どのようなサポートが最善なのかは左右されます。それでも、誰かの学習をサポートする際に、この７つの実践の活用方法を理解していれば、状況に応じた最善の行動が取れることでしょう。

いざなう声に耳を澄ませる

　学習にいざなう声は、人の内側から、あるいはその人を取り巻く環境からささやきかけてきます。あるいは、未来、過去の経験、いきなり出会った興味深い情報といったものから聞こえてくることもあります。ところが、人は学習にいざなう声に気づかない、あるいは十分にその意味を掘り下げないということも少なくないのです。あなたがもし、状況を客観視することができ、必要とあらばサポートするような立場にあるときは、本人が学習にいざなう声に気づくことができるよう働きかけましょう。たとえば、子どもが学校の勉強で苦戦しているとき、算数の問題を解く際にいつもつまずくというパターンが見えてきました。論理的に考えることを学習せよとささやく声が聞こえます。その声を本人が認識するように働きかけましょう。あるいはたとえば、会社の戦略変更について同僚と一緒に知ったとき。その変更により、同僚は新たな顧客層について学習しなければならないはずですが、本人はそのことに気がついていません。そんなときは自分の考えを伝えて共有し、同僚を学習にいざなう声を明確にすることで、本人が自分で考えて行動に移せるようにしましょう。

自分が望む未来を思い描く

　人は将来のビジョンが自分の中で明確になると、それが目標となって、終

始モチベーションと集中力をもって学習に取り組めるということがあります。こうしたビジョンは、五感に訴えるような未来である場合、特に学習に有効となります。つまり、新しい現実を、学習者が見たり、感じたり、想像したりできるようにするのです。ただ、このような強力に学習をけん引できる将来像を自力でつくり上げる作業は、情熱をもったラーニング4.0の実践者でさえも時間を要します。このプロセスは孤独な作業となり得るので、誰かと一緒に行ったほうがずっと楽しく取り組めるでしょう。おのずとここで、サポートする側の出番となります。このプロセスを手伝ってあげてください。

　サポートする側は、学習者に将来の自分を想像するよう促します。具体的にいつ、何を行い、何を達成して、何を見て、何を感じたいか。そのときにどこにいて、そこには誰がいるか。ビジョンはストレッチで、五感で感じることができるものだと考えてください。不可能と思われるものでも心配ありません。学習とは、自己修正の機会が多分に含まれているプロセスなのです。意欲をかき立てるビジョンから始めることが、惰性や習慣を打破する鍵となる場合もあるのです。

くまなく探索する

　何かを学習しようと決めたら、それを実現するための情報を見つけなければなりません。しかし、学習者はどのようにして自分に必要なものを見つければよいのでしょうか。一番手に入りやすく、利用しやすい情報に頼るというのが自然な傾向です。隣のオフィスの専門家を頼ることもあるかもしれませんし、友人に勧められた講座を受講する、あるいはインターネットの検索で出てきた最初のWebサイトや記事を開いてみることもあるでしょう。しかし、大抵の場合、それらは学習者のニーズに最も適した学習リソースではないのです。

　そこで、世の中の情報から取捨選択していくサポートをしてあげましょう。スキャナー（学習リソースの選択肢を幅広く挙げて、絞り込んでいく上で役立つ人やツール）は、専門家、記事、書籍、講座、Webサイト、ツールといったものを見つける上で極めて有益です。スキャナーの一覧とそれぞれの

活用のヒントは、ツール4に記載されています。ぜひこのリストを利用してください。そして皆さんがサポートする人たちにも勧めてください。

点を線で結ぶ

　人が学習するときには、過去の経験から振り返って学ぶこともあれば、ゴールを決めて学ぶこともあります。あるいは、その場で学ぶ場合もあるかもしれません。そのときに直面している課題のレベルに応じて、それに伴う学習活動の多さも難易度も異なるでしょう。そこでラーニング4.0の実践者は、他の人が学習目標の達成難易度を測り、取り組まなければならない学習作業を決めてスケジュールを立てるのをサポートするという、重要な役割を担うことができます。それぞれの学習を線で結んでロードマップを描き、学習目標の先に広がるビジョンに到達するための最善の方法を見つけ出せるようサポートしましょう。

金脈を手に入れる

　本当の冒険が始まるのは、学習リソースに向き合ったときです。書籍、ワークショップ、オンライン講座、経験など、学習リソースが変われば学習アプローチも変えなければなりません。また、金脈を手に入れるためには、集中して学習リソースと向き合い、バイアスに惑わされないようにすることも重要です。ですから、誰かを手助けする際には、効果的なテクニックを使うことを奨励してください。その人にさまざまな問いかけをすることで、本人が知るべきことを自ら導き出し、自分のものにすることができるように、働きかけましょう。「ツール5　学習リソース別ヒント」を活用し、他の人にも紹介してください。さまざまな場面に合わせた学習を行えるように誰かをサポートする際、きっと役立つはずです。

学びを定着させる

　突き詰めていくと、学習とは自己変革のことです。自己変革が起きるのは、情報を4種類の学習成果（定着した知識、スキルと習慣、信念と感情的傾向、創造的なひらめき）の少なくともいずれか1つへと変化させることができたときです。周囲の人にも、これらの4つの学習成果を挙げるにはそれぞれ異なる学習テクニックが必要であるということを伝えましょう。そして、第10章に記載されているヒントを活用して、個々の学習成果を自分のものにするために使えそうな手をいくつか提案してあげてください。本人が成果を定着させるためにさらに効果的に取り組めるように、本書を渡して第10章を読むことを勧めてください。

現実で実践する

　このステップでは、サポートする側が重要な役割を担うこととなります。サポートする相手が実際に新たな行動を実践できるように、それを支持する仲間となってあげるのです。また、他にも仲間になってくれる人を推薦してください。環境の根本的な見直しも手伝いましょう。習慣を改めたり、新たなスキルを磨いたりしなければならない人を、継続的に応援してあげるようにします。その方法は1つではありません。たとえば、毎週電話で進捗について尋ねる。やり方やプロセスを変えるよう働きかける。節目に到達したら食事に出掛けるなど、モチベーションとなるものを掲げる。見守りながら感じたことを定期的にフィードバックする。もしも習慣の大幅な変革を行おうとしている場合には、長い目で見るようにしてください。切り替えには数週間単位または数カ月単位という時間を要することもあるのです。
　そこで、皆さんがこのような形で学習をサポートする役目となった場合には、ラーニング4.0の7つの実践を思考のフレームワークとして利用するようにしてください。先回りして手を出してはいけません。もっと自律的で、自信にあふれた学習者となれるようにサポートするのも、皆さんの役目のうちなのです。学習者がプロセスのどこに位置しているかを考え、自分の心構

えを再度確認した上で、相手にとって最も有用で歓迎されると思うサポートをするようにしましょう。

サポートする側のさまざまな役割を通じて働きかける

　誰かの学習をサポートする際に担う役割は1つとは限りません。どれだけ自分が物事をやって見せたり説明したりするのか、そしてどれだけ相手の話を聞くのかは、そのときの役割によっても変わってきます。誰かをサポートするということは、指導すること、指示すること、説明すること、あるいは教えることであると、つい考えてしまいます。中には、相手がやるべきことをいくらか代わりにやってあげることだと思っている人すらいます。確かに、何かをやって見せたり説明したりといった類のことを行う場合もありますが、大半の場面で必要となるのは、その逆のことなのです。成人学習に対するサポートでは、何かをやって見せたり説明したりすることは、ほとんどしないつもりでいてください。代わりに、問いかけや傾聴を行い、「何を」「なぜ」「どうやって」といったことを相手が自らの言葉で語れるようにサポートすることで、働きかけていきます。人が考えるのをサポートする際には、その人への共感と理解を示す雰囲気づくりをしましょう。それにより、信頼が深まり、成果や自尊心についての不安が減り、さらなる学習が可能となります。

振り返り

　第1章と第2章の情報を踏まえておくと、誰かの学習をサポートする際のあらゆる判断に非常に役立つでしょう。この2つの章から、脳がどのような働きをして、人の心理が学習にどのように影響するのかということを理解できます。こうした知識があると、他者が何を必要としているのかということに、より気づけるようになります。そして、学習プロセスを支援するための、より深い問いかけができるようになるのです。

　「学習せよ」とささやきかける声が、その人のシャドウや人生の節目、心

の奥底の隠された欲求と関連していることもあります。そうした場合には、傾聴、問いかけ、共感などの内省的な実践が、極めて重要となります。誰かをサポートするとき、相手に他の行動を促す前にまず、学習にいざなう声はどこから発せられているのかを本人が理解し、将来像を描くことに時間を掛けましょう。学習のサポートにおいて、物事をやって見せたり説明したりすることと、話を聞いたり共感したりすることのバランスは、サポートする側のその時々の役割と相手との関係性によって変わるのです。

サポートする相手に対しては、後述する役割のどれか1つを担うこともあれば、すべてを兼任することもあります。いずれの場合でも、4つの心構えに常に忠実であるようにしてください。つまり、学習者の欲求やライフステージに合わせること、自己管理能力の向上をサポートすること、成果重視ではなく学習重視のマインドセットを奨励すること、（7つの実践のフレームワークのような）学習フレームワークの習得を助けることを心掛けてください。

振り返り

今、あなたがサポートする関係にある人を誰か思い浮かべてください。この章を読み進めながら、自分がどの役割を担っているかに注目してみましょう。その人が周りに頼る割合が減り、その人自身で学習をコントロールする能力が向上することを、常に目標として念頭に置くようにしてください。

ディレクター

ディレクターは、人に指示を出し、それを行うための仕組みを用意します。これは、相手が初心者でいる時期を早めに抜け出せるように手助けする役割です。礎となるスキルが備わり、学習プロセスを自ら推進するという状態まで到達できるようにします。ただし、一時的に人に頼らざるを得ない初心者の立場になることに学習者が納得していなければ、受け身や抵抗につながる恐れもあります。

環境整備士

環境整備士は、学習や行動変容に向けて、報酬や承認の提供、役割の説明、および外部からの支援を行います。学習と活動を行う環境に影響力のある立場にいる場合、こうしたサポートが重要となります。正式なリーダーの役割を担っているマネジャーは、このような形で学習や変革を支援し、新たな知識とスキルを現実で生かすことを奨励できるでしょう。ただし、この行為が学習者の支援を目的とするものであり、操るためではないということを、学習者自身が確実に理解して受け入れていることが大切です。

教師

教師は、ある学習目標に関係する事実、アイデア、メソッドについて専門的な情報をもつ人です。自分の専門分野について誰かに助けを求められたとき、大抵はこの役割を担うことになるでしょう。教えを通して学習者が金脈を手に入れられるように導いてあげてください。学習成果を定着させるテクニックを活用して、学習者が求める記憶、スキル、感情的傾向、創造的な成果を得られるようにサポートしましょう。

コーチ

特定分野について、相手の自信や能力を高めるためにフィードバックや助言を行うのがコーチです。この役割は、具体的な目標の達成に向けた手助けを請け負うものであり、密接な人間関係を生み出します。コーチは、ラーニング4.0の7つの実践すべてにおいてサポートを行う可能性が高いですが、中でも、「点を線で結ぶ」「学びを定着させる」および「現実で実践する」(実践4、6、7)ための支援に特に関与します。

メンター

メンターは、人が総合的な成長を遂げる際の、聞き手、相談相手、目撃者、応援団を務めます。メンターとして、相手の欲求、ライフステージ、人生のビジョンを大まかに把握しています。その人の総合的な成長を支える友であり、とりわけ、本人が学習にいざなう声に気づけるように、そして将来のビジョンを描けるようにサポートします。また、山あり谷ありの学習の道のりを励まし続けます。

後援者

さまざまな学習体験へ、そして力を貸してくれる人へとつながる扉を開いてあげるのが後援者です。後援者として、相手と個人的に接することはあまり多くないかもしれません。それでも、相手の意志や能力に信頼を寄せているので、自分がもつネットワークとの橋渡しをしてあげるのです。

周囲の学習をサポートする：まとめ

誰かをサポートするときは、自分にも学びがあります。本書が提示する、ラーニング4.0の7つの実践という、自身の学習スキルを磨くことにつながります。知識を伝えるときには、それを整理して言葉にしようとする中で、新たな視点や連想へと発展します。その結果、自分自身の知識構造が変化してあらためて確立されるのです。問いかけや会話を通じて、自分の中のバイアスを発見したり、忘れていたことを見直すきっかけを得たり、専門知識が広がり強化されたりします。共感と傾聴を含めたコミュニケーション・スキルも磨かれます。周囲の学習をサポートする方法を探っていく中で、学習する脳についての知識を活用でき、さらにそれを深めることができるでしょう。サポートする相手の心の奥底に潜む欲求やライフステージで抱えている問題

を察知する力も研ぎ澄まされていきます。それにより、皆さんは周囲のあらゆる人にとって良きパートナーとなり、友となるでしょう。また副次的な効果として、自分自身のことも、もっとよく知ることができるのではないでしょうか。

　誰かの学習をサポートするということは、他者に貢献することであり、影響力を広げることです。また、自分より大きな文脈の中で他者とつながることの喜びを経験できます。つまり、人類の最も大きな進化という文脈の中で、他者とつながるのです。皆さんの人生初期における学習では、さまざまな人が重要かつ多面的な役割を果たしました。これはその後の人生でも、直接的であれ間接的であれ、ずっと続いてきたのです。友人、家族、同僚、そしてソーシャル・ネットワークでつながっているさまざまな人に手本を示したり、直に接したりしながら、今度は皆さんが学習について伝えていきましょう。

 振り返り

　この章を読んでみて、コーチ、指導者、メンターとしての自分についての見方に、どのような影響がありましたか。今後行うサポートには、どんな変化が現れるでしょうか。www.learning4dot0.com/unstoppable にアクセスして、誰かをサポートする際に役立つ情報をさらに見てみましょう。

　この学習とサポートのサイクルは、生涯続けることとなります。第3部を終えるにあたり、自分がどれだけうまく他の人をサポートできているか、自身に問いかけてみましょう。あなたは周りの人からのサポートをどれだけ活用しているでしょうか。サポートという行為をする側であっても、受ける側であっても、賢明かつ十分に能力を発揮できるよう、その一助として本書をぜひ活用してください。

第4部

ラーニング4.0 ツールキット

　21世紀における学習という作業には、特有の知識、スキル、専門性が必要となります。頭と心をラーニング4.0にアップグレードすることも、その一環なのです。皆さんが本書を通じて、この重要なアップグレードにおのおの取り掛かれることを願います。

　第4部には、ラーニング4.0の旅全体を通して役立つさまざまなツールを掲載しています。自分一人で学習するとき、チームやグループで学習するとき、そして、教師、コーチ、またはメンターとして誰かに接するときに、これらのツールを活用してください。

　ツール1は、3通りの学習の進め方（その場で学ぶ、ゴールを決めて学ぶ、振り返って学ぶ）についての手引きです。ツール2には、ラーニング4.0の7つの実践のそれぞれについて、シンプルなテンプレートを用意しました。ツール3では、何種類かのメモのフォーマットを提案しています。これは、人の脳が情報をどのように扱っているかを忠実に表現するフォーマットとなっており、情報を関連付けたり、学習内容をより効果的に記憶することを助けます。ツール4およびツール5は、スキャナーの使い方や、具体的な学習状況（たとえば読書やアプリを使った学習など）におけるヒントを、必要に応じて参照できるツールです。また、www.learning4dot0.com/unstoppable には、さらなるアセスメント、ツール、サポートがあります。学習を通じて進化を追求する旅の一助としてください。

　皆さんを取り巻く世界も、内なる世界も、目まぐるしく変化しています。

そんな中で、自分をアップデートし続けられるかどうか。これが、ラーニング4.0の実践者としての成功を左右します。そのためには、学習に最適なツールとフレームワークを用いなければなりません。物事を試行錯誤で進めていた子ども時代から、主体的な大人へ、そしてさらに進化し続けるラーニング4.0の実践者へと、皆さんは大きな飛躍を遂げているのです。
　ここまで来られた皆さん、おめでとうございます。そして、生涯続く旅の次のフェーズへようこそ！

ツール1

3通りの学習の進め方の手引き

　このセクションでお薦めしている学び方は、自分一人で学習するとき、グループで学習するとき、周囲の学習を支援するときの、すべてにあてはまるものです。また、第8章の3通りの学習の進め方についての説明を、さらに発展させた内容となっています。さらなるサポートについては、www.learning4dot0.com/unstoppable にアクセスしてください。

進め方その1：その場で学ぶ

　何かに興味関心を喚起されたら（学習にいざなう声が聞こえたら）、以下を実践します。

- いざなう声に耳を澄ませて、聞こえた声を口にしてみます。質問の形にするか、「～なのだろうか」という文にして、興味をもったことを自分の言葉で表現しましょう。こうすることで、興味関心を意識的かつ意図的なものにしていくのです。
- 将来、この情報をいつどこで使いそうか、そのときにどんな気分かを想像してみます（望む未来を思い描く）。
- 自分の好奇心をアンテナにして探索するようにします。誰かと会話して

いるなら、質問を投げかけてみましょう。何か文献を前にしているのであれば、興味の赴くまま読み進めてみてください。文章の中をあちこちに飛んでも構わないのです。金脈を手に入れるテクニックの中から、媒体や情報源に最適なものを活用しましょう（第9章）。
- 何かを記憶したいと思ったら、あるいは創造的なひらめきが生まれたら、メモを取るか、携帯電話に録音するようにしましょう。普段使用しているすべてのデバイスからアクセスできるメモ用の場所をつくり、その場で行う学習のための学習日記として利用します。これが、金脈を手に入れる上で、そして成果を定着させる上で役立ちます。

チームで学習に取り組んでいる場合は、これらを生かして、その場での学びにしっかりつながるようにグループを導いてください。誰かの学習を支援している場合は、これらのステップに従ってみることを提案して、手伝ってあげてください。

進め方その2：ゴールを決めて学ぶ

達成するのに時間と労力と計画を要する学習目標があるときは、ラーニング4.0の7つの実践を指針として活用しましょう。

いざなう声に耳を澄ませる

- 学習にいざなう声は、どこから聞こえてきましたか（自分の内面、周囲の環境、未来、過去、またはそのとき生じた探究心）。
- その声は、何を学習するよう呼びかけていますか。

自分が望む未来を思い描く

- 将来なりたい自分の姿を文または絵で表現しましょう。

- » 誰とどこにいますか。何をして、何を考え、何を感じていますか。今との違いにわくわくするのは、どのような点ですか。
  - » 五感から、可能な限り多くの感覚を取り入れるようにしてください。想像の中で、夢中になれるような仮想現実をつくり上げましょう。
- ありたい姿を文や絵で表現することには、以下のようなねらいがあることを心に留めておいてください。
  - » 学習機会を見逃さないようにするために、自分の無意識の自動システムを準備万端にします。
  - » 学習に関して意識的に何を選び、どう行動するかの指針となるような、強力な目標をつくります。

最適な経験と学習リソースをくまなく探す

- どの学習リソースを用いるかを決める前に、さまざまなことを幅広く見渡して調べてみましょう。
  - » スキャナーを活用します。
  - » 「ツール4 スキャナーとその活用術」を参考にしてください。
- 候補となる学習リソースや経験のリストを作成しましょう。
  - » この時点で、学習リソースの候補のリストが得られます。
  - » 自分にとって使い慣れているものではなくても、最適な学習リソースを利用するようにします。
  - » 次のステップでは取捨選択を行うことになります。少なくとも、どの学習リソースに最初に取り掛かるかを決めるつもりでいてください。

点を線で結ぶ

自分がどうしたいのか、そして学習プロセスのさまざまなパートをどのようにつなぎ合わせていくのかを決めましょう。ここで決める進め方は、学習の途中で変わっていくであろう暫定的なものと考えてください。

- 学習難易度スケールに照らし合わせて、学習の難易度を測ります。

- 通過ポイント（アクション）を日付とともに設定し、学習の進め方を練ります。その際、以下を組み込むようにしましょう。
  » 学習リソースや経験。学習リソースの利用期間やある経験をするタイミングについて、それをいつ利用し、いつまでに終わらせるのかを明記します。
  » 見直しのためのチェックポイント。ここで、ビジョンの修正、進捗の確認、問題解決を行います。
  » コーチ、仲間、メンターとの振り返りや会話。
- 学習の準備を整えましょう。
  » メモや自分の得た洞察を保管しておくための記録用ファイルを準備します。本書で紹介しているメモのフォーマットをぜひ活用してください。
  » 講座への申し込みや教材の購入を行います。
  » 学習がはかどるような空間づくりをします。
  » 青や緑といった色、そしてホワイト・ノイズは、脳の働きを高めるという点に心を留めておきましょう。
  » 動画を見たり記事を読んだりといった、学習活動に使えそうな隙間時間（電車やバスに乗っている時間など）がないか考えてみます。
  » サポートしてくれる（または介入してくる）可能性のある人に話を通しておき、協力を得られるように根回しします。

金脈を手に入れる

これは、後で使いそうな情報を脳に取り込んでいく、情報処理のステップとなります。金脈を手に入れるためのテクニックを駆使しましょう。

- 学習リソースに適したアプローチになるようにしましょう。
  » 学習に着手する前に、どんな内容であるのか、その全体像を把握しましょう。
  » 「ツール5　学習リソース別ヒント」のテクニックを参考にしてください。

- 学習に集中しましょう。
  - » 体を動かすための休憩を挟んだり、一休みしたりして、体力がもつように自分自身を管理します。
  - » たびたび質問し好奇心をもち続ける、中間目標や区切りを決める、自分の興味の赴くままにやってみることで、モチベーションを維持します。
  - » 注意力の低下をコントロールし、また、その状態を利用するようにします。
- 思考を忠実に表現するメモを作成して活用しましょう。
  - » 「ツール3　思考を忠実に表現するメモの取り方」の中のフォーマットをぜひ活用してみてください。
- 40パーセントから50パーセントの時間を、学習で吸収したことの消化に割くようにしましょう。
  - » 学習したことについて考え、メモを作成し、自分の言葉に置き換えて、自分の将来像と結びつけてみます。
- 学習がうまく進められるよう環境を整えましょう。
  - » 雑音や邪魔を取り除きます。
  - » マルチ・タスクは避けるよう心掛けてください（気になったことを記録しておく場所をつくり、後から対処するようにします）。

学びを定着させる

　学習成果は、「知識の記憶」「新たなスキルと習慣」「信念や感情的傾向の変化」、そして「創造的なひらめき」の4種類に分けることができます。これらは互いに関連していますが、それぞれ異なるものです。4つすべての学習成果のために使える共通のテクニックに加え、学習目標のタイプに合わせて用意されているメソッドも活用してみてください。

　以下のテクニックは、4種類すべての学習に使うことができます。

- 自分が望む未来に磨きをかけます。将来像をあらためて見つめてみて、必要に応じて修正します。

- 自動システムに委ねます。睡眠や休憩、時間の間隔を空けることをうまく利用します。学習は、他のことをしている間も続いているのです。ただし、目的の情報を確実に自分の中に取り込むようにしてください。
- 異なる活動を組み込みます。ひとまとまりの学習時間の中で、学習方法に変化をつけます。これにより、何通りもの学習経路がつくり出されるとともに、自分の関心や注意力を高く保つことができます。
- 現実の世界と結びつけて考えます。記憶の定着を促すために、連想を活用します。
- グループで学習します。学習に広がりが生まれるほか、自分の言葉に置き換えることで、学習したことをより効果的に覚えたり、思い出したりできるようになります。

さらに、目指す成果ごとに特有のテクニックを加えましょう。

- 効果的に記憶する方法
  - » 関連性を鮮明にイメージする
  - » いったん忘れる、そして思い出す
  - » 振り返りの時間を設ける
  - » 物事の深層に潜むテーマとパターンを探る
- スキルと習慣を身につける方法
  - » しばらく初心者になりきる
  - » チェックリストとフロー・パターンを利用する
  - » 知覚学習法を活用する
  - » アップダウンに対処する
- 信念と感情的傾向を見直す方法
  - » 自分を知る
  - » 信念が顔を出す瞬間を認識する
  - » 新旧を比較する
  - » 変化することのメリットを列挙する
- 創造的なひらめきを得る方法
  - » 創造性を高める準備を整える

» 創造性のトリガーとして学習リソースを利用する
» 創造的なひらめきをつかまえる

現実で実践する

目指す変化に対応できるよう、自分自身も、周囲の環境も準備をしておきましょう。

- 現実で実践することの難しさを確認します。学習したことを普段の環境の中で生かそうとしても、おそらく自分自身の習慣が試練として立ちはだかることになると覚悟しておきましょう。また、現在の環境には、新たな行動やイノベーションを受け入れる準備ができていない可能性もあります。
- 変化を成功させる準備をします。この変化に自身も対応するとともに、周囲の人や環境も対処できるように導きましょう。
- 仲間をつくりましょう。周囲の人たちに対し、自分が何を変えたいのか、それが彼らにとってどのような意味をもち得るのかを説明し、協力を仰ぎます。
- 学習を継続する自分にご褒美を用意しましょう。新しいアイデアや考え方、スキルを現実にもち込んだ後も、学習は続いていきます。この変化の段階を乗り越えるために、自分を励ます方法を見つけましょう。たとえば、自分にささやかなご褒美をあげる、チェックリストをつくる、カレンダーに指標を記すといったことです。

7つのステップはすべて、チーム学習にも有効です。また、他の人の学習をサポートするときにも、ぜひこれらのメソッドを紹介したり、指針として利用したりしてみてください。

進め方その3：振り返って学ぶ

過去のプロジェクト、出来事、行動といった経験に隠された、豊かな学習の宝庫を探ってみましょう。

1. 対象となる過去の出来事や経験を明確にします。その振り返りを行って学びを得るためには、どこを頼ればよいか、誰と話をする（探る）べきかを判断します。以下を検討してみましょう。
   » 援助してくれた人、関与した人、影響のあった人。あるいは、この振り返りによる学びで、深層に潜む教訓にたどりつかせてくれそうな、有益な専門知識と洞察を有する人。
   » プロジェクトや経験の成果を受け取ったり、利用したりした人（顧客など）。
   » 各種資料や、有用と思われるその他の情報。
2. 評価重視ではなく、学習重視の視点をもつようにします。教訓を掘り下げるには、ふさわしいマインドセットが非常に重要となります。これを成功させるには、以下の点に留意してください。
   » （未来から引き寄せる力を生み出すために）経験を振り返ることのあらゆるメリットを想像してみましょう。他の人にも協力してもらう場合は、この作業を一緒に行います。
   » 経験を振り返るということは、良い感情だけではなく、悪い感情も再びわき上がる可能性があるのだという心構えを、全員がもつようにしてください。評価ではなく、学習の機会と捉えるのだということを確認し合いましょう。
3. 客観的な観察者の視点で、経験談を語りましょう。想起するという行為は創造的にならざるを得ないということを念頭に置いてください。複数の視点を取り入れて、プロジェクトをさまざまな側面から見ることにより、導き出される結論が実態になるべく近くなるようにしましょう。以下について、思い出してみてください。
   » 結果：目指していた成果は何ですか。目に見える成果にはどのようなものがありましたか。そして今はどのような成果が出ていますか。

二次的な影響や予期せぬ結果はありましたか。その経験によって得られたものは、現在どうなっているか、またどのような波及効果があったかを確認しましょう。
   - » アクション：何が起こりましたか。それぞれ何を行い、その際にどのようなテクニックやアプローチを用いましたか。途中、どのような計画外の出来事があり、それによりどのような影響がありましたか。起こった出来事について、目にした通りに経験談として語りましょう。どこかにターニング・ポイントはありましたか。
4. では次に、物事の深層に潜むパターンや教訓を探りましょう。
   - » 脳の中や無意識の自己と向き合ってみましょう。さまざまなターニング・ポイントの前後や最中において、心に秘めていた感情や考えに思いを巡らせてください。この経験に携わってみてどうでしたか。あなたの行動や効果的な関与に（良くも悪くも）影響を与えたのは、他の人のどんな言動でしたか。
   - » あなたが捉えた、微かな合図は何でしたか。何かを見逃してしまったせいで、その後の展開に影響したということはありましたか。
   - » この経験を取り巻く状況、環境、雰囲気、カルチャーはどうでしたか。あなたの見方、行動、感じ方に影響を及ぼした、根底にある思い込みやバイアスは何でしたか。
   - » このような経験について学んだことのうち、この先、役立ちそうなことは何ですか。
   - » このような経験を成功させる方法を誰かに教えるとしたら、何を教えますか。どのような教訓を得ましたか。
5. プロジェクトの今後の展開を想像してみましょう。
   - » そのプロジェクトの将来像をつくり出しましょう。グループでこれを行えば、共有された未来からの引力を生み出すことができます。それにより、次回同じような状況に直面したときには、そこで教訓を生かすことができるのです。
6. 将来像が新たな学習課題を示している場合は、ゴールを決めて学ぶ進め方に取り組んでみましょう。

振り返って学ぶことは、さまざまなケースで活用できます。個人的な経験を振り返るとき。グループでの経験から学習したことをチームで洗い出すとき。誰かが過去の出来事から学びを得るのをサポートするとき。この３つのどのケースにおいても、会話を交わしたり、さまざまな見解を共有したりすることは、有意義な行為です。個人的な経験について自分一人で振り返ろうとしている場合には、誰か他の人を巻き込んで、相談相手になってもらうとよいでしょう。あるいは、事実を明らかにするための質問をしてもらえば、何が起こって、自分はどう反応したかをさらに深く探ることができます。

ツール2

ラーニング4.0の実践のための
テンプレート集

　このツールキットのテンプレートは、ラーニング4.0の7つの実践を活用する上で手引きとなるものです。自分一人で学習するとき、グループで学習するとき、他の誰かの学習を助けるときに、ここでご紹介するテンプレートを使ってください。

実践1：いざなう声に耳を澄ませる

この実践のねらい

　自分の欲求や興味関心を明らかにして、学習のモチベーションを揺るぎないものにします。チームの場合は、チームが課題に取り組む原動力となっているものが何かについて、共通認識をもつことが大切です。

実践方法

　以下の問いかけをしてみましょう。

- 自分やチームに呼び掛ける声は、何を学習せよといざなっているのか
- その声はどこから発せられているか
- その声の求める変化あるいは成長とは何か
- それは、奥底にある基本的な欲求、ライフ・ステージの試練、シャドウ、価値観、またはアーキタイプ（元型）と結びつくものか

リンク

　この実践について、詳しくは第5章を参照してください。ダウンロード可能なワークシートを入手するには、www.learning4dot0.com/unstoppable にアクセスしてください。

実践2：自分が望む未来を思い描く

この実践のねらい

　学習を推進したり、学習への注意力を高めたりするための方向づけを行います。その学習の方向性に関係のあるさまざまな機会を見逃すことのないように、自動システムの準備を整えます。学習の進め方を明確にするために開始点と終了点を設定します。

実践方法

　あらかじめ脳を学習に適した状態に準備する必要があります。その最適な方法の1つは、五感を使って未来を思い描くことです。将来の自分、チーム、または自分がサポートする相手がこうありたいと願う姿を鮮明に描きましょう。いわば、仮想未来をつくり上げるのです。その上で現在の状態を描写してみることで、現在像と将来像のギャップに緊張関係が生じるようにします。

　現在像と将来像の両方について、以下を明確にしてください。

- どのような背景や状況か
- そこに誰といるのか
- 自分や他の人が何をしていて、何をつくり出しているのか
- 何を感じ、見て、考え、聞き、察知しているか
- 何が起こっているか
- 雰囲気はどうか

リンク

　この実践について、詳しくは第6章を参照してください。ダウンロード可能なワークシートを入手するには、www.learning4dot0.com/unstoppable にアクセスしてください。

実践3：くまなく探索する

この実践のねらい

学習に用いる情報や学習リソース、経験が、確実に自分に合った、そして目的に合ったものとなるようにします。

実践方法

時間や労力、資金を学習リソースにつぎ込む前に、まずは全体を見渡して世の中の情報を把握してください。普段でも手の届くような学習の機会も含めて検討します。必要なものを見つけるために、スキャナー（人やサービス）を活用しましょう。そうすることにより、時間の節約となり、学習をうまく進められる可能性も高くなります。

スキャナーを選ぶ

以下のスキャナーのリストから、最適な学習リソースや経験を探す上で役に立ちそうだと思うものを選んでみましょう。各スキャナーの説明とその使い方については、「ツール4　スキャナーとその活用術」を参照してください。

- ☐ サイテーション・インデックス(引用索引)
- ☐ 研修検索サイト
- ☐ ソーシャル・メディア上のクラウドソーシング情報
- ☐ キュレーター
- ☐ 人事、研修、キャリア開発に携わる専門家
- ☐ 所属組織のリーダー
- ☐ 図書館員ならびに情報検索の専門家
- ☐ 定期刊行物を収蔵するデータベース
- ☐ マスメディア
- ☐ 職務経験や人生経験
- ☐ AIアシスタント
- ☐ 専門家が集まる協会あるいはカンファレンス
- ☐ 検索エンジン
- ☐ 内容領域専門家（SME）
- ☐ 準備が整った自分の脳

学習リソースや経験の候補を挙げる

　全体を見渡して探索しながら、将来像に向かっていく上で最も役に立ちそうな経験や学習リソースのリストを作成していきます。たとえば、以下を利用した学習体験を検討してみましょう。

- 記事
- ブログ、ウェブサイト
- 書籍
- ケーススタディ
- コーチ、メンター
- 会話や会議
- 講座、ワークショップ（対面式またはオンライン）
- ディスカッション
- 専門家
- ゲーム
- 講義やプレゼンテーション
- モバイル・ラーニング
- 職務経験、人生経験
- 定期刊行物や新聞
- ポッドキャスト
- ロールプレー
- 検索エンジン（学習リソースとして）
- シミュレーション
- ソーシャル・メディア
- チーム学習や職場での協働
- ビデオやYouTube

最適なオプションを決定する

　全体を見渡して探索をしたら、学習に用いる具体的な学習リソースや経験のリストを作成します。（例：「Xの論文を読む」「Yのオンライン・コースを受講する」「実際のプロジェクトZで訓練を積む」）

リンク

　この実践について、詳しくは第7章を参照してください。ダウンロード可能なワークシートを入手するには、www.learning4dot0.com/unstoppableにアクセスしてください。

実践4：点を線で結ぶ

この実践のねらい

学習に最適な構成を練り上げ、将来像を常に見据えるようにします。と同時に、新たに学習にいざなう声が生まれる可能性にも備えます。

実践方法

直面している学習課題の難易度を測ります。そして、その課題を乗り越えられるようなしっかりした学習の進め方を検討します。

難易度を測定する

ここでは、学習のために何をするかを決めていきます。まずは、その学習課題の難易度を測ることから始めましょう。学習難易度スケールの上に、開始点を示すXを記入してください。

1　　　　　　　　　　　　　　　　　　　　　　　　　　　　　10
簡単　　　　　　　　　　　　　　　　　　　　　　　　　　　難しい

学習の進め方を明確にする

学習の進め方が、以下のどれに該当するかを判断しましょう。

- **その場で学ぶ**。今この瞬間から学びを得られる状態です。あらかじめ計画していたわけではなくても、この状況をうまく利用することはできます。
- **ゴールを決めて学ぶ**。実現に時間と労力を要する将来像に向かって進んでいきたいと考えています。学習リソースの探索もしてあります。次は、どのように学習を進行するかを練る段階です。
- **振り返って学ぶ**。経験から学習し、まだ掘り起こし切れていない教訓を得たいと考えています。

通過ポイントを決める

　先に進むための計画を立てましょう。探索（実践３）を通じて、将来像に向かって進むための最適な学習リソースや経験を見つけました。次に、それらを将来像へと続く道程に配置していきます。これは指針であり、学習を進める中でおそらく変更することになると考えてください。リストを作成するのではなく、道を描いてみることで、成功に向けて脳をより活発に働かせることができます。

学習の旅に必要な道具を準備する

　これから始まる学習を冒険と捉えてください。以下のチェックリストは、この冒険を成功裏に導くために、どのように備えればよいかを示したものです。

- この学習の旅の地図に、チェックポイントを設定しておきましょう。これにより、いつ見直しのために立ち止まって、ビジョンの修正、進捗の確認、問題解決を行えばよいのかを把握できます。
- 学習教材やメモを保管するファイルを用意しましょう。
- 将来像に関して、自分がすでにわかっていることやできることを記録しておきましょう。その地点から、思い描く将来に向かって旅をするのだと認識してください。
- この旅を完遂するために必要となる講座に申し込んだり、アプリ、書籍、その他の教材を購入したりします。
- 学習および思考するのに適した学習空間を設けましょう。
- 学習および思考するための時間をカレンダーに書き込みましょう。
- 隙間時間がないか探してみましょう（通勤時間、パートナーの買い物や子どもの送迎に付き合っている間の待ち時間など）。その時間を、動画を見たり、記事を読んだりするのに充てることができます。こうした時間も学習の進め方の計画に入れるようにしましょう。
- 学習に影響のあるさまざまな要因のリストを作成しましょう。自分の中にある要因、環境の要因、対人的な要因などを挙げていきます。それらの中には、学習を促進するものもあれば、妨げるものもあるでしょう。

目標への追い風となる影響要因を強め、向かい風となる要因に対処する方法を決めましょう。
- 習得した新たな知識、スキル、感情的傾向を生かすときに、自分の周囲にいるであろう人たちを思い浮かべてください。その人たちには、学習計画の内容とその背景を説明しておきましょう。
- 自分が取り組んでいる学習の意図について仲間や同僚と話し、協力を得ましょう。

リンク

この実践について、詳しくは第8章を参照してください。ダウンロード可能なワークシートを入手するには、www.learning4dot0.com/unstoppable にアクセスしてください。

実践5：金脈を手に入れる

この実践のねらい

役立つ情報を脳の短期記憶に取り込みます。これによりニューロンの変化が始まり、脳全体が新しい長期的な能力を形成する準備に入ります。

実践方法

このフェーズでしっかりと経験、論文、書籍、講座、コーチングに取り組んでください。新しい情報やアイデアを脳に取り込んで記憶痕跡を残すことにより、学習したことを脳に定着させる準備が整うのです。

はじめに
- 学習がうまく運ぶように環境を整えましょう。気が散る雑音や集中の妨げになるものは取り除きます。ストレスを緩和し学習に集中しやすくするために、ホワイト・ノイズや音楽の中に身を置くようにします。
- 学習リソースを使用し始める前に、それぞれのリソースについて目を通しておきましょう。ツール5の学習テクニックを活用して、個々の経験や学習リソースから金脈を手に入れられるようにしてください。

金脈を手に入れる
- 学習に集中しましょう。脳に情報が取り込まれなければ、何も新たに保存されず、使用することもできないのです。
    » 体力とモチベーションがもつように管理しましょう。休憩を挟み、ちょっとした運動で気晴らしをします。問いかけの形で自分と対話し、答えを探してみてください。
    » 注意力の低下をコントロールし、また、その状態を利用するようにしましょう。集中を要する作業をいくつも同時に行わないようにしてください。たとえば、BGMに騒がしい音楽をかけることなどです。注意力の低下が起こったら、休憩に充てたり、脳の自動システムで

情報をまとめる機会としたり、創造的な思考を行う機会としたりして、うまく利用しましょう。
    » 学習内容への好奇心が高まりそうなことはすべて取り入れて、フロー状態を目指しましょう。問いかけを行うことから始め、自分の興味関心が最も強い情報から取り掛かってみてください。
- 思考を忠実に表現するメモの取り方を活用しましょう。こうしたメモを使うと、脳に保存しておきたいことを表現できます。また、学習したことを消化して、新しい情報を自分の欲求や既知の事柄と結びつけるのに役立ちます。
    » ツール３でいくつかのフォーマットを紹介していますが、自分のオリジナルのフォーマットをつくってもよいでしょう。その際は、視覚的な、相互の結びつきを示すメモになるよう心掛けてください。
- 真の金脈を手に入れましょう。何かを学習したい、そして将来像に向かって進んでいきたいという気持ちがあるからこそ、その学習リソースを使っているはずです。何に重点を置くかは吟味するようにしましょう。その学習リソース（書籍、人、講座制作者）と対話していると想像してください。自分には何が必要なのか、それを知ることがなぜ自分にとって重要なのか、あるいは必要なものをどこで見つければよいかを問いかけてみるのです。目の前にあるものすべてを学習しなければならないと感じる必要はありません。自分のビジョン、欲求、興味関心に縛られないようにしつつも、これらを常に見据えておきましょう。
- 真の金脈と偽物とを見分けましょう。自分の中にある、そして使用している学習リソースがもつ、さまざまな視点やバイアスを見極めます。学習に関連した、あなたの観点、信念、感情的傾向はどのようなものでしょうか。使用している情報源にはどのような視点、バイアス、価値観が含まれているでしょうか。情報とは力であり、何事にも何らかのバイアスが働くという点に留意してください。情報が、あるいは自分自身が、バイアスをかけるテクニックで操作されているときには、それを見抜けるようにしましょう。第９章で取りあげた、以下のようなバイアスをかけるテクニックに注意してください。
    » 類似性

- » 組み合わせ
- » 安易な因果論
- » プライミング効果
- » 単純接触効果
- » 損失回避
- » 不安を煽る
- » 数字を隠して情緒に訴える
- » 結果論
- » 単純化
- » ナロー・フレーミング
- » 自我がもつバイアス
- 物事の深層に潜むテーマやパターンを探りましょう。専門家でなければ見えてこないことや知らないこととは何でしょうか。一般化できそうなことはありますか。何が一番重要な情報でしょうか。そのコンテンツの主なポイントと相互の結びつきをマップで表したら、どのようになるでしょうか。

リンク

この実践について、詳しくは第9章を参照してください。ダウンロード可能なワークシートを入手するには、www.learning4dot0.com/unstoppable にアクセスしてください。

実践6：学びを定着させる

この実践のねらい

　学習していることを長期的に持続する能力へと変えていきます。つまり、知識の記憶、新たなスキルや習慣、信念や感情的傾向、そして創造的な成果へとつなげます。

実践方法

　学習したことを脳に刻み込むことで、目指す効果を得ることができます。新たな記憶、スキル、信念、感情的傾向、創造的なひらめきを獲得するための方法を編み出しましょう。

あらゆる学習で利用できる方法
　以下のテクニックを活用して、いつまでも消えることのない学びを得ましょう。

- 学習目標から生まれる引力を高めましょう。
    - » あらためて、自分が描いたビジョンにしばし思いをはせてみましょう。
    - » 五感を使うようにしてください。
    - » 仮想現実だと思って、そのビジョンの世界に没頭してみましょう。
    - » この学習がうまくいったときの気分を味わってください。
- 睡眠、休憩、時間間隔を活用しましょう。
    - » 一番ハードな学習は、朝のうちに、もしくは日中の最も活力に満ちている時間帯に行います。
    - » 学習したことの中で鍵となる洞察について、寝る直前に頭の中でさっと振り返ります。
    - » 学習をいくつかのまとまりに区切って、間に軽い運動やその他の活動を挟みます。
    - » ツァイガルニク効果を利用します。学習の山場で中断することで、

再開したときに、もっと知りたいという意欲をもって取り組むことができます。
- 異なる活動を組み込みましょう。
  » 一定の時間（5分、10分、15分、30分）ごとに、学習の種類に変化をつけてみます。
  » 考えてから読む、そしてメモを取る、または頭の中でテストをしてみる、といった具合です。
  » 一貫して同じ学習課題に取り組みながらも、さまざまな方法でそれを行うことで、相互に補強し合うことができます。
- 自分の現状やすでにもっている知識と、所々で結びつけて考えましょう。
  » 学習していることと、今の自分にとって大切なものを、頭の中で結びつけます。
  » 学習していることが、すでに知っていることや行っていることとどうつながるかを、自分の中で確認します。
- 誰かと一緒に学習するか、あるいは学習を通してわかったことについて、他の人と話をしましょう。
  » これにより、学習したことを自分の言葉に置き換えるという作業を確実に行うことができます。
  » 他の人からの質問も、自分の理解度や洞察を確認するのに役立ちます。
- 学習していることを使ってみましょう。
  » 40パーセントから50パーセントの時間を、学習していることについて考える、自分の言葉でメモにまとめる、将来像に結びつけて考えてみるといったことに使いましょう。

覚えておきたいことを記憶にとどめる方法
- 関連性を鮮明にイメージしましょう。そのために、いくつもの結びつきをもった強力な記憶痕跡を脳内に残すようにします。
  » 覚えておきたいポイントを相互に結びつけ、そして自分がすでにもっている他の知識と結びつけます。
  » その情報を活用するところを想像してみます（視覚野は人の脳の重要な部分を占めています）。

- » 他の人に教えたり、話したりします。
- » 自分でテストしてみます。
● いったん忘れて、そして思い出しましょう。
- » 何かを学習したら、その数時間以内にそれを覚えているか確認してください。翌日か翌々日に再度思い出してみて、さらに1週間後、そして1カ月後にも同様のことを行います。
- » いくつかのことは忘れてしまっているでしょう。しかし、忘れてから思い出すという行為によってより多くの結びつきが生まれ、記憶を取り出す経路が強化されるのです。
● 振り返りましょう。
- » 学習していることについて考えます。心の声を、そこに集中させましょう。
- » 自分に確認問題を出してみます。
- » その情報の背景にはどんな考え方があるのかということに思いを巡らせます。何が真実で、何が真実ではなさそうか、そしてどこにバイアスが掛かっていそうか、考えてみましょう。
- » 1つのことについて、さまざまな方法で考えると覚えやすくなります。
● 物事の深層に潜むテーマやパターンを探しましょう。
- » 主なポイントは何ですか。主軸となる概念やモデルは何ですか。
- » さまざまな場面で応用できるような一般論やガイドラインはありますか（たとえば、「音階において、Ⅱ、Ⅲ、Ⅵ、Ⅶの三和音はマイナーコードである」など）。
- » これらをマップや絵で表現するか、視覚的なイメージで思い描いてみます。

スキルと習慣を身につける方法
● しばらく初心者になりきりましょう。完璧を求めるのは、スキル習得の敵です。
- » はじめは小さな一歩から踏み出します。スキルを丸ごと一気にではなく、部分ごとに習得していくようにしましょう。
- » 手順書どおりに行動する、専門家をまねる、あるいはフィードバッ

クをもらうといったことを通して、スキルの細かな要素を1つずつ身につけるようにします。
  » このプロセスは「急がば回れ」です。そうすれば、悪い習慣がついて後からやり直しになるようなこともなく、より早く熟練の域に近づくことができるでしょう。
● チェックリストとフローを使って、スキルまたはメソッドの主な手順や構成要素を明確にしましょう。
  » 重要な要素を飛ばさないようにするために、チェックリストを活用します。あるいは、スキルや新たな習慣を構成する一連のアクティビティーの流れ（フロー）を想像してみます。
  » 頭の中で、一歩一歩段階を踏んで着実に進む自分の姿を思い描きます。
  » それぞれの手順を単に言葉で説明するのではなく、起きていることを視覚的に捉えます。
● 知覚学習法を活用しましょう。つまり、はっきりとした学習目的をもった上で、試行錯誤による学習を行います。
  » 身につけたいスキルや習慣が必要とされるような成長機会を、何度も経験するようにします。
  » 新たな場を経験するたびに以前よりも成長することを、自身の目標とします。そのために、うまくいったことといかなかったことについて自分で考え、他の人からもフィードバックをもらうようにします。
● アップダウンに対処しましょう。新たなスキルや習慣を身につけようとするとき、それを避けては通れません。
  » やめたくなったときや、めげそうになったときは、誰かに力を貸してもらったり、より細かな中間目標を設定して、そこに向かって頑張ったりしてみましょう。そして、自分にご褒美をあげましょう。小さな進歩が見えたことに対して、あるいはただ根気強く頑張っていることに対してでもよいのです。
  » 脳の自動システムがさまざまな働きをしているであろうことを認識しましょう。自動システムは、脳内の結合をつなぎ直し、筋肉を休ませ、古い習慣の名残に対処するだけでなく、何か新しいことに取り組むにあたり、その真価を試すといったことも行います。

信念と感情的傾向を見直す方法
- 自分を知りましょう。
  - » これは難しく、その上、将来像に没頭することの大切さとは一見矛盾するように思えるかもしれません。しかし、学習モードに入っているときには、没頭するだけでなく、その経験を一歩引いて見つめることも忘れないようにしましょう。
  - » 自分が何に重点を置いているのかに注意を払いましょう。新たなアイデアに対する自分の気持ち、信念、情緒反応に注目します。
- 信念が顔を出す瞬間を認識しましょう。また、将来像や学習目標に向かって進んでいくために、信念や感情的傾向を見直さなければならないときは、それを自覚できるようにしましょう。
  - » 次のような兆候に注意してください。必要な知識もスキルもあるが使っていない。過去にはうまくいっていたが、もはや有効とはいえない習慣が残っている。新しいアイデアの実践に後ろ向き、またはしっくりこない。
  - » 自分の感情的傾向や信念が、学習の妨げになっていないか自問してみましょう。
- 自分の感情的傾向や信念について、新旧を比較してみましょう。
  - » 以前のままとすべき理由、新たなものにすべき理由をリストにまとめます。
  - » 双方の理由を比較検討し、変化に踏み出すかどうかを判断します。
- 感情的傾向を見直すことのメリットをリストアップしてみましょう。
  - » 自分の感情的傾向や信念を変えたいと決めた場合には、以前のまま変えない理由のすべてと、新たな感情的傾向や信念を取り入れることのあらゆるメリットを、リストにまとめます。
  - » 以前のままとすべき理由を上回り、納得できるまで、変化することのメリットをリストアップしましょう。こうした変化は難しい場合もあり、大抵は多くの場面でさまざまな行動に影響を及ぼします。
  - » さまざまなメリットをイメージし、目指す変化についての将来像を描きます。

学習から創造的なひらめきを得る方法
- 創造性を高める準備を整えましょう。
  » 脳が無意識に働く仕組みを利用します。それにより、学習活動に直接関係がなくても、自分がもつ疑問に対する答えを見つけたり、直面している問題の解決策を見つけたりできるようにします。
  » 問題や疑問について考える時間をもち、創造的なひらめきを見つけたいと自分に言い聞かせます。
  » その後、疑問または問題を一度脇に置いて、論文を読む、ワークショップに参加する、プロジェクトに取り掛かるなどしましょう。
- 学習リソースを活用して、創造力を刺激しましょう。
  » 学習リソースと向き合っているときには、自分の抱える疑問や問題に関係がありそうなひらめきにオープンでいるようにします。
  » さまざまな考えが思い浮かんだら、それらを批判するのではなく受け入れましょう。
  » 学習しているときは、創造的な思考に特にオープンになります。このように、脳が探索的な状態になるメリットを実感してください。
- 創造的なひらめきをつかまえましょう。
  » そのひらめきが、必ずしも大きな学習目標の中核を成すものとも、対処したい問題や疑問に関係するとも限りません。
  » 忘れてしまわないように、どこかに記録しておきましょう。

リンク

この実践について、詳しくは第10章を参照してください。ダウンロード可能なワークシートを入手するには、www.learning4dot0.com/unstoppable にアクセスしてください。

実践7：現実で実践する

この実践のねらい

　学習したことをいざ現実で実践したいと思っても、自分の中の古い習慣や周囲の状況のせいで、現状から抜け出せないこともあるかもしれません。学習したことを生かし、それを長期にわたり持続性のあるものとするには、特別な手立てが必要となるでしょう。

実践方法

　自分が学習したことを受け入れ、定着するように、以下の手順を実行しましょう。

- 変化を成功させる準備
    - » 自分の中にある力と環境がもつ力で、変化の追い風となるものと向かい風となるもののリストを作成します。
    - » プラスに働く力を強め、マイナスに働く力を抑えるにはどうしたらよいか判断します。
    - » 今後を左右するようなゲームブレーカーとなるものがある場合は、対処法を検討しておきます。
- 仲間をつくる
    - » 同僚、上司、友人、配偶者、コーチなど、変化の過程で力になってくれそうな人が他にもいるかもしれません。
    - » 変化を起こそうとしていることを周囲に伝えるだけでも、自分の決意が公になるので、心理的にも社会的にも後戻りがしづらくなります。
    - » 誰に味方になってほしいかを考えます。
- 変化を喜ぶ
    - » たとえ小さなことでも何かを達成したなら、それをたたえましょう。
    - » ご褒美や称賛の機会を用意します。たとえば、カレンダーに数日ごとに言葉が表示されるようにする、何か楽しいことを自分へのご褒美に

する、チーム・メンバーでそれまでの進歩を認め合う場を設けるといったことです。変化の過程の初期の段階では、こうしたことをより頻繁に行うようにします。

» 一歩前進したときも、及ばなかったときも、その都度しっかり認識して、経験から学ぶようにしましょう。
» 所々で変化をたたえるために自分なら何をするか、考えてみましょう。

リンク

この章について、詳しくは第11章を参照してください。ダウンロード可能なワークシートを入手するには、www.learning4dot0.com/unstoppable にアクセスしてください。

ツール3

思考を忠実に表現するメモの取り方

　金脈を手に入れ、学習を定着させる上で役に立つ、3通りのメモの取り方を以下に紹介します。学習の際に脳内で結びつけたいことを忠実に表現するのに活用できます。

ダイアグラム

　このフォーマットは、何かを一度聞いたり、読んだり、経験したりしただけでは整理するのが難しい、さまざまなアイデアを結びつけるのに役立ちます。主要テーマ同士は、結びつきがない可能性もあります。たとえば、図T3-1のダイアグラムに記載されている各テーマは、自分が取り組んでいる別々の学習課題を示していることも考えられます。ある主要テーマを見つけたら、斜線を一本引きます。関連するアイデアが出てきたら、該当すると思うところに順次つなげていきます。長い文ではなく、短めのフレーズや少ない言葉で表現しましょう。視覚的な結びつきによって意味をもたせることができるので、余計な言葉は必要ありません。

図T3-1. ダイアグラムの例

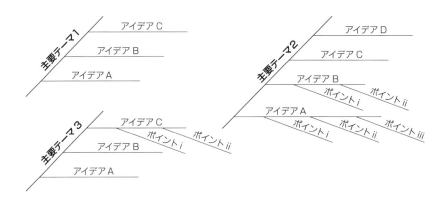

ビジュアル・マップ

　思考やアイデア同士の結びつきをメモで視覚的に表すという考え方は、何世紀も前から存在していました。ビジュアル・マップは、通常はスパイダー・ダイアグラムのような見た目をしていて、1974年にトニー・ブザン（Tony Buzan）が、テレビでマインドマップを紹介したことにより一気に注目を集めました。ビジュアル・マップは、自分が利用している学習リソースから得たテーマや思考のつながりをネットワーク状に表します。あるいは、アイデアと、自分の考えや計画との間の結びつきを表します。ビジュアル・マップをつくる際には、どのようなテーマでも複数の結びつきをもたせることができます。そのため、創造性に富んだ、非常に引き込まれる活動となります。ビジュアル・マップを描くと、ハイレベルな情報処理を促したり、物事の深層に潜むパターンを探したりするのに役立ちます。さらに、短期記憶と長期記憶の両方が強化されます。頭に浮かんだことを書き留め、それぞれを結びつけて、互いにどう関係するのかを表現してみましょう。

　本書の冒頭では、本書のビジュアル・マップを掲載していますが、図T3-2のようなビジュアル・マップもあります。ここで、項目は複数の別の項目と

結びつく場合もある点に注目してください。重要なのは、関連付けを行いながら、対象のコンテンツにも自分のニーズにも合った整理方法を見つけることなのです。

図T3-2. ビジュアル・マップの例

学習活用ノート

　学習活用ノートが、学習に関する情報を記述するメモのフォーマットとして優れているのは、意識をして、情報をより深く理解することができ、第10章で取り上げた4つの学習成果へとつなげるために役立つからです。図T3-3のフォーマットを、情報量の多い複雑な学習場面で、ぜひ活用してください。

　学習している情報を習得した、仮想未来の自分を想像してください。それから、何かを読んだり、聞いたり、試したりしながら、記憶したいこと、習得したい、あるいは磨きをかけたいスキルや習慣、見直したい信念や感情的傾向、自分が得た創造的なひらめきについて、書き留めるようにしてください。これは、集中力を高める上で大変優れた手法です。何かを読む、ポッドキャストを聞く、クラスに参加するといったことをしながら、そこに意味づけをしていくので、学習にしっかり向き合うことができるのです。また、学習したことをどう現実で実践するかということを計画する上でも役立ちます。

図T3−3. 学習活用ノート

将来像			
記憶したい知識 (事実、アイデア、概念)	習得したいあるいは 磨きをかけたい スキルや習慣 (身体的、対人的、 個人的、知的スキル)	見直したい信念や 感情的傾向 (新たな考え方、優先 順位、価値観)	創造的なひらめき (革新的なアイデア)
自身の変化を促すためにできること		周囲の変化を促すためにできること	

 リンク

ダウンロード可能な学習活用ノートを入手するには、www.learning4dot0.com/unstoppable にアクセスしてください。

ツール4

スキャナーとその活用術

　ラーニング4.0を実践する上で最も難しいことの1つは、最適な学習リソースを見つけることです。幸いにも、その助けとなるさまざまなスキャナーが存在し、さらなるサービスや手段も続々と登場しています。情報の波にのまれることなく必要なものを取捨選択する際の助けとなるサービス、ツール、人を、以下に一部ご紹介します。

　こうしたスキャナーを使いこなすには時間が掛かると思っていませんか。その通りです！　ただ、長期的に見れば時間の節約になりますし、より良い学習体験が得られるでしょう。とにかく、いろいろと試してみてください。さまざまなスキャナーをオールマイティーに使いこなすことは、ラーニング4.0の神髄ともいえます！

サイテーション・インデックス（引用索引）

例

- 無料サービス（Google Scholar など）
- 購読サービス（Science Citation Index、Social Science Citation Index、Arts and Humanities Citation Index、Web of Science など）

活用のための注意とヒント

　上記のような検索ツールを使うと、専門家に最もよく名前を挙げられてい

たり、参照されたりしている人物や文献を見つけることができます。編集の段階で論文の品質を検査するような出版物に掲載されている場合は、検索ランキングが上がり、それだけ信頼性も高いといえるでしょう。索引は通常、1つの内容領域や学問分野（社会科学、心理学、ビジネスなど）に特化したものとなります。したがって、自分の学習のニーズが特定の内容領域のカテゴリーにあてはまるかを判断する必要があります。その分野が目まぐるしく変化している場合は、近年のものに絞って検索するとよいでしょう。検索する際には、テーマと併せて期間を指定することも可能です。

ソーシャル・メディア上のクラウドソーシング情報

例

- Facebook
- LinkedIn
- Twitter
- Instagram
- 個人的なつながりおよび専門家ネットワーク

活用のための注意とヒント

　学習したいことがあったら、自分の個人的なつながりや専門家ネットワークで情報を求めましょう。学習課題に最適な講座、論文、実務経験、専門家およびその他の学習リソースのお薦めを尋ねてみてください。概して、人は手助けするのが好きなものです（その一因は、良い気分にさせる物質のオキシトシンが分泌されるためです）。ですから、自分が何を学習しようとしていて、どんな情報を求めているのかを、遠慮せず周りの人に伝えましょう。もしかしたら、最新の情報や学習リソース、あるいは知る人ぞ知る新進気鋭の内容領域専門家を紹介してもらえるかもしれません。

キュレーター

例

- テーマに沿って資料を編成する出版者
- 対象テーマについての社内のキュレーター
- Pinterest
- Flipboard

活用のための注意とヒント

　博物館やギャラリーには、コレクションを整理し、その真贋を保証する、キュレーター（学芸員）がいます。情報の世界でも、有料、無料を問わず、爆発的に増え続けるオンライン情報に対処するために、同様の整理作業が急速に広まっています。

　各領域のさまざまなテーマや動向を見つけて整理し、まとめまで行うビジネスやウェブサイトが登場しています。キュレーターは新しく出現した類のスキャナーなので、そこで勧められていることを鵜呑みにする前に、そのキュレーターの実績、専門分野、行動指針を確認するようにしてください。自分が学習しようとしている分野で活動しているキュレーターがいないかどうか、内容領域専門家、出版社、専門家団体、所属組織の人材開発部門の職員などに尋ねてみましょう。

　自分で独自のキュレーションのプロセスを考案することもできます。Pinterest と Flipboard は広く使われている例であり、ユーザーがキュレーターの役割を担います。興味関心のあるテーマを決め、当該サービスを利用して関連情報の収集に活用します。

所属組織のリーダー

活用のための注意とヒント

　企業や機関に勤務している場合は、そこでリーダー職に就いている人をスキャナーとして頼ってみましょう。自分の描く将来像を伝え、どのような知識やスキルの習得を検討すべきか、アドバイスを得てください。また、お薦

めの実務経験、学習リソース、学習を支援してくれそうな人物を教えてもらいましょう。それにより人脈も築くことができ、こうしたリーダーたちを自分の学習の味方につけることも可能となります。

所属組織の学習の専門家

例
- 人事部
- 教育担当の部署
- キャリア開発や人材開発を担当する部署

活用のための注意とヒント

　企業の規模にかかわらず、社内には大抵、学習リソースに詳しい人がいて、一般的なものから特殊なものまで、目的のスキルや知識に応じた学習リソースの見つけ方を知っているはずです。そうした人に連絡を取り、自分の将来像について相談してください。また、講座、現場でのさまざまな機会、特別な業務などを見つけるのに協力してもらい、他にも学習に関する支援を得られるように依頼しましょう。もしかしたら、社内プログラム、資金援助、学習のための休暇制度などがあることを発見できるかもしれません。

　このように社内の人と話をすることで、自分を支えてくれるネットワークがどんどん強化されていきます。自分のこと、そして自分がもっている興味関心や学習意欲について、さらに知ってもらうことができます。彼らとの会話を通して、将来のチャンスにつながるような、より長期的な人脈づくりができるかもしれません！

図書館員、図書館リソース・ガイド、情報学者

活用のための注意とヒント

　最近の図書館は従来のものとは別物です。従来から、図書館員は情報を調べるための訓練を受けていたものの、今日では、世の中のあらゆる種類の情報を見つけられなければなりません。こうした検索の専門家は、検索ワード

の工夫の仕方や、情報資源を幅広く見つける方法を熟知しています。また、見つけた学習リソースが信頼できるものかを判断するのも手伝ってくれます。

　大学や企業の図書館は一見の価値があるものが多く、大抵はオンラインの検索サービスを提供しています。大学のウェブサイトで「図書館」のセクションを見てください。自分の学習のテーマや目標に関係のある学習リソースを中心にいろいろ見てみましょう。多くの大学図書館では、主要な分野のリソース・ガイドが用意されており、定期的に更新されています。オーストラリアのクイーンズランド大学（The University of Queensland）は、素晴らしい図書館リソース・ガイドを有しています。guides.library.uq.edu.au からぜひアクセスしてみてください。

オンライン研修検索サイト

例

- Onlinecollegecourses.com
- Udemy.com
- Coursera.org
- Udacity.com
- KhanAcademy.org
- Lynda.com
- SkillSoft.com

活用のための注意とヒント

　世の中には何千という講座やワークショップがあります。そのすべてについて知ることは不可能ですが、自分にとって役に立つであろう学習リソースを絞り込んでいく方法はあります。オンライン研修検索サイトは、優れた検索ツールです。オンライン講座の検索に加え、それがどのサイトにあるのかを示してくれるものもあります。これを活用すれば、検索からコースの申し込みまでが1カ所で済む、ワンストップ・ショッピングが可能となります。主要な大学や教育機関のオンライン講座を含む多くの講座が、こうした研修検索サイトに登録されているためです。その他に、多岐にわたる無料講座お

よび有料講座が、テーマごとにまとめられているサイトもあります。

　勤務先が指定あるいは提供しているものでない限り、最初に見つけたワークショップや講座を即決するのはやめましょう。上記のようなオンライン研修検索サイトで数分検索してみる価値はあります。さらに、どのようなプログラムが提供されているのか、プログラムの概要を見てみるだけでも、何が自分に必要かという視点を磨く上で参考になるはずです。

定期刊行物を収蔵するデータベース

例
- Newspapers.com
- ウィキペディア（List of Academic Data Bases and Search Enginesのページ）
- Scholar.google.com

活用のための注意とヒント

　定期刊行物は、定期的に発行される出版物です。どれだけ学術的であるか、どれだけ厳しい規定に照らして信頼性を検査されるかはさまざまです。また、無料のものも購読ベースのものもあります。

　最も学術的なのは、論文審査のある学術誌です。そこに掲載される論文は、他の専門家からの審査を受け、なおかつ他にも妥当性と信頼性に関する基準を満たす必要があるからです。それに次ぐのは、ジャーナリストによって記事が書かれる雑誌および新聞です。ジャーナリストは、職業規範にのっとった客観性をもつよう訓練されています。そして、必ずしも信頼できる情報が含まれるとは限らない大衆誌の存在もあります。

　世に出されている定期刊行物の数は膨大です。しかし、定期刊行物を収蔵するデータベースを使用すれば、自分にとって必要なものを検索できます。少し時間を割いて、有用な学習リソースへと導いてくれるデータベースを見つけましょう。自分が学習したい事柄について、執筆者たちがどう述べているかに着目し、学習の次の段階で利用できそうな記事をいくつか見つけてください。

AIアシスタント

例
- Siri
- Cortana
- Viv
- Alexa

活用のための注意とヒント

　AIアシスタント・アプリは情報を見つけるのに役立ちます。スキャナーの中でも急速に成長を遂げているこのカテゴリーを使いこなすには、質問、そして声による明確な指示が鍵となります。ますます増える情報の世界で、質の高い情報をキュレートしたり見つけたりするのを助けてくれる、専門的なアシスタントやソフトウェアに注目しておきましょう。

専門家団体、カンファレンス

活用のための注意とヒント

　自分の将来像と関係する課題に取り組んでいる、専門家向けの団体やカンファレンスがあったら、チェックしてみましょう。そして、そこでの議題を探して、網羅されているテーマをざっと見渡します。関心のある分野について誰が講演するのかを確認し、動向を把握します。それによりわかったことを生かして、将来像に磨きをかけ、検索を絞っていきましょう。

　専門家団体の代表者や役員の一覧には目を通すようにしてください。自分が学習しようとしている事柄に関係する、有用な書籍や論文を執筆していたり、動画やウェブセミナーを投稿したりしているメンバーはいませんか。話をしてみたい専門家がいるかもしれません。団体あるいはその分科会を率いる人たちの助けを借りて、目標を手直ししたり、学習に役立つリソースや体験を見つけたりできる可能性もあります。

　現在の職業や関心分野で何らかの団体のメンバーに加わると、こうした情報へのアンテナを張り続けることができるでしょう。

検索エンジン

例
- Google
- Yahoo
- Bing

活用のための注意とヒント

　ぱっと浮かんだ疑問を解決するために、誰もが検索エンジンを使っています。では、課題に取り組むための学習リソースを明確にし、それを見つけるために活用するには、どうしたらよいでしょうか。

　それを適切に行うには、検索エンジンがどのような構造になっているかを理解し、広告のバイアスに引っかからないようにする必要があります（有料項目が最初にくるように配置されるのです！）。また、どのような検索ワードを使うかも重要で、探しているものに特化していなければなりません。検索エンジンを使うことで、多くを学習することが可能です。質問を入力して、1行目の情報を読み、さらなる質問を入力して、導かれるままにたどってみるといった具合です。検索結果をあちこち読んでみることで、自分の学習分野について驚くほど豊かに全体像をつかむことができます。そうすることで、腰を据えて見出しの先を読み始める前に、自分の考えや、さらには将来像をも形成しやすくなります。

　検索を行う際には、具体的な用語を、最も重要なものから順番に指定するようにしてください。検索エンジンでは、and、or、not といった語を使って検索条件を広げたり、絞り込んだりすることができる「ブール論理」が用いられます。以下のように、的確な言葉やフレーズをブール論理と共に使用することで、検索条件をつくり上げましょう。

- and または＋を使用して検索対象を絞り込みます。
    » たとえば、「学習 and 成人」と検索した場合、両方の語が含まれる項目がヒットします。ただし、複数の語は必ずしもひとまとまりであったり、指定された順序通りになっていたりするわけではありません。

- » 複数の語が指定されている場合、検索エンジンは and が使用されているとみなします。
- どちらかに該当すればよい場合は、or を使用します。
- not を使用して検索対象を絞り込みます。
  - » たとえば、「リーダーシップ　大学 not 本」などです。
- and と or を組み合わせる場合は、or の言葉を括弧で囲みます。
  - » たとえば、「学習 and (成人 or シニア or 大学生)」などです。
- フレーズをそのまま指定したい場合は、引用符を使用します。
  - » たとえば、"formal learning" などです。
- 句読点および a や the といった語は、検索で特に重要でない限り使用しないようにします。
  - » たとえば、"the learner's guide" という論文または書籍の名前を指定するなどです。
- 大文字は使用しません。
- 複数形や過去形ではなく、単語の基本形を使用します。
- 入力途中でオートコンプリート（検索ボックスの下に表示される言葉）にどのようなものが出てくるかにも注目しましょう。そこから良いアイデアにたどり着けるかもしれません。
- 類義語や同義語を含めてもよい場合は、チルダ（~）を使用します。
  - » たとえば、「~ 学習」と検索した場合、学習に加え、教育もヒットします。

内容領域専門家（SME）

活用のための注意とヒント

　学習しようとしている領域に関して、つてや専門知識がある人を知っている場合は、連絡を取ってみましょう。「成功の鍵となるのは、主にどのような知識、スキル、価値観、信念か」「第一人者は誰か」など、具体的な質問を投げかけるようにしてください。自分の将来像について話し、この学習の旅に組み込むべき学習リソース、体験、専門家について、アドバイスをもらいます。どのような進め方がよいかについてもアドバイスしてもらいましょう。これは、人脈を広げるきっかけにもなり、継続的な関係を築いて応援し

てもらえるとともに、学習の仲間の候補ができるのです。

動画とテレビの各種サービスおよびチャンネル

例
- テレビやケーブル・テレビのチャンネル
- インターネットのストリーミング・サービス
- YouTube

活用のための注意とヒント

　テレビ、ケーブル・テレビやインターネットのストリーミングで、興味関心のある分野に関連するチャンネルや動画サービスがあるかもしれません。NetflixやAmazon Primeなどのサービスでは検索機能も提供されているので、ビデオ教材として役立ちそうなものを探すために使えます。また、YouTubeは、チャンネルや個々の動画を探すための大変優れた検索機能を備えています。

　こうしたサービスで検索してみると、何がトレンドになっているか、動画を視聴者がどう評価しているかといったことがわかります。ただし、人気はあくまで1つの要因でしかなく、それが自分のニーズに最適な検索条件とは限らないことを認識しておく必要があります。

準備が整った自分の脳

活用のための注意とヒント

　人の脳は、身近な世界を調べる上で素晴らしい検索エンジンとなります。将来像が出来上がれば、それに関係するさまざまな機会や学習リソースや体験を、脳が自然とキャッチするようになります。将来像をもつこと、そして、脳がアンテナを張り巡らすように好奇心にあふれた状態でいることが鍵です！

ツール5

学習リソース別ヒント

　ラーニング4.0では、あらゆる学習リソースからの学習が可能です。ラーニング4.0の実践者は、使用する学習リソースそれぞれのメリット、落とし穴、基本的な構成を理解しています。また、各学習リソースに最適なテクニックも把握しています。このツールを活用すれば、さまざまな学習リソースをより使いこなせるようになります。学習を可能な限り効率的かつ効果的に行いたいときには、ぜひ参考にしてください。

学術論文、専門雑誌

ラーニング4.0の実践者の視点
メリット：
- 自分なりのペースと順序で読むことができます。どこまで深く読み込むかも自分で決められます。
- 途中で立ち止まって考えたり、連想したり、メモを取ったりできます。

注意点：
- 受け身になったり、注意力が低下したりしがちです。
- 自分にとって必要な情報がすぐには見つからない場合もあります。

一般的な構成：
- 重要な情報は、要旨および、はじめと終わりにあります（結果、結論、考察、今後の研究課題分野）。

- 通常、各セクションの冒頭1～2行から、そのセクションの主なポイントがわかります。

ラーニング4.0の活用
- 執筆者の資格や所属を調べましょう。しかるべき専門性の持ち主であることを確かめたら、なるべく本人と実際に会話しているつもりで読み進めます。
- 冒頭の要旨または要約、導入部分、最後の数段落、各セクションの見出しと最初の行を読むことで、内容をざっと確認しましょう。いったん立ち止まり、論文が何に関するもので、なぜ重要なのかを、頭の中で挙げてみます。研究論文なのか、文献レビューなのか、学説の論文なのかも把握しておきましょう。自分が求めるものを明確にしてください。
- 結果、考察、結論のセクションを早めに読みましょう。いったん立ち止まり、主なポイントを頭の中で挙げてみて、記憶の枠組みをつくります。学習しながら考えをまとめるために、ビジュアル・マップを描いてみるのもよいでしょう。
- すべてを読む必要はありません。必要なもの、読みたいものを読むようにしてください（上記の3つの手順を実行するだけで十分な場合も多いです！）。執筆者と会話していることを想像して、自分の中に生じる疑問に従って読んでみましょう。はじめから終わりに向かって、順番通りに読まなくてもよいのです！
- 長い論文の場合は、自分の興味関心が高まったところでやめて、短い休憩を挟みましょう。もしくは、15分～30分ごとに読むのをやめるようタイマーをセットしておき、歩き回ったり、環境を変えたりしてみます。

ニュース記事

ラーニング4.0の実践者の視点
メリット：
- 最新の情報が含まれています。
- 専門的な訓練を受けたジャーナリストにより執筆されているため、ある

程度の客観性があることやバイアスを想定できます。
- 短時間で読むこと、ざっと目を通すことを想定した構成となっています。

注意点：
- 分析というよりも、出来事に着目した情報となっています。

一般的な構成：
- 最初の1～2段落目に、主要な情報（誰が、何を、いつ、どこで、なぜ、どうやって）が含まれています。
- 続いて、さらに詳細な情報が重要度順に（高いものから低いものへ）述べられます。

ラーニング4.0の活用
- 主要な情報を得るために、まず1段落目を読みます。それから、さらに読み進めるか決めましょう。
- 十分な情報を得られたところで読むのをやめましょう。
- ニュース記事は、ざっと目を通すのに向いた構成となっているということを念頭に置いておきましょう。

ブログ

ラーニング4.0の実践者の視点

メリット：
- 大まかな情報であることが多いですが、クリックして「続きを読む」ことで、さらに詳しく学習できる場合もあります。
- ブログ投稿には日付があり、大抵は最新のものから以前のものへと順番にリスト化されています。
- ブログやウェブサイトの執筆者が専門家である場合、通常はその人の最新の考えが掲載されています。

注意点：
- ブログは意見記事であり、客観的な論文とは異なります。
- ブログは誰でも公開できます。執筆者の経歴や信頼性は必ず確認しましょう。

- ウェブサイトで継続的に注目記事として掲載されている場合、何かを売り込むためのバイアスがかかっている可能性があります。

一般的な構成：
- ブログは大抵短く、執筆者の思考の過程が反映されたものとなっています。

ラーニング4.0の活用
- ブログ執筆者の経歴や他の活動をチェックし、信頼性があるのか、どのような視点やバイアスをもっていそうかを判断しましょう。
- セクション見出しがある場合は全体を見渡してみて、ブログでどのようなことを取り上げているのかを把握しましょう。
- 事実や統計が述べられているブログでも、全体的にバイアスがあることを肝に銘じておきましょう。どこから引用されたものかを確認し、情報源の信頼性に留意してください。

ノンフィクションの書籍

ラーニング4.0の実践者の視点

メリット：
- 著者によって、あるテーマに沿った考えや情報が丁寧にまとめられています。
- 正式に出版された書籍に含まれる情報は、読みやすさと質を保つために、何らかの形で編集やレビューを経ています。
- ざっと見る、読み飛ばす、しっかり読む、詳しく調べるなどが、自由自在にできます。

注意点：
- 多くの人が、部分的に読み飛ばしたり、はじめから終わりまで順番に読まなかったりすることに後ろめたさを感じます。
- 自費出版の書籍は、内容がお粗末であったり、編集やその他のレビューを経ていなかったりする場合があります。

一般的な構成：
- 著作権表示に記載されている年と著者のプロフィールから、その分野に

おける著者の専門性と情報の新しさに関して、ある程度の見当をつけることができます。
- 導入部分、概説の章、および目次から、読者にこの書籍をどのように捉え、どのように利用してほしいかという、著者の思いがわかります。
- 要約や結論には大抵、主要なメッセージやポイントが簡潔に総括されています。
- 索引は、各テーマにどれだけ重点が置かれているか、そして特定のテーマに関する情報がどこにあるかを示しています。
- 参考文献一覧を見ると、その書籍の背景にある知識の範囲や、どのようなバイアスがかかっている可能性があるかについて、ある程度のことがわかります。ある情報がどれだけ新しいものであるかが示されていたり、学習に役立つさらなる学習リソースを見つけられる場合もあったりします。

ラーニング 4.0 の活用
- 読み始める前に、手早く全体像をつかみましょう。取り上げられている内容や章立てを把握します（セクション見出し、要約、あるいは図はありませんか）。
- 著者の経歴と資格をチェックしましょう。書籍が自費出版されたものである場合は、いっそう厳しく見極めるようにします。
- 目次を確認して、内容を自分の言葉で要約してみましょう。
- 概要や要約の章、他にも全体像をつかめそうな部分があれば読みましょう。著者の視点、価値観、バイアスを読み取ってください。
- 自分なりの心構えをしましょう。自分にとってどんな価値があるのかを言語化し、この書籍の読み方や使い方を簡単に計画します。また、メモを取るかどうかを決めておきましょう。メモを取ったほうが、読んだことを記憶しやすくなりますので、ぜひやってみてください！
- 著者と双方向の会話をもっているようなつもりで書籍を読みましょう。頭から読み始めて著者に会話の口火を切ってもらい、その流れに任せてみますか。それとも、自分の中の大きな疑問の答えを見つけるために、どこか別の位置から読み始めますか。

- 索引を見て、興味関心を引かれる用語を見つけましょう。そして、索引から興味が湧いたテーマのページだけを読むようにします（これは焦点を非常に絞り込んだ、素晴らしいテクニックです）。
- 自分の好奇心に従ってみましょう。すべてを読むことにこだわる必要はありません。予備知識がないことは良い面もあります。たとえば、「この用語の意味は何だろう。前の章で紹介されていたようだ。次はそこを読んでみよう」といった具合に考えればよいのです。
- 読んだことの要点を定期的にまとめ、将来像や自分にとって重要なことと結びつけて考えてみましょう。

ケーススタディ

ラーニング4.0の実践者の視点

メリット：

- リスクの少ない環境で、新しい概念を応用し、問題解決の訓練を積むことができる安全な方法です。専門家の援助の下、学習につながるポイントが豊富に準備されています。
- ケーススタディをグループで読めば、さまざまなアイデアやアプローチについて話し合うことができるので、学習したことを定着させるのに効果的です。

注意点：

- ケーススタディで得られる教訓が、自分の環境やニーズと明確な関連性があるものではないかもしれません。
- 主要な教訓について議論する「デブリーフィング*」がしっかりと行われなかったり、省略されたりしがちです。

一般的な構成：

- 冒頭で、主要な登場人物とそれぞれの関心事、問題の状況、ケースの課題が紹介されます。
- 取るべき対応に影響するような背景がある場合、これまでの経緯が盛り込まれることもあります。

＊事後に行う事実確認、振り返り

- 財務情報などの情報が含まれる図表やデータシートについては、内容について読み取る必要が生じる場合もあります。
- 分析すべき解決策の候補が提示される場合もあります。
- デブリーフィングを必ず実施するようにしてください。そこで、自分の見解や解決策を確かめ、より豊富な経験から導き出された結論と比較することができます。

ラーニング4.0の活用
- ケースの内容を見直しましょう。特に導入資料や最後の数段落、あるいは自分の問いに対する答えが出てくるようなところに、注意を払うようにします。
- このケーススタディに取り組む意義を自分の中で確かめましょう。何を学習し、何を今後に生かすつもりですか。それは、将来像や将来起こり得るさまざまな状況に、どうあてはめることができるでしょうか。
- ヒントを探しつつ、そしてこれまでの経緯に留意しながら、ケースをじっくり読み込みましょう。このケースの核を成す主要事項をまず理解してから、提示されている問題に取り組むようにします。
- SWOT分析をしましょう。このケースを左右する、強み（Strength）、弱み（Weakness）、機会（Opportunity）、脅威（Threat）は何ですか？
- ケースあるいは状況を理解することにつながる分析モデルやチェックリストがあれば活用しましょう。モデルを用いることで、重要な選択肢やアイデアの取りこぼしを防ぐことができます。
- 学習したことのデブリーフィングを実施しましょう。記憶にとどめたいことは何ですか。磨いていきたいスキルはありますか。新たな価値観や信念に触れましたか。創造的なアイデアはひらめきましたか。ケースを上辺だけの経験にせず、深層に潜むテーマやパターン、そして最適な解決策を導き出しましょう。金脈を手に入れようとしなければ、それは学習ではなく単なる経験に過ぎなくなってしまいます。

協力関係にある正式なコーチおよびメンター[1]

ラーニング4.0の実践者の視点

　コーチは、短期または長期の具体的な開発課題の実践を支援してくれる人です。コーチは、自身が有する知識を提供してくれるものの、技術的なアドバイスや指示をするわけではありません。コーチの最たる価値とは、現在直面している変化へ対応すること、あるいは根本的な変化を遂げようとすることに対して支援してくれることにあります。

　一方、メンターはまた別の支援をしてくれる人です。具体的な短期目標や長期目標というよりは、人としての総合的な成長と成功に関わる支援(技術的な専門知識、業界や所属組織についての深い知識など)を提供します。メンターの最たる価値とは、内容に関する支援や、さまざまなものへの橋渡しをしてくれることにあります。

メリット：
- コーチは、目標の設定方法、学習課題の作成方法、自分の変化のコントロール方法を学ぶ支援をしてくれます。
- コーチは、大きな自己を深くまで見つめる手助けをしてくれます。それにより、学習を、より深くに潜む自己洞察、欲求、目的と結びつけることができます。目標は、その過程で一個人として成長することです。
- メンターとの関係性では、将来像の内容領域に関わる専門的な知識や助言を得ることができます。もしくは、人脈を広げたりキャリア転換を図ったりする際に、力になってもらうことができます。
- コーチもメンターも、将来像の実現を追求する上で、個人的に協力したり応援したりしてくれます。

注意点：
- コーチやメンターとの関係性は、個人と直に接することで築かれます。そのため、互いに尊重し、信頼し、深く関与することが必要です。信頼できない相手は避けましょう。
- コーチやメンターから学び、支援を受けている立場であっても、あらゆる話し合いにおいて彼らとはパートナー関係にあります。何を行い、何

を受け入れるのか、最終的には自分が決めるのです。いつの間にか依存状態に陥ることのないようにしましょう。
- 自分についてより良く知るほど、コーチやメンターと良好なパートナー関係を築くことができます。

一般的な構成：
- コーチングは、契約に基づく関係性です。つまり、役割、活動、期間について双方の合意が必要となります。一般的には、「顔合わせをして契約する」「将来像を見出し、明確にする」「大きな自己についてより深く知る」「通過ポイントを明らかにしてロードマップを描く」「共に取り組み、契約で双方が合意した通りに関係性を終了する」という段階を踏みます。
- メンターとの関係性はそこまで形式張ったものではありません。自分がアドバイスや指示を仰ぎたいとき、または、つてが必要なときに頼る人がいるということです。

ラーニング4.0の活用
- コーチやメンターは、学習にいざなう声や将来像、そしてその他のラーニング4.0の実践に磨きをかける手助けをしてくれます。まずは、自分の強みや弱みについて認識することから始めてみましょう。支援を求める前に、自分の希望やニーズについて考えをはっきりさせておくようにしてください。これを行う際に役立つ自己分析ツールは、www.learning4dot0.com/unstoppable から入手可能です。
- コーチやメンターの人選は慎重に行いましょう。求めるものを明確にし、候補者の資格や身元を確認します。資格団体の認定を受けているコーチも多数存在します。
- 顔合わせのミーティングをしましょう。自分のニーズについて、差し当たりの自分の見解を伝えます。コーチまたはメンターは自己紹介をして、資格や経歴について述べるとともに、自身の取り組み方を説明します。
- 関係性の範囲について合意し、可能であれば書面にまとめましょう。これは、「良い結果につながるよう、投げ出さずに取り組むことを約束する」という契約と見なしてください。

- 学習の計画と進捗に重点を置いた話し合いを定期的に行うようにしましょう。積極的に参加する姿勢をもって、深く話し込んでみましょう。予期せぬこと、そして自分自身や自分に与えられた選択肢についての新たな理解に対して、受け入れる心構えをもってください。
- コーチングやメンタリングの正式な関係性を終えるべきタイミングを的確に見定めるようにしましょう。双方が果たした役割をきちんと評価し、感謝を述べて締めくくるようにしてください。関係性が徐々にフェードアウトするというのはよくありません。

対面式の講座およびワークショップ

ラーニング 4.0 の実践者の視点

メリット：
- 学習者のために企画された体験プログラムであり、情報、教材、手法が吟味されています。
- 質問したり、さらに深く学習するためのアドバイスをもらったりして、内容領域専門家とリアルタイムに交流をもつことができます。
- 他の参加者と、学習に関するさまざまな話をすることができます（金脈を手に入れる、学びを定着させる、その成果を現実でどう実践するか考えるといったことに役立ちます）。

注意点：
- 対面式の講座というのは、これまでの人生でもずっと経験してきたスタイルです。そのため、新鮮な気持ちで臨み、学習プロセスの主導権を自ら握るということが、困難となる可能性があります。
- 講座を、自分の学習の旅路の一部というよりも、タイミングよく行われる催し物、もしくは公演を見に行くように出掛けるものと捉えがちです。

一般的な構成：
- 先立ってアジェンダと概要の紹介があります。さらに事前学習が課される場合もあります。
- 参加者同士が知り合い、それぞれの課題を共有できるように、自己紹介から始まります。

- さまざまな学習リソースや体験、講座終了後のアクティビティーや今後についての提案、テストなどの学習内容が定着したか確かめるものなどが用意されています。

ラーニング4.0の活用
- 誰か他の人によって組み立てられた体験プログラムだということを念頭に置きましょう。日常業務から割いた時間を最大限に活用できるように、全力で取り組みましょう。
- 準備で何を行うかが学習成果を非常に大きく左右します。効果的な学習体験となるように、以下の点に留意して準備しましょう。
  » 講座の教材や事前学習に目を通し、学習に向けて心構えをしておきます。
  » ワークショップにどのような学習リソースや体験が盛り込まれているのかを確認します。それぞれについて、このツールで紹介されているヒントをおさらいしてください。
  » これから学習することが、自分の生活や仕事にどのように影響するのかということを期待しながら、将来像に磨きをかけます。
  » ワークショップ後に思いをはせてみます。誰の力を借りれば、現実での実践がスムーズにできそうですか。
  » これから経験することを次の２つのレベルで考えます。直接的にどのようなスキルや習慣を磨いたり、変えたりできそうですか。そのスキルが一歩深いところで役立ちそうな、あるいは偶発的に役立ちそうな、個人的な目標や人生の目標はありますか。
  » メモの記述方法を決めておきます。
  » ワークショップ中にどのように運動を取り入れるかを考えておきます。
- 点を線で結ぶ、金脈を手に入れる、学びを定着させるためにできることはすべて実行しましょう。ラーニング4.0の実践のためのテンプレート集（ツール２）の活用を検討してください。
- 視点やバイアスに注意を払いましょう。他にどのような方法や考え方が存在するのか質問してみましょう。
- ラーニング4.0の知識を生かして、周囲の人の学習も支援しましょう。

たとえば、「この講座は日々の中でどのように役立ちそうですか」「これを業務にどう生かしますか（自分が望む未来を思い描く）」「学習したことの活用を促進する要因と阻害する要因は何ですか。それに対してどう働きかけるつもりですか（現実で実践する）」といったことを問いかけてみます。それにより、自分もさらなる洞察や行動のアイデアを得ることができるでしょう。
- ワークショップまたは講座の終了後は、学習したことを行動に移すべく、実際に実践してみましょう。

自分のペースで進めるオンラインの講座およびワークショップ[2]

ラーニング4.0の実践者の視点

メリット：
- 自分に都合の良いときに、自分にとって最適な学習空間で学習できます。
- 適度に区切ったり、必要に応じて部分的に繰り返したりしながら学習できます。
- さまざまな形態の教材を組み合わせたものが多く、学習プロセスの助けとなります。

注意点：
- オンライン講座の中には、専門的能力の開発や学習の専門家によって制作されたわけではないものも多数存在します。そのため、金脈を手に入れたり、学びを定着させたりするのに苦労する可能性もあります。

一般的な構成：
- テーマのメニューと、それぞれを完了するための所要時間の目安が示されている場合があります。
- テストや評価には、合格や認定書をもらうために必要な所定の基準が設定されている場合があります。
- 完了期限があったり厳格な基準があったりすると、学習の順番やプロセスが影響を受けることとなります。

ラーニング4.0の活用
- 講座を開始する前によく調べましょう。
  - » どのような学習成果を目的としたものなのかに注意を払いましょう。
  - » テーマのメニューや区分ごとの所要時間の目安を確認しましょう。
  - » 図や写真、グラフといったビジュアルエイドは用いられていますか（視覚的な要素があるほうが記憶しやすくなります）。それとも、文字のみでしょうか。
  - » 自分の好きなタイミングで中断したり、部分的に繰り返したりできますか。
  - » 講座の長さを確認しましょう。必要な時間が取れないのであれば、このタイミングでは受講しないほうがよいでしょう。
  - » 関連アプリをダウンロードし、使用するウェブアドレスや電話番号を確認します。
- 他にも講座を受講する人はいますか。自分が学習することで、その人たちにどのような影響があるでしょうか。積極的な学習パートナーとなるよう全力で取り組んでください。他の受講者の中の1人か2人に声を掛けて、学習のためのパートナー関係を深めてみましょう。
- 自分が望む未来を思い描くことが、モチベーションを維持する上で重要な実践となります。学習内容の達人となった自分の姿を頭の中で描き、学習にいざなう声と結びつけてください。
- スケジュールを立てて、予定表で時間を確保しましょう。休憩や時間間隔の重要性にも留意してください。
- 学習空間、テクノロジー、教材、メモのフォーマットをコンピュータに準備します。浮かんだアイデアをすぐにメモできるように画面を分割表示にするか、タブレットやメモ用紙に図を活用したメモを描いてみましょう。
- 可能であれば、講座の途中で異なる学習活動を組み込むようにしましょう。
- 不正解の回答に対してフィードバックが提供されるテストがある場合は、そうした追加情報が表示されるように、あえて間違った答えを選んでみましょう（これは試行錯誤による学習です。人は正解するよりも間違えることから、より学習する場合が多いのです）。

リアルタイムのオンライン講座およびワークショップ

ラーニング4.0の実践者の視点

メリット：
- 他の受講者と同時に学習することで頑張ることができるという側面があります。
- 学習しながら、アイデアを共有したり、質問したり、応用について話し合ったりすることができます。
- 受講者の多様性や、それが議論や課題にもたらすものから、多くを得ることができます。

注意点：
- 他の受講者がどの程度全力で取り組んでいるかには、差異があることも考えられます。
- リアルタイムの動画接続を併用しない限り、マルチ・タスクになりがちです。
- 技術的な問題が発生する可能性があります（おそらく発生するでしょう）。接続には時間と気持ちの余裕をもち、何らかの支障が生じたり、電話が切れたり、画面がフリーズしたりしても対処できるようにしましょう。

想定される構成：
- テーマと項目のメニュー
- チャット、オンライン分科会室、投票などの交流の場
- 図、グラフ、モデルなどの視覚要素

ラーニング4.0の活用
- 自分のペースで進めるeラーニングの場合と同様に、講座をよく調べて準備します。
- チャット機能を活用する、質問する、貢献する、アイデアを試すなど、積極的に取り組みましょう。
- 浮かんだアイデアをすぐにメモできるように画面を分割表示にするか、タブレットやメモ用紙に図を活用したメモを描いてみましょう。
- 可能であれば、他の受講者とコンタクトをとって、現実への応用に着目した、より深い会話を個別にしてみましょう。

- 他の受講者の中の1人か2人とタイミングを決めて、現実で実践するプロセスについて話し合ったり、課題点について議論したり、精神面およびその他の面で助け合う機会をもちましょう。

ディスカッション

ラーニング4.0の実践者の視点

メリット：

- 他の人たちと、興味をかき立てるような双方向の交流がもてます。そのため、議論に参加しながら、オキシトシンなどの快楽に関わる脳内物質の分泌が促されます。
- 興味深いテーマであれば、集中したフロー状態に入りやすいでしょう。
- 自分の考えを自らの言葉で表す機会がもてる一方で、それらが別の表現で言い換えられたものも聞くことができます。それにより記憶の関連づけが促進されます。
- 自分の価値観、感情的傾向、および信念を明確にすることができます。会話を通じて、これらの違いが浮き彫りになりやすいからです。

注意点：

- ディスカッションでは傾聴やグループ交流のスキルが必要となります。会話のペースがゆっくりな場合もあるでしょう。そのため、金脈を手に入れる方法や学びを定着させる方法を活用しないと、上の空になってしまいがちです。
- 集団規範が問題の本質の議論の妨げとなる可能性があります。
- 自尊心が傷つけられそうになった場合、自我が学習を阻む可能性があります。
- 自分と異なる意見に脅威を感じたために、感情的になって傾聴するのが困難になる恐れがあります。
- 周囲との力関係で自分が優位に立っている場合は、（意図的にせよ無意識にせよ）他の人を威圧してしまう可能性があります。自分が力関係で下位にいる場合は、自分の意見を主張することを遠慮してしまうかもしれません。

- ディスカッションは、ある程度の構造を意識しないと、まとまりがなくなって脱線しやすくなります。

一般的な構成：
- ディスカッションの参加者がどのような構造を採用するのかによります。

ラーニング4.0の活用
- 他の人と分かち合うことと、自分が学習することの両方を目標としましょう。
- バイアス、観点、感情的傾向、信念、価値観の共通点や相違点を認識しましょう。こうしたことについても、事実を扱うのと同様に忌憚なく話しましょう。
- 学びのある議論は、合意することを目的とはしません。さまざまな考え方を探ることがねらいであるという点に留意してください。
- 自分の認識を確かめるために、定期的に話をまとめるようにしましょう。他の人の見解を言い換えてみたり、自分の考えや信念の弱点を探したりします。
- 興味関心が薄れてくるのを感じたら、自分の好奇心を確認してください。関心がある議題を見つけて、議論に加えてみましょう。
- 議論を目的に沿って進める役、そして参加者を第一に考える役など、幅広い役割を果たすことで、積極的に関わりましょう。
- 議論が終わったら、全員でざっと内容の要約をしましょう。これにより、脳内で連想の活発化を図ります。また、学習したことやそれをどう活用できるかを、より明確にすることができます。

現在の経験

- その場で学習
- 成長につながる、または難易度の高い役割
- 実務経験を通じた学習
- 友人、専門家仲間、家族、同じ興味関心をもつ人たちとの協働

ラーニング4.0の実践者の視点

メリット：

- 人生は経験の連続です。その1つひとつが学習の機会となり得るのです。
- 経験は、それ自体が五感を使う行為です。そのため、脳で複数の連想が生まれ、記憶しやすくなります。
- 脳には、経験を記憶する特別な能力があります（エピソード記憶）。
- 経験は、学習にいざなう声の宝庫です。

注意点：

- 日常経験のほとんどは、習慣化しているから、あるいはすぐさま得られる見返りや結果があるから行っていることです。ですから、そうした経験から必ずしも、最適で、最も深い学びを得られるとは限りません。
- 経験とは無秩序なものであり、学習に都合よく体系化されているなどということはありません。そこから最良の学びを意識的に得る必要があるのです。
- 経験から意図的に学習する際には、問題や失敗を率直に分析するようにします。自分を取り囲むカルチャーによっては、問題を明るみにして探ることが困難となる場合もあります。
- 先を見越して計画することが可能な学習もあるとはいえ、経験から得られる教訓の多くは後になって明らかになるものです。また、それは自分が学ぼうと意図したこととは違う教訓である可能性もあります。
- 経験から得られる、より深い学習に自分の注意を向けるには、意識的な努力が必要です。自分や周囲の習慣、要求に相反するような場合は特にそうなるでしょう。

一般的な構成：

- 学習することの多くが脳の自動システムによって支配されているため、学習のタイミングを見逃す恐れがあります。
- 経験はしばしば、凝り固まった習慣的パターンと、必ずしも状況に最適ではない感情や思い込みによって形づくられます。
- 自分のすることが、他者によって構成されたものである場合があります。
- より深い学びを経験から引き出したいのであれば、意識的に注意力を高め、金脈を手に入れる手法を使う必要があります。

ラーニング4.0の活用
- ラーニング4.0の実践者として、学習の機会を逃さぬよう自分に言い聞かせ、いざなう声に耳を澄ませます。
- 学習にいざなう声が聞こえたら、その声を心の中で言葉にしてみましょう。
- その情報はいつどこで使いそうか、その情報を使ったらどのような気分になりそうかということを、1〜2分間で想像してみましょう（自分が望む未来を思い描く）。
- 次の2つのアプローチのどちらかを選ぶか、あるいは、両方を組み合わせましょう。
  » 学習に取り組んでいる際、自分の学びをしっかりと見つめます（内省する）。何を学習したいのか、そして何を学習しているのかについて、自分と対話します。その状況に作用している習慣やバイアスがある場合は、そのことを自覚するようにします。
  » フロー状態に入り、その経験にだけ集中するようにします。その後でじっくり振り返ります。
- 自分の好奇心をアンテナにして、探索してみましょう。誰かと会話しているのであれば、さまざまな質問をしてください。何か文献を前にしているのであれば、興味の赴くまま読み進めてみましょう。文章の中をあちこちに飛んでも構わないのです。
- 学習した重要なことをまとめるファイルを準備するか、すぐに使えるノートを用意しましょう。自分自身について、環境について、途中でどんな問題や課題に取り組んだかについて、そして目標に関して得た洞察について、メモに残すようにします。
- 人と交流しながら学習しましょう。他の人の見解や、自分が学習していることについて話をします。そして、「自分が行ったことで何がうまくいったと思うか。また、うまくいかなかったことは何か」といった問いかけをして、フィードバックをもらいましょう。
- 可能な場合は、成果をたたえる機会をもちましょう。活動、プロジェクト、職務の締めくくりに、他の人への感謝を示し、得られた教訓について話し合います。

過去の経験

ラーニング4.0の実践者の視点
メリット：
- 過去の経験とは、自分の人生の物語の一部なのです。その物語をひも解いて、自分が何を学習したかに目を向けましょう。
- 後悔や落胆、あるいは、あれでよかったのだろうかという考えを、将来のための前向きなストーリーに変えます。
- 経験から情報を取り出すことで、記憶を強化して洗練させる新たな結びつけが、脳内で行われるようにします。それにより、経験がもつ学習としての価値が高まります。

注意点：
- 経験に対して強い感情を抱いている場合は、経験の後の学習プロセスに影響が生じます。
- 記憶は、呼び起こされるたびに書き換えられていきます。したがって、自分のもつ記憶が、過去に記憶していたものとまったく同じということはあり得ないのです。

一般的な構成：
- 経験とは時間の中に存在するものなので、その構成を語る際には、経験の始まりから終わりまで、時間軸に沿って着目することも1つの方法でしょう。それ以外の構成は自分次第となります。

ラーニング4.0の活用
- これは、本書で取り上げている3通りの学習の進め方の中の1つ（振り返って学ぶ）です。さらなるアイデアについては、ツール1を参照してください。
- 経験から学びを得るにはどこを探るのか、そして、その学習プロセス自体に誰が関与することになるのかを明確にしましょう。
- 評価にとらわれることなく、学習にふさわしいマインドセットをもつようにしましょう。経験を振り返ることのメリットを想像してください。また、自分が抱えているかもしれない感情の地雷を把握しておくように

します。
- 客観的な観察者の視点で経験談を語りましょう。どんな結末でしたか。どのように行動し、どんな出来事があり、どんな手法が用いられましたか。
- さらに深く掘り下げましょう。気持ち、ターニング・ポイント、微かなサインで自分が気づいたもの、見逃したものは何だったでしょうか。あるいは、カルチャー、思い込み、バイアス、環境といったもので、何らかの影響を及ぼしたものはあったでしょうか。
- 将来に生かそうと思う教訓は何か、考えてみましょう。
- 新しい将来像を描きましょう。それがさらなる学習を必要とする場合は、ラーニング4.0の実践を使って、新たな目標に向かっていきましょう。

専門家

ラーニング4.0の実践者の視点

メリット：
- 内容領域専門家は、人脈、対象分野の幅広い知識、経験談をもっているとともに、今後の課題や機会に対する直観を備えています。
- 経験と研究から、自分の専門分野に関して、物事の深層に潜むパターンと主要な成功要因を理解しています。
- 学習リソースを見つけるのを手伝ってくれたり、必要な情報やヒントを与えてくれたりするでしょう。

注意点：
- 多くの専門家は自分でも説明しがたい専門知識を身につけています。そのため、専門家の口から主要な成功要因として挙げられることが、彼らを専門家たらしめるわけではない場合があります。
- 専門家に対しては、怖じ気づいたり、気まずさを感じたりしやすいものです。それによって、自分の興味関心やニーズについてうまく会話できなくなる恐れがあります。
- 多くの専門家は、学習あるいはラーニング4.0について理解しているわけではありません。そのため、学習者の助けにならないような言動をする可能性もあります。

一般的な構成：
- 専門性は、知識、スキル、メンタル・モデル、チェックリスト、分析ツール、フレームワークといった形態を取ります。専門家は、混然とした状況からパターンを見出すことができます。また、素人にはわからないパターンを見つけることもできます。それは、時間の経過によって生まれる因果関係など、物事を見通す力を専門家が備えているからであり、それによって重要なこととどうでもよい情報や出来事とを区別できるのです。
- 明示的な専門知識とは、専門家が説明できる専門知識のことです。
- 暗黙的な専門知識とは、専門家にとって無意識の範疇にある専門知識のことです。自身のしていることや理解していることを特に自覚していない状態です。

ラーニング4.0の活用
- 内容領域専門家から何を得たいのかを明確にしましょう。それは広範囲にわたるものでしょうか、それともピンポイントなものでしょうか。
- 自分の将来像を伝え、それに対するフィードバックと、その展望を発展させたり、変化させたりするためのアイデアをもらいましょう。専門家自身の将来像についても尋ねてみてください！
- 問いかけや好奇心が鍵となります。講義の受け手になってしまうのではなく、対話してください。表面的な情報以上のものを引き出すために、次のような質問をしてみましょう。
  » 鍵となる知識の領域と、それについてどのように最新情報を取り入れているのかを尋ねる。
  » 最も重要となるスキル（メンタル面や対人面でのスキル、個人としてのスキル、身体的なスキル）は何かを尋ねる。
  » 他にも見解やアプローチ、または考え方があるのか。もしある場合には、それらがどのように異なるのかを尋ねる。
  » 物事の深層に潜むパターンを見出し、大事な局面でどうすべきかを判断する上で、専門家が主にどのようなメンタル・モデルや概念、そして脳内のチェックリストを用いているのかを尋ねる。
- さまざまな面で暗黙的な専門知識が存在することを認識し、それを発見

できるよう努めましょう。そのためには、専門知識が必要となるよくある難しい状況を、専門家からいくつか教えてもらうようにします。また、成功談とともに失敗談についても尋ねましょう。

ゲーム[3]

ラーニング4.0の実践者の視点

メリット：

- ゲームには人を没頭させる魅力があり、ゲームを介すことでやる気が起きやすくなります。
- 学習を継続する助けとなるような、外的な支援と報酬があります。
- ゲームでは人工知能や仮想現実が用いられることもあり、それによって安全な環境で優れた学習シミュレーションを行うことが可能となります。
- 優れた設計のゲームは、ユーザーの間違いを検知し、素早く正せるようになっています。それにより、スピード感があり、フィードバックが豊富な経験でありながら、学習時間の短縮が可能となるのです。

注意点：

- ゲームを通じて学習することよりも、勝つことのほうが重要になってしまう場合があります。
- ゲームの設計の質が、掲げられた目的を達成するのに十分でない場合があります。
- ゲームの世界と現実世界が乖離し過ぎている場合、学習成果を現実で容易に実践できない可能性があります。

一般的な構成：

- 通常、最初の数回は、プレーの仕方を学べるように設定されています。スキルが上がるにつれて、ゲームの難易度も上がっていきます。
- ゲームのルールは、現実世界での状況や制約を反映したものになっていることが多いものです。現実世界で時間的制約がある場合、ゲームのルールでも時間に制約が設けられているかもしれません。
- ゲームの要素が、現実世界における職場の状況やタスクと似通ったものになっているかもしれません。どの程度同じかを把握しておくことが、

そのゲームの要素のねらいや価値を測る上で役立つでしょう。
- 学習ゲームの楽しさにエンターテイメント性はさほど関係なく、むしろ没頭できるという点が重要です。必ずしも一般の市場に出回っているような娯楽向けのゲームと同じような楽しさがあるわけではありません。

ラーニング4.0の活用
- ゲームの目標と、そこで意図されている学習内容を確認しましょう。
- 自分が置かれている現実世界や自分の学習目標に関する知識を身につけて備えておきましょう。これにより、ゲームから学習したことを脳内で結びつけやすくなります。
- ゲームのルール、チュートリアル、役立つヒントは、学習体験をより良いものとしてくれたり、ゲームの上達に要する時間を短縮してくれたりします。これらを飛ばして進めても、ゲームをプレーする際の思考の大変さが増えるだけです。
- 学習ゲームに取り組みながら、それが何の学習にどのように役立っているのかということを意識しましょう。そのゲームは、何らかの概念または状況を解説してくれるものでしょうか。暗記しなければならない情報を学習できるように、練習と反復の場が用意されているものでしょうか。あるいは、スキルを磨く、自ら判断するといったことができるものでしょうか。
- ゲームでは、遊んだり、ミスをしたりしながら学習することができます。ゲームの中を探索し、試行錯誤で把握しながら、自分が何を学習しているのかに意識を向けましょう。わざとミスをして、どうなるかを確認してみてください。
- フィードバックに注意を向けましょう。何かをやってみたら、ほぼ即座に結果が見えるので、それに合わせて行動を改めることができます。提供されるフィードバックから、改善の手がかりが得られるかもしれません。
- 失敗は気にせず、さまざまなことを試してみましょう。評価重視のマインドセットのスイッチは切って、実験してください。
- 経験したことについて振り返りましょう。ゲームで学んだことを、現実世界に対する洞察へと変えてください。

講義、プレゼンテーション、スピーチ[4]

ラーニング4.0の実践者の視点

メリット：
- 講演者がその領域における専門家であり、最新の情報を手にしている場合は、そのテーマの概要を短時間で知ることができます。
- 印刷刊行物やその他の形式でまだ発表されていない、最新の知識や洞察を得ることができます。

注意点：
- 口頭での情報伝達のスピードは、読んだり考えたりする場合よりも遅くなるため、受け身になる、注意散漫になる、またはマルチ・タスク状態になるといったことが起こりやすくなります。
- 話がきちんと構成されていなかったり、自分の学習目標と直接は関係しなかったりする場合があります。

想定される構成：
- きちんと構成されている話には、以下が含まれます。
    » 聞き手の関心を引く導入部分
    » 重要なポイントの概要
    » 重要なポイントの説明と、裏付けとなる資料の説明
    » まとめと振り返り

ラーニング4.0の活用
- そのプレゼンテーションから学習しようという意思を、はじめから明確にもって臨みましょう。取り上げられるテーマについて、自分が知識を深めて実際の場面で活用している姿を、将来像として簡単に描いてみてください。
- この学習がうまくいくように準備しましょう。携帯電話の電源をオフにし、なるべく気が散ることのないように前のほうに座ります。
- 重要なポイントの概要説明に耳を傾け、それを書き留めておくことで、話を聞くための頭の整理をしておきましょう。
- 図などを駆使してメモを取りましょう。それにより、主要な概念や重要

な用語に集中することができます。また、最後まで興味関心と積極性をもち、考えを整理しながら聞くことができます。
- バイアスのテクニックを見抜きましょう。
- 深層に流れる洞察に耳を傾けましょう。話し手の価値観や信念、そしてトレンドや課題に対する見解などです。
- 実際に尋ねるかどうかにかかわらず、質問を考えてみましょう（質問を練るのは、脳を集中させる優れたテクニックです。また、質問することで、自己主張のスキルや話術も鍛えられます）。
- 話し手のもつ、スキャナーの専門知識を活用させてもらいましょう。その分野における最良の学習リソースについて尋ねてみてください。
- プレゼンテーションが終わったら、重要なポイントを頭の中で要約し、誰かとそれについて話し合うようにします。

ポッドキャスト[5]

ラーニング4.0の実践者の視点

メリット：
- ダウンロードするか、インターネット接続の環境があれば、自分のデバイスで聞くことができます。
- 録音されたものであれば、情報を消化するために自分の好きなところで止めることができます。
- ポッドキャストが自分の「脳内劇場」で再生されていると想像し、視聴している内容と自分の長期記憶にある事柄とを結びつけましょう。

注意点：
- 何かを聞くだけで学習するというのは困難です。口頭で伝えられる情報は、脳の処理スピードより遅いことが多く、また、視覚や思考に邪魔されがちです。
- 学習しようとしていることが複雑で詳細であったり、デモンストレーションを要することであったりする場合、ポッドキャストは最適な教材ではありません。
- 不要な情報を飛ばすということが困難、または不可能です。

- ポッドキャストが生配信である場合、止めて、巻き戻してじっくり考えるということができません。視聴しながら頭の中で振り返って、連想することが必要になります。

一般的な構成：

- 大抵、ポッドキャストはいくつかのエピソードで構成されています。誰かへのインタビューであったり、1つのストーリーあるいは何らかの学びに焦点を当てたものであったりします。
- 中にはニュース番組のような形式で、テーマ全体に関係する複数のトピックが用意されたポッドキャストもあります。
- 一般的に、ポッドキャストのエピソード内にナビゲーション機能はありませんが、ショーノート（show notes）が用意されている場合があります。ショーノートには、取り上げられている内容、強調すべき重要なポイント、あるいは他の教材や情報へのリンクがまとめられています。
- ポッドキャスト（特に公に配信するために作られたもの）には、そのポッドキャストの制作者に関する情報（経歴、専門分野、取り上げているテーマにおける経験）が含まれています。ゲストが登場する場合には、そのゲストの情報（経歴、専門分野、取り上げているテーマにおける経験）も含まれます。こうした情報の中で、他の学習リソースへのリンクが提供されていることもよくあります。

ラーニング4.0の活用

- 可能であれば、ポッドキャストはダウンロードしておきましょう。視聴して学習する際の柔軟性が高まります。
- 意識を集中させましょう。このポッドキャストを視聴する理由は何ですか。自分の実生活にどのような関係があるでしょうか。
- 概要資料を確認して、ポッドキャストがどのような内容なのかを理解しておきましょう。全体の構成と長さ、そして情報提供者の経歴や専門性を把握します。
- ポッドキャストを再生し始める前に、コンピュータの音量などを調節したり、ヘッドホンをセットアップしたりします。部屋のドアは閉めておきましょう。各種通知やEメール、その他の邪魔になりそうなものをオ

フにします。他にも必要な調整を行って、なるべく気が散ることのないようにしておきましょう（マルチ・タスクは学習のスピードを遅らせ、妨げとなることに留意してください）。
- ポッドキャストを一定間隔で止めて、学習内容を自分の言葉に置き換えるようにしましょう。その知識とスキルを実生活で活用している場面を想像してください。（50 対 50 のルールを実践しましょう。つまり、50 パーセントは情報を取り込むために、残りの 50 パーセントはその情報を消化するために使います）
- ポッドキャストを一度に最後まで視聴できないときは、興味を引かれるところで止めるようにすると、続きを視聴するモチベーションを維持できます。
- 両手が使える状態の場合は、メモを取りましょう。学習活用ノートやその他のメモの記述フォーマット（ツール3）を活用してください。ポッドキャストのどこでアイデアや考え、疑問が湧いたのか、その箇所の時間も記録するようにします。こうすることで、重要なポイントや疑問点の索引を、ポッドキャストと連動させてつくり上げることができます。復習のために見直す際に有用な参考情報となるでしょう。
- ポッドキャストで取り上げられていることの多くが、自分にとって完全に目新しい内容ではない場合、視聴スピードを上げられるような可変速再生機能がないか確認しましょう（速度は 1.5 倍までとするのがよいでしょう）。再生速度を上げるのは、さっと記憶を呼び戻すためにも優れた方法であり、内容が複雑な場合でも使えます。

ロールプレー

ラーニング 4.0 の実践者の視点

メリット：

- ロールプレーでさまざまな人物になってみることで、課題点、状況、行動を別の観点から分析することができます。
- 新たなアイデア、学び、行動、感情、反応を、リスクの少ない実験的な環境で試すことができます。

- 実際の場面で起こることをシミュレーションし、特定のテクニックやスキルを使うとどうなるかという感触をつかむことができます。
- フィードバックをもらって、新たな行動に磨きをかけるのに役立てることができます。
- 他の人を観察してフィードバックを提供する機会とすることができます。それにより、将来、似たような状況下で自身の行動を自己管理できる可能性も高まるでしょう。
- ロールプレーが録画され、観察者として大局的に眺めることができる場合もあります。

注意点：
- プロの俳優のように演じなければならないと思い込んで、人前であがってしまう人は少なくありません。
- 演技が大げさになりがちです。そのために、新しいスキルや行動、やり方を試してみて、そこから学習するという機会を逃してしまう恐れがあります。

一般的な構成：
- ロールプレーの概要説明。全体的な状況や登場人物の設定を含みます。
- それぞれの役に向けた個別の指示。その役を担当する本人のみに知らされます。
- 役を演じる時間の割り当て。通常は観察者がいるか、録画している状態で行い、サンプルや録画したビデオを再生できるようにします。
- 演習実施後のフィードバック・セッション（ビデオの再生の有無は問いません）。通常は、自分が何をしたかと、それがどんな影響を及ぼしたと思うかという点について話すとよいでしょう。その後で、他の参加者や観察者が見た出来事について話します。

ラーニング4.0の活用
- ロールプレーの説明を受ける際は、状況や登場人物の設定、そして何を学習する機会とすることがねらいなのかについて、しっかり注目しましょう。
- 自分にとって多くを学ぶことができ、チャレンジとなる役をできるよう

に働きかけましょう。コンフォートゾーンから一歩踏み出すことを心掛けてください。
- 自分に割り振られた役、その役に設定されている動機、ロールプレーの状況設定の背景を理解するための時間を設けます。
- 演習に入る前に、その役を演じながら生かしたいスキル、手法、知識、価値観について考えます。これはお芝居であり、何か新しいことを試すチャンスなのです。より実験的に取り組むという点で、必要であれば、一緒にロールプレーをする人たちに対して、自分が新しいことを試すつもりであるため、場合によっては大げさになるかもしれないと伝えておきましょう。
- 役を演じながら、常に注意を払いましょう。自分が古いパターンに陥っていると思ったら、深呼吸をして、自分を立て直し、目指す学習の進め方に軌道修正します。
- フィードバックの段階では、役を演じている最中の自分の言動について、他の人が見聞きしたことを、オープン・クエスチョンで質問します。質問の回答については自己弁護せず、掘り下げてみましょう。もしフィードバックする側が評価に走ってしまっていたら、具体例について尋ねてください。加えて、これは実験的な状況であること、そのため成果の格付けや評価的なコメントよりも、さまざまな行動例とその影響に関するフィードバックのほうが重要であることを念押ししてください。
- 自分が観察者役になった場合は、目に映ることを可能な限り客観的に捉えるようにします。「これが起こったとき、あなたはXと言い、Yを行った。それによりZが引き起こされたようだ」といった具合に述べます。評価するのではなく、事実を描写するようにしてください。
- 他の参加者を温かく応援しましょう。いろいろ試してみることを促してください。

各種シミュレーション（バーチャル、コンピュータ・ベース、ビデオ・ベース）

ラーニング4.0の実践者の視点

メリット：
- やる気を引き出し、没頭させる魅力があります。
- 現実に近い状況で、さまざまな理論や手法を安全に応用してみることができます。大抵は、複雑でありながら時間は節約できるよう設定されています。また、時間の経過とともに出来事がどう展開していくのかを体験できます。
- プロセスやシステムがどのように機能するかを、導入する前にテストすることができます。
- グループでシミュレーションしている場合、そのテーマについて他にどのような見解やアイデアがあるのかを探り、グループとして決断することができます。
- ベスト・プラクティスを見出すことができます。ベスト・プラクティスがわからない部分については、シナリオや行動に対して、どんな結果が起こり得るかを探ることができます。
- 実験したり、新たに取り入れてみたりといったことを安全な環境で行うことができます。

注意点：
- シミュレーションのねらいは、複雑な状況に直面したとき、個人で、あるいはグループとして、その状況をどう解釈して対処すればよいかを学習することです。単にシミュレーションを楽しんだり、競争的要素がある場面で勝ちにこだわったりすることではありません。
- シミュレーションの参加者が同じ組織に所属する地位の異なる人たちである場合、中には、積極的に参加して、さまざまな解決策を試すということに抵抗を感じる人がいるかもしれません。

一般的な構成：
- 環境、役割、背景の説明があります。
- 自分が担当する個別の役割について背景を学習します。
- シミュレーションに参加します。

- 演習のデブリーフィングを実施します。

ラーニング4.0の活用
- シミュレーションを始める前に、将来像を描くスキルを活用しましょう。シミュレーションの目的を理解した上で、同じような状況で、自分が成功を収めたときの気持ちを想像してください。自分にとって意味のある強力な望む未来を思い描きましょう。
- シミュレーション中は、以下の点に留意します。
  » シミュレーションをグループで行う場合は、さまざまな戦略や戦術を実験することに加え、人間関係や人脈を構築する機会として活用しましょう。
  » グループ内で他の人と地位の上下差がある場合は、力関係が行動に影響する可能性があることに注意してください。実生活で自分の地位が高い場合は、努めて他の人の話を聞き、さまざまな意見を促すようにします。自分の地位が低い場合は、勇気をもって一歩踏み出し、自分の見解を率直に、かつ敬意をもって述べてみましょう。
  » シミュレーションの最中、もしくは途中で考えるために少し立ち止まっている間に、シミュレーション内の出来事の深層に潜むパターンや教訓を探るようにします。
  » 創造性豊かな解決手段やシナリオを追求するようにします。シミュレーションなのですから、従来の考え方にとらわれないでください。新たな概念ややり方を試してみましょう。
- デブリーフィングの実施は極めて重要です。これには、経験から学びを得ることと、将来の状況に備えてメンタル・モデルを築くことという、2つのねらいがあります。何が起きて、どのような結果になったかということに加え、外部要因や組織要因による影響にも着目してください。
- 行動と影響についてデブリーフィングする際には、何が起きたか、そしてどのような長期的な結果が考えられるかということに焦点を当てましょう。

ソーシャル・メディア

ラーニング4.0の実践者の視点

メリット：
- ソーシャル・ネットワークを利用して、学習リソースを素早く探すことができます。
- ネットワークに属していることで、興味関心があることや変化するトレンドについて、継続的に情報を得ることができます。
- 学習リソースを見つけなければならないときや、その他の学習に関する助けが欲しいときには、ネットワークを活用して、その探索領域を大きく広げることができます。
- 自分と同じような興味関心をもつ人を見つけることができます。何らかの学習課題に一緒に携わってほしいと思える人がいるかもしれません。

注意点：
- 自分の学習ニーズが、ネットワークにいる人の興味関心や人脈の範囲外のことである場合、彼らからは助けを得られないかもしれません。
- 何をシェアするのかに注意しましょう。ソーシャル・ネットワークに載せる情報は、他の人の目にも触れることとなります。
- 自分と似た意見の人たちとだけつながりがちになるという傾向があります。そのため、狭い視野と共通のバイアスによって、現実を歪曲して捉えるということが起こりやすくなります。

一般的な構成：
- 大抵、興味関心のある物事、専門分野、または交友関係に応じてグループが形成されています。
- グループには、オープンなものもあれば、メンバーシップを申請したり、加入に関して別途資格を提示したりしなければならないものもあります。
- 一部のグループはリーダーによって管理されていて、グループ内でリーダーシップを取ったり、調整したりといったことが積極的に行われています。

ラーニング4.0の活用
- ソーシャル・ネットワークを最新の状態に保ちましょう。自分の興味関心に関連するネットワークを見つけるために、時々インターネットで調べるようにします。
- ソーシャル・ネットワークに参加する際は、どのようなグループや関心分野があるのかを確認しましょう。自分の興味関心の登録と、セキュリティーの設定を行う時間を取ります。
- 客観的な視点で、チェックしているサイトのブログやコメントに目を通してみましょう。考えの深層に潜むパターン、そして新たに出てきている問題やテーマを探ります。自分が所属しているコミュニティーは、より大きな集団の縮図であると考えましょう。
- 他の社会集団や異なる視点の存在も忘れないようにします。自分の属するグループがもつバイアスに注意しましょう。「これについて、他にも良い考え方がないか」と問うようにしてください。
- 学習リソースのアイデアを探すためにソーシャル・ネットワークを頼る場合は、自分が何を探しているのかということを可能な限り明確にしましょう。
- 力を貸してくれた人に必ず感謝を述べましょう。できれば、その人のアドバイスに従った場合はそのことを伝えましょう。
- 他の人から依頼があった際には、自分の考え、助けになりそうなコメントを書いて、反応してあげましょう。グループの論調や雰囲気にポジティブな影響を与えるようにしてください。

チーム学習

ラーニング4.0の実践者の視点
- 学習は極めて社会的なプロセスです。
- 1人で学習している場合であっても、他の人が築いた見識やフレームワークを活用しているのです。

ラーニング4.0の活用
- 詳しくは、第13章「チームのラーニング4.0を促進する」を参照してください。

ビデオやYouTube[6]

ラーニング4.0の実践者の視点
メリット：
- 映像や動画は、概して集中しやすいといえます。
- ビデオで見るほうが、耳で聞くだけよりも多くのことを記憶できます。
- 概念的なテーマよりも、活動の様子を目で見ることで理解が深まるようなテーマに最も向いています。
- 追体験が得られる可能性があります。これは、あたかも自分自身が経験しているかのように感じられることを指します。

注意点：
- ビデオは「カッコいい」媒体なので、いつの間にか脳が怠けモードになりがちです。映像やストーリーに引き込まれて、意識的な思考のスイッチはオフになり、学習しそびれてしまいます。
- ビデオカメラさえあれば、誰でもビデオを作ることができるため、その制作物としての質や学習面の質の高さには大きなばらつきがあります。目的に応じて、価値のあるビデオを自分で探し出さなければなりません。

一般的な構成：
- 学習ビデオとしてよく使われるのは、連続した画像で構成されたビデオ、語り手の顔を映したビデオ、スクリーン・キャプチャーを使ったビデオ、アニメーション・ビデオの4種類です。
- ビデオには、メニュー（目次）が組み込まれて提供されている場合があります。あるいは特定のアクションが行われる時間の一覧が用意されている場合もあります。
- 多くの教育ビデオや学習ビデオでは、次のような構成になっています。
  » オープニング。大抵は概要情報または関心を引く何かを伴った固定ショットです。

- » 内容の提示。セクションに分かれていることもあります。
- » 締めくくり。さらに詳しく学習する、別のビデオを視聴する、クイズ問題に挑戦する、サービスに登録する、ビデオを高く評価する、またはビデオを共有するといったアクションの呼びかけがあります。

YouTubeに関する特記：

- YouTubeの動画は、チャンネルとしてまとめられている場合があります。チャンネルの所有者は、チャンネル内で複数の動画から再生リストを作成することも、各動画を独立させることもできます。
- コンテンツのキュレーションを行い、他の人の動画コンテンツから独自の再生リストを作成して、自分で構成を組むことができます。
- チャンネルに登録して、新たなコンテンツが投稿されたら通知を受け取ることができます。
- YouTubeでは、直前に視聴したコンテンツに基づいて関連動画がお薦めとして表示されます。ただし、そうしたコンテンツは適切な関連性をもつ場合とそうでない場合があります。お薦め動画だからといって、自分のニーズに合致するとは限らないのです。

ラーニング4.0の活用

- ビデオの説明、ビデオ作成者の情報、どのような編成になっているか、そしてビデオの長さについて確認しましょう。自分のニーズや興味関心に合わせて、自由に移動できるメニューはあるでしょうか。
- 自分がなぜこのビデオを利用するのかを明確にしましょう。自分の学習プロセスにおいて、このビデオはどのような位置づけなのか、またビデオから何を学習することを期待するのかについて考えてください。
- ビデオを再生する前に、音量などを調整したり、ヘッドホンをセットアップしたりします。部屋のドアは閉めておきましょう。各種通知やＥメールをオフにします。他にも必要な調整を行って、なるべく気が散ることのないようにしておきましょう。
- ビデオの視聴に十分な時間があることを確認しましょう。
- 時々ビデオを一時停止して、考えたり、復習したり、関連情報を調べたりします。ビデオの続きに戻りそびれる恐れもありますが、こうしたこ

とを行うと、意識を集中し続けやすくなり、学習の定着につながります。一番の見どころで一時停止すれば、次の展開を見届けるために戻ろうという意欲がより高まるでしょう。
- ビデオを見始める際は、メモ帳、付箋、文書作成ファイルなどを準備しておきましょう。メモを取り、そのアイデアや考え、疑問がビデオのどの箇所で湧いたのか、その時間も記録するようにします。こうすることで、重要なポイントや疑問点の索引をビデオと連動させてつくり上げることができます。復習のために見直す際に、有用な参考情報となるでしょう。
- 内容の多くが、自分にとってまったく目新しいものではない場合は、可変速再生機能がないかを確認し、再生速度を上げて視聴しましょう。
- ビデオの中の場面に自分がいることを想像してみましょう。どのような人物として登場し、何をするでしょうか。自分が置かれている状況と類似している点、反対に異なる点は何でしょうか。これを追体験として捉えてください。
- 印象的な場面のスクリーン・キャプチャーを撮って、後で記憶を呼び起こすきっかけに利用するのもよいでしょう。
- YouTubeでフォローしたい人を見つけて、独自の再生リストを作成し、新しいコンテンツが追加されたら通知されるように設定しておきましょう。

謝辞

　私たちを取り巻く世界や学習の必要条件とされるものが目まぐるしく変化する中、私たちは新たな学習パラダイムを見つけ出す取り組みの初期段階にいます。本書が、進化し続けるこの世界についての活発な対話に寄与できればと願っています。ここで対話という言葉を使ったのは、本書の執筆を進める中で、人々との対話が重要な役割を果たしたからです。私はたくさんの方々と、さまざまなアイデアや学習フレームワークを探究してきました。全体的なアイデアやコンセプトについて話し合ってくださった方々。執筆途中で本書の一部をレビューし、学習者の視点あるいは実務的な観点からコメントをくださった方々。また、各部分を専門的かつ科学的な観点から検討し、神経科学、心理学、人材開発からの洞察をもたらしてくださった方々。ミレニアル世代やそれ以外の世代の方々からもフィードバックをいただきました。他にも、学習や人材開発における熟練の専門家の方々の助言を仰ぎました。そして、ATDの協力を得て、学習に関する国際的調査を実施し、人材開発における50名のリーダーから回答を得ています。こうした方々のアイデアすべてが、本書をより良いものとするのに寄与してくれました。

　本書のレビューを通してさらなるお力添えをいただいた、Jacqueline Burandt、Ira Chaleff、Annette Clayton、Lauren Cozza、Joe Doyle、Constance Filling、Suzanne Frawley、Ann Herrmann、Rachel Hutchinson、Kaye Illetschko、Martin Illetschko、Bruce Jacobs、Kimo Kippen、Sandi Maxey、Magdalena Mook、Ken Nowack、Julie O'Mara、Daniel Radecki、Richard Rossi、Deb Santagata、Martha Soehren、Sharon Wingron、Jytte Vikkelsoe、Robert Yeoの各氏に、感謝の意を表します。

　また、「ツール5　学習リソース別ヒント」の中の学習リソースにまつわ

る学習戦略に関してご助力をいただいた、Cammy Bean、Sharon Boller、Randy Emelo、Jonathan Halls、Dawn J. Mahoney、Magdalena Mook、Matt Pierce の各氏にも、お礼申し上げます。

　ここに至るまでの過程は、私にとって個人的にも大きな変化を伴うものとなりました。そんな中で私を支えてくれた次の方々にも、この場を借りて感謝いたします。Jim Howe 氏は、バーモントに素晴らしい執筆スペースを用意してくれ、その揺るぎない楽観主義で、私を終始励ましてくれました。Walt McFarland 氏は、自身のネットワークを惜しみなく駆使して支援してくれました。Richard Rossi 氏は、人が抱える問題や興味関心に注意を払い続けることの大切さをいつも的確に思い出させてくれました。そして、「こういうことをもっと早く知っていたかった」と言ってくれた私の姉妹、Kaye Illetschko と、ダウン症の壁を乗り越え、学習がもたらす特別な喜びについて私に多くのことを教えてくれた、今は亡き姉妹の Rita Moldenhauer にも感謝します。彼女は生涯学習者のロールモデルでした。

　ATD の皆さんは、パラダイム・シフトを求める私の強い願いと、書籍の出版およびマーケティングというより現実的なニーズを、しっかりと結びつけてくれました。ATD 内で私を支援し、私にも本書のテーマにも信頼を寄せてくれた Pat Galagan、Ann Parker、Clara von Ins、Timothy Ito、Tony Bingham の各氏。ATD で私の担当編集者を務めてくれた Kathryn Stafford と Melissa Jones の各氏。ATD でデザインを担当してくれた Iris と Fran。この内容が有益となるであろう個人、リーダー、組織に本書を届けてくれるマーケティング・チーム。皆さんに感謝いたします。

　他にも何百人もの影響を受けて本書はできています。その多くは個人的にはお会いしたことがないか、ほんの少しご一緒した方々です。講演者仲間あるいは参加者として、会議、ミーティング、企業主催のワークショップ、大学のプログラムといった場で、私たちはさまざまなことを探究しました。それらテーマは、人工知能と拡張知能、心理学、哲学、神経科学、認知科学、学習や成人教育の理論と実践、研修と成人発達、メディテーション、神秘主義などに及びます。書籍、論文、動画を通じた学習も数多く行いました。中でも、本書に直接関連しているものについては参考文献として掲載しています。

また、私がミネソタ大学（University of Minnesota）で教鞭を執るようになり、その後、米国の経済界へと移って、最終的には南アフリカ、そして米国を含むさまざまな国を渡る中で、企業や政府のクライアント、アカデミック・リーダー、私が学習をサポートしてきた人たちからも、多くの教訓と洞察を得ました。学習と変化の課題を抱える人や組織とのこうした幅広い経験は、私のアイデアや提案を現実世界の問題に即したものとするのに役立っています。理論や創造的なアイデアを現実に沿って使いやすく加工するのに、経験ほど素晴らしい道具はないのです。

参考情報一覧

生涯学び続けるあなたへ

1. D. Eagleman, Incognito: The Secret Lives of the Brain (New York: Pantheon, 2011).

第1章　学習する脳

1. Plato, "The Allegory of the Cave," The Republic, Book VII.
2. D. Eagleman, The Brain: The Story of You (New York: Pantheon), 793.
3. According to Jerry W. Rudy, in The Neurobiology of Learning and Memory (2014), there are five overlapping stages in how a neuron changes: An impulse comes to a neuron and destabilizes its current structure. Then after about 15 minutes, calcium comes in and works with other chemicals to temporarily rebuild and reorganize things (at this point what you are learning is in your short-term memory). In some cases, the change continues, with more calcium coming in. New proteins are generated and the modified neuron content begins to stabilize. If the stimulation is strong enough, the memory consolidates and is tagged for retrieval (i.e., it becomes a long-term memory). Some neurons become very stable and resist change even when you want to change (i.e., they support enduring habits).
4. Sebastian Seung introduced the term connectome in a 2010 TED Talk, and then published the concept in a 2013 book, Connectome: How the Brain's Wiring Makes Us Who We Are.
5. The word hippocampus comes from the Greek hippo meaning "horse" and kampos meaning "sea monster."
6. C. Koch, "Neuronal Superhub May Generate Consciousness," Scientific American, November 2014.
7. J. J. Ratey and M.D. Spark. The Revolutionary New Science of Exercise and

the Brain (New York: Little Brown, 2008).

8. Psychologists and economists are very interested in dual process views of human mental functioning. What this book calls automatic and conscious processing, others, like psychologist Keith Stanovich and Richard West, call System 1 and System 2 or Type 1 and Type 2 processes. Daniel Kahneman, a psychologist who won the Nobel Prize in economics, talks about our ability to think fast (automatic) and slow (conscious).

9. This quite apt description of how your brain works on automatic appears in Eagleman, Incognito.

10. Various arguments for longer sleep appear in T. Doyle and T. Zakrajsek, The New Science of Learning: How to Learn in Harmony With Your Brain. (Sterling, VA: Stylus Publishing, 2013).

第2章　学習する自己

1. In the early part of the 20th century, psychoanalysts like Sigmund Freud and Carl Jung brought a new awareness of the human inner world into the relatively new field of psychology. We now know much more about the internal forces, drives, needs, and factors that influence human behavior and learning.

2. C.G. Jung and M.L. Von Franz, Man and His Symbols (New York: Laurel, 1964).

3. Joseph Campbell introduced the concept of the hero's journey in his book, The Hero With a Thousand Faces. It presents the stages we go through when we learn something: There is a call to adventure that the hero must accept. The hero then moves into the unknown, where she experiences challenges, dangers, and uncertainties. Various helpers come along to offer support (which may be accepted). There are various trials and hurdles that the hero must deal with to earn personal growth. Ultimately, the hero changes and grows in some way. The final challenge is to bring the new insights back into the world. This general adventure pattern informs many of the practices in learning 4.0.

4. Many psychologists believe Campbell's description of the hero's journey has more masculine than feminine overtones because it is generally drawn from epic adventures about someone who was born into power (e.g., Odysseus was born to be a king) and then conquers external challenges to prove he is worthy of his birthright. Psychologists like Maureen Murdock (1990) and Clarissa Pinkola-Estes (2003) present an alternative view that draws from fairy tales,

myths, and traditional stories. This alternative view of the heroine's journey focuses more on internal journeys—growth that happens when a person is shut off from the outside world (e.g., in a tower, in a long sleep, or while being held back by wicked stepsisters). Both perspectives are useful when you think about your own learning journey.

5. The concept of archetypes was introduced by Carl Jung to help describe psychological instincts that are part of the human evolutionary heritage.

6. Abraham Maslow's hierarchy of needs is one of the most enduring theories in psychology. While he originally identified five levels of need, he later determined that there was a higher, more spiritual, contributionoriented need beyond self-actualization. He defined it as service to others, to a cause, or to an ideal, and called it "self-transcendence." When you read about Kegan's work in this chapter, note that his highest level of consciousness is similar.

7. E. Erikson, Identity and the Life Cycle (London: Norton, 1964).

8. R. Kegan, The Evolving Self: Problem and Process in Human Development (Cambridge: Harvard University Press, 1982).

9. To learn more about fixed and growth mindset, see C. Dweck, Mindset: The New Psychology of Success. For the first writing on external and internal locus of control, see J.B. Rotter, "Generalized Expectancies for Internal Versus External Control of Reinforcement," Psychological Monographs: General & Applied 80(1): 1-28.

第3章　急速に変化する世界

1. R. Kurzweil, "The Law of Accelerating Returns," Kurzweil Accelerating Intelligence, March 7, 2001.

2. Kurzweil, "The Law of Accelerating Returns," 2001.

第4章　情報の世界

1. B.J. Fogg of Stanford, quoted in Ian Leslie, "The Scientists Who Make Apps Addictive," The Economist, October-November 2016, 67-71.

第5章　学習へといざなう声に耳を澄ませる

1. Learn more about the role of your shadow in chapter 2.

2. Strengthen your learning fitness at www.learning40.com/unstoppable.
3. Self-talk is a major force in our lives. It helps shape thinking, self-confidence, and sense of power. It can be a major asset in learning when it focuses on shaping goals, recalling information, and more. Robert Kegan and Lisa Laskow Leahy's book How We Talk Can Change the Way We Work: Seven Languages for Transformation suggests ways to talk to yourself and to others. These are relevant to 4.0 thinking and learning.

第6章 自分が望む未来を思い描く

1. R. Fritz, Your Life as Art (Newfane, VT: Newfane Press, 2003), 1. Fritz is a musician and filmmaker who has worked extensively with behavioral scientists and artists. He writes about the impact of the creative tension between a goal and reality, which he calls "structural imprinting."
2. Technically, virtual reality depends on computers, headsets, and other technology to create a multisensory simulation you experience as "real." But you have the power to use your brain's imaging powers (imagination) to do the same thing. When you create your own virtual reality projection, you actively program yourself to move in the direction you desire. It's a very powerful self-management and learning method.
3. R. Fritz, The Path of Least Resistance: Principles for Creating What You Want to Create. (New York: Ballantine Books, 1989).
4. S.R. Covey, The 7 Habits of Highly Effective People: Powerful Lessons in Personal Change (New York: Simon & Schuster, 1989).
5. Read more about the power of future-pull in Fritz, Canfield, and Mackey—all listed in the references.
6. Chapter 1 describes your automatic system in more detail.

第7章 くまなく探索する

1. C.S. Dweck, Mindset: The New Psychology of Success (New York: Ballantine, 2006).

第8章 点を線で結ぶ

1. N. Kaya and H. Epps, "Relationship Between Color and Emotion: A Study of College Students," College Student Journal 38(3), 2004.

2. F. Moss, L.M. Ward, and W.G. Sannita, "Stochastic Resonance and Sensory Information Processing: A Tutorial and Review of Application," Clinical Neurophysiology, 115(2), 2004, 267-281.

第９章　金脈を手に入れる

1. Moss, Ward, and Sannita, "Stochastic Resonance and Sensory Information Processing," 267-281.

2. J.J. Ratey, Spark: The Revolutionary New Science of Exercise and the Brain (New York: Little Brown, 2008).

3. B. Ziegarnik, "On Finished and Unfinished Tasks," in W.D. Ellis (ed.), A Sourcebook of Gestalt Psychology (New York: Humanities Press, 1967).

4. J. Medina, Brain Rules: 12 Principles for Surviving and Thriving at Work, Home, and School, 2nd ed. (Seattle: Pear Press, 2014), 103-124.

5. S. Kotler, The Rise of Superman: Decoding the Science of Ultimate Human Performance (New York: Houghton Mifflin, 2014).

6. M. J. Bresciani-Ludvik, ed., The Neuroscience of Learning and Development: Enhancing Creativity, Compassion, Critical Thinking, and Peace in Higher Education (Sterling, VA: Stylus Publishing, 2016), 187.

7. For more information, I recommend taking a quick look at the discussion on the Johns Hopkins Sheridan Libraries website of how to evaluate information, http://guides.library.jhu.edu/evaluatinginformation.

8. The movie Sully was directed and produced by Clint Eastwood (Warner Brothers, 2016).

9. R.R. West, R.J. Meserve, and K.E. Stanovich, "Cognitive Sophistication Does Not Attenuate Bias Blind Spots," Journal of Personality and Social Psychology 103(3), 2012: 506-519.

第 10 章　学びを定着させる

1. Eagleman, Incognito.

2. I. Wilhelm et al., "Sleep Selectively Enhances Memory Expected to Be of Future Relevance," Journal of Neuroscience 31(5), 2011: 1563-1569.

3. Ziegarnik, "On Finished and Unfinished Tasks."

4. N.J. Cepeda, E. Vul, and D. Rohrer, "Spacing Effects in Learning: A Temporal Ridgeline of Optimal Retention," Psychological Science, 11, 2008: 1095-1102. H.P. Bahrick et al., "Maintenance of Foreign Language Vocabulary and the Spacing Effect," Psychological Science 4(5), 1993: 316-321.

5. S. Pan, "The Interleaving Effect: Mixing It Up Boosts Learning," Scientific American, August 4, 2015.

6. Rudy, The Neurobiology of Learning and Memory, 237.

7. J.D. Novak and A.J. Canas, "The Theory Underlying Concept Maps and How to Construct and Use Them," Technical Report IHMC CmapTools (2006-01, Rev. 2008-01, Institute for Human and Machine Cognition, Pensacola Florida). T. Buzan, Mind Map Handbook: The Ultimate Thinking Tool (New York: HarperCollins), 2004.

8. H. Roediger III and J.D. Karpicke, "The Power of Testing Memory: Basic Research and Implications for Educational Practice," Perspectives on Psychological Science 1(181), 2006.

9. J. Mezirow, Fostering Critical Reflection in Adulthood (San Francisco: Jossey-Bass, 1990).

10. Roediger's astounding research into the "testing" effect points out the power of a pretest where you guess key points before you learn, even when you have no preknowledge. Then test yourself afterward. The memory impact is significant! H. Roediger and J.D. Karpicke, "The Power of Testing Memory."

11. K. Taylor and C. Marienau, Facilitating Learning With the Adult Brain in Mind (San Francisco: Jossey-Bass, 2016), 217.

12. E. Kubler-Ross, On Death and Dying (London: Macmillan, 1974).

13. D. Schon, The Reflective Practitioner: How Professionals Think in Action (New York: Basic Books, 1983).

14. P. J. Kellman and C.M. Massey, "Perceptual Learning, Cognition, and Expertise," Psychology of Learning and Motivation 58, 2013: 117-165.

15. Values, beliefs, attitudes, and intentions are all terms that operate as personal decision criteria and perception filters. I use beliefs or attitudes for short. An excellent and respected source of research and ideas about this important affective area is M. Fishbein and I. Ajzen, Belief, Attitude, Intention and Behavior: An Introduction to Theory and Research (Boston: Addison-Wesley, 1975).

16. M.L. von Franz, "The Process of Individuation," in C.G. Jung, ed., Man and

His Symbols (New York: Laurel, 1964).

第11章　現実で実践する

1. Kurt Lewin, an early leader in the arena of human systems change, introduced the idea of force-field analysis in 1943. It remains one of the best ways to think about and plan to influence the many factors that affect whether or not you will use what you have learned.

2. Sinah Goode, quoted in B. Carey, How We Learn: The Surprising Truth About When, Where, and Why It Happens (New York: Random House, 2014), 154-155.

第12章　生涯学習者であるということ

1. Ian Leslie's book Curious: The Desire to Know and Why Your Future Depends on It (New York: Basic Books, 2014) is a great exploration of this vital topic.

第14章　周囲の学習をサポートする

1. A. Tough, The Adult's Learning Projects: A Fresh Approach to Theory and Practice in Adult Learning (Ontario: Ontario Institute for Studies in Education, 1971).

ツール5　学習リソース別ヒント

1. Thank you to Magdalena Mook, executive director and CEO, International Coach Federation, and Randy Emelo, founder and chief strategist, River, and author of Modern Mentoring (ATD Press, 2015), for their contributions to this section.

2. Thank you to Cammy Bean, author of The Accidental Instructional Designer: Learning Design for the Digital Age (ASTD Press, 2013), for her contributions to this section.

3. Thank you to Sharon Boller, co-author of Play to Learn: Everything You Need to Know About Designing Effective Learning Games (ATD Press, 2017), for her contributions to this section.

4. Thank you to Dawn Mahoney, Learning in the White Space (www.

dawnjmahoney. com), for her insights about learning in lectures and presentations.

5. Thank you to Matt Pierce, instructional designer and media producer, TechSmith Corporation, and Jonathan Halls, author of Rapid Video Development for Trainers (ASTD Press, 2012) and Rapid Media Development for Trainers (ATD Press, 2017), for their insights about how to learn from podcasts.

6. Thank you to Matt Pierce, instructional designer and media producer, TechSmith Corporation, and Jonathan Halls, author of Rapid Video Development for Trainers (ASTD Press, 2012) and Rapid Media Development for Trainers (ATD Press, 2017), for their insights about how to learn from videos and YouTube.

参照文献

Ackermann, S., F. Hartmann, A. Papassotiropoulos, D.J. de Quervain, and B. Rasch. 2013. "Associations Between Basal Cortisol Levels and Memory Retrieval in Healthy Young Individuals." Journal of Cognitive Neuroscience 25(11): 1896-1907.

Aihara, T., K. Kitajo, D. Nozaki, and Y. Yamamoto. 2010. "How Does Stochasti Resonance Work Within the Human Brain? Psychophysics of Internal and External Noise." Chemical Physics 375(2-3): 616-624.

Arbinger Institute. 2016. The Outward Mindset: Seeing Beyond Ourselves. San Francisco: Berrett-Koehler.

Aschwanden, C. 2015. "My Own Worst Enemy: Why We Act Against Our Better Judgment." Discover Magazine, October. http://discovermagazine.com/2015/nov/12-my-own-worst-enemy.

Bahrick, H.P., L.E. Bahrick, A.S. Bahrick, and P.E. Bahrick. 1993. "Maintenance of Foreign Language Vocabulary and the Spacing Effect." Psychological Science 4(5): 316-321.

Benson-Armer, R., A. Gast, and N. van Dam. 2016. "Learning at the Speed of Business." McKinsey Quarterly, May.

Bloom, F.E., M.F. Beal, and D.J. Kupfer, eds. 2003. The DNA Guide to Brain Health. New York: Dana Press.

Bresciani-Ludvik, M.J., ed. 2016. The Neuroscience of Learning and Development: Enhancing Creativitiy, Compassion, Critical Thinking, and Peace in Higher Education. Sterling, VA: Stylus Publishing.

Buzan, T. 2004. Mind Map Handbook: The Ultimate Thinking Tool. New York: HarperCollins.

Campbell, J. 1972. The Hero With a Thousand Faces. Princeton: Princeton University Press.

Canfield, J., and D.D. Watkins. 2007. Jack Canfield's Key to Living the Law of Attraction: A Simple Guide to Creating the Life of Your Dreams. Dearfield Beach, FL: Health Communications.

Carey, B. 2014. How We Learn: The Surprising Truth About When, Where, and Why It Happens. New York: Random House.

Cepeda, N.J., E. Vul, and D. Rohrer. 2008. "Spacing Effects in Learning: A Temporal Ridgeline of Optimal Retention." Psychological Science 11:1095-1102.

Connolly, C., M. Ruderman, and J.B. Leslie. 2014. "Sleep Well, Lead Well: How Better Sleep Can Improve Leadership, Boost Productivity, and Spark Innovation." Whitepaper. Center for Creative Leadership.

Covey, S.R. 2004. The 7 Habits of Highly Effective People: Powerful Lessons in Personal Change. New York: Simon & Schuster.

Crick, F.C., and C. Koch. 2005. "What Is the Function of the Claustrum?" Philosophical Transactions of the Royal Society B 360(1458): 1271-1279.

Csikszentmihalyi, M. 2008. Flow: The Psychology of Optimal Experience. New York: Harper Collins.
———. 2014. Flow and the Foundations of Positive Psychology: The Collected Works of Mihaly Csikszentmihalyi. Dordrecht: Springer.

Doyle, T., and T. Zakraisek. 2013. The New Science of Learning: How to Learn in Harmony With Your Brain. Sterling, VA: Stylus Publishing.

Dweck, C.S. 2006. Mindset: The New Psychology of Success. New York: Ballantine Books.

Eagleman, D. 2011. Incognito: The Secret Lives of the Brain. New York: Vintage.
———. 2015. The Brain: The Story of You. New York: Pantheon Books.

Economist. 2015. "The Hard Problem: What Is Consciousness." Economist, September 12.
———. 2016. "Special Report Artificial Intelligence: The Return of the Machinery Question." Economist, June 25.

Erikson, E. 1994. Identity and the Life Cycle. London: Norton.

Evans, J.S.B.T., and K.E. Stanovich. 2013. "Dual-Process Theories of Higher Cognition: Advancing the Debate." Perspectives on Psychological Science 8(3): 223-241.

Fishbein, M., and I. Ajzen. 1975. Belief, Attitude, Intention and Behavior: An Introduction to Theory and Research. Boston: Addison-Wesley.

Fogg, B.J. 2003. Persuasive Technology: Using Computers to Change What We Think and Do. San Francisco: Morgan Kaufmann Publishers.

Friedman, T.L. 2007. The World Is Flat : A Brief History of the Twenty-First Century. New York: Picador.

Fritz, R. 1989. The Path of Least Resistance: Principles for Creating What You Want to Create. New York: Ballantine Books.
———. 2003. Your Life as Art. Newfane, VT: Newfane Press.

Glenn, J. 2016. "2050 Global Work/Technology Scenarios." The Millennium Project, Washington, D.C.

Goleman, D. 2005. Emotional Intelligence. New York: Bantam.
———. 2006. Social Intelligence: The Revolutionary New Science of Human Relationships. New York: Bantam.

Graziano, M.S. 2013. Consciousness and the Social Brain. New York: Oxford University Press.

Hall, M.J. 2014. Designing Worklearn Networks: Making Magic Happen With Your Profession. Lake Placid, NY: Aviva Publishing.

Hasenstaub, A., S. Otte, E. Callaway, and T. Sejnowski. 2010. "Metabolic Cost as a Unifying Principle Governing Neuronal Biophysics." Proceedings of the National Academy of Science 107(27): 12,329-12,334. DOI: 10.1073/pnas.0914886107.

Jaworski, J. 1996. Synchronicity: The Inner Path of Leadership. San Francisco: Berrett-Koehler.

Jung, C. 1981. "The Archetypes and the Collective Unconscious." In The Collected Works of C.G. Jung, vol. 9, pt. 1.

Kahneman, D. 2013. Thinking, Fast and Slow. New York: Farrar, Straus & Giroux.

Kaya, N., and H.H. Epps. 2004. "Relationship Between Color and Emotion: A Study of College Students." College Student Journal 38(3): 396.

Kayes, A., D. Christopher, and D. Kolb. 2005. "Experiential Learning in Teams." Simulation & Gaming 36(10): 1-25.

Kegan, R. 1982. The Evolving Self: Problem and Process in Human Development. Boston: Harvard University Press.
———. 1994. In Over Our Heads: The Mental Demands of Modern Life, 4th ed. Boston: Harvard University Press.

Kegan, R., and L.L. Lahey. 2002. How the Way We Talk Can Change the Way We Work: Seven Languages for Transformation. New York: Jossey-Bass.

Kellman, P.J., and C.M. Massey. 2013. "Perceptual Learning, Cognition, and Expertise." Psychology of Learning and Motivation, 117-165.

Khan, H.I. 1998. The Music of Life: The Inner Nature and Effects of Sound. Medford, OR: Omega Publications.

Koch, C. 2014. "Neuronal Superhub Might Generate Consciousness." Scientific American, November 1. www.scientificamerican.com/article/neuronal-superhub-might-generate-consciousness.

Kotler, S. 2014. The Rise of Superman: Decoding the Science of Ultimate Human Performance. New York: Houghton Mifflin.

Kubler-Ross, E. 1974. On Death and Dying. London: Macmillan.

Kula, R.I. 2006. Yearnings: Embracing the Sacred Messiness of Life. New York: Hyperion.

Kurzweil, R. 2001. "The Law of Accelerating Returns." Kurzweil Accelerating Intelligence, March 7. www.kurzweilai.net/the-law-of-accelerating-returns.

Lakoff, G., and M. Johnson. 1999. Philosophy in the Flesh: The Embodied Mind and Its Challenge to Western Thought. New York: Basic Books.

Leslie, I. 2015. Curious: The Desire to Know and Why Your Future Depends on It. New York: Basic Books.

———. 2016. "The Scientists Who Make Apps Addictive." Economist, October/November, 67-71.

Lewin, K. 1997. "Defining the Field at a Given Time." Psychological Review 50(3): 292-310. Republished in Resolving Social Conflicts & Field Theory in Social Science. Washington, D.C.: American Psychological Association, 1997.

Lombardo, M.M., and R.W. Eichinger, 2004. Career Architect Development Planner, 4th ed. Los Angeles: Lominger International.

Mackey, C. 2015. Synchronicity: Empower Your Life With the Gift of Coincidence. London: Watkins Publishing.

Marsick, V.J., and Watkins, K.E. 1990. Informal and Incidental Learning in the Workplace. New York: Routledge.

Maslow, A.H. 1967. "A Theory of Metamotivation." Journal of Humanistic Psychology 7: 93–127.

———. 1969. "The Farther Reaches of Human Nature." Journal of Transpersonal Psychology 1(1): 1-9.

McIntosh, M. 2016. "Neurobiology and Evolution: Why Your Brain Won't Let You Make Rational Decisions." LinkedIn Pulse, June 24.

McLagan, P. 2002. Change Is Everybody's Business. San Francisco: Berrett-Koehler.

———. 2013. The Shadow Side of Power: Lessons for Leaders. Washington, D.C.: Changing World Press.

McLagan, P.A., and P. Krembs. 1995. On the Level: Performance Communication That Works, 3rd ed. San Francisco: Berrett-Koehler.

McLagan, P., and C. Nel. 1995. The Age of Participation: New Governance for the Workplace and the World. San Francisco: Berrett-Koehler.

Medina, J. 2009. Brain Rules: 12 Principles for Surviving and Thriving at Work, Home, and School, 2nd ed. Seattle: Pear Press.

Mezirow, J. 1990. Fostering Critical Reflection in Adulthood. San Francisco: Jossey-Bass.

———. 1991. Transformative Dimensions of Adult Learning. San Francisco: Jossey-Bass.

Moss, F., L.M. Ward, and W.G. Sannita. 2004. "Stochastic Resonance and Sensory Information Processing: A Tutorial and Review of Application." Clinical Neurophysiology 115(2): 267-281.

Munoz, L.M.P. 2013. "Stress Hormone Hinders Memory Recall." Cognitive Neural Science Society, July 24. www.cogneurosociety.org/cortisol_memory.

Murdock, M. 1990. The Heroine's Journey: Woman's Quest for Wholeness. Boulder, CO: Shambhala Publications.

Novak, J.D., and A.J. Canas. 2008. "The Theory Underlying Concept Maps and How to Construct and Use Them." Technical Report IHMC CmapTools. Institute for Human and Machine Cognition.

O'Neil, J., and V. Marsick. 2007. Understanding Action Learning. New York: AMACOM.

Pan, S. 2015. "The Interleaving Effect: Mixing It Up Boosts Learning." Scientific American, August.

Peale, N.V. 1980. The Power of Positive Thinking. New York: Fireside.

Pinkola-Estes, C. 2003. Women Who Run With the Wolves: Myths and Stories of the Wild Woman Archetype. New York: Ballentine Books.

Plato. 280 BCE. "The Allegory of the Cave." In The Republic, Book VII.

Pope, S. 2011. "When It Comes to Checklists, Go With the Flow." Flying, July 14. www.flyingmag.com/technique/tip-week/when-it-comes-checklists-go-flow.

Ratey, J.J. 2008. Spark: The Revolutionary New Science of Exercise and the Brain. New York: Little, Brown.

Robinson, D., and J. Robinson. 2015. Performance Consulting: A Strategic Process to Improve, Measure, and Sustain Organizational Results, 3rd ed. San Francisco: Barrett-Koehler.

Roediger, H.L. III, and J.D. Karpicke. 2006. "The Power of Testing Memory: Basic Research and Implications for Educational Practice." Perspectives on Psychological Science 1:181.

Ross, H.J. 2014. Everyday Bias: Identifying and Navigating Unconscious Judgments in Our Daily Lives. Lanham, MD: Rowman & Littlefield.

Rotter, J.B. 1966. "Generalized Expectancies for Internal Versus External Control of Reinforcement." Psychological Monographs: General & Applied 80(1): 1-28.

Rudy, J.W. 2014. The Neurobiology of Learning and Memory, 2nd ed. Sunderland, MA: Sinauer Associates.

Schon, D. 1983. The Reflective Practitioner: How Professionals Think in Action. New York: Basic Books.

Seung, S. 2013. Connectome: How the Brain's Wiring Makes Us Who We Are. New York: Mariner.

Siegal, L.L., and M.J. Kahana. 2014. "A Retrieved Context Account of Spacing and Repetition Effects in Free Recall." Journal of Experimental Psychology: Learning, Memory, and Cognition 40(3): 755-764.

Smart, A. 2016. "Is Noise the Key to Artificial General Intelligence?" Psychology Today.com, June 9. www.psychologytoday.com/blog/machine-psychology/201606/is-noise-the-key-artificial-general-intelligence.

Stanovich, K.E., and R.F. West. 2000. "Individual Difference in Reasoning: Implications for the Rationality Debate?" Behavioural and Brain Sciences 23: 645-726.

Taylor, K., and C. Marienau. 2016. Facilitating Learning With the Adult Brain in Mind. San Francisco: Jossey-Bass.

Tough, A. 1971. The Adults Learning Projects: A Fresh Approach to Theory and Practice in Adult Learning. Ontario: Ontario Institute for Studies in Education.

Tsien, J.Z. 2007. "The Memory Code." Scientific American, July, 52-59.

———. 2015. "A Postulate on the Brain's Basic Wiring Logic." Trends in Neurosciences 38(11): 669-671.

Von Franz, M.L. 1964. "The Process of Individuation." In Man and His Symbols. Edited by C.G. Jung, New York: Laurel.

Vygotsky, L.S. 1978. Mind in Society: The Development of Higher Psychological Processes. Cambridge, MA: Harvard University Press.

West, R.R., R.J. Meserve, and K.E. Stanovich. 2012. "Cognitive Sophistication Does Not Attenuate the Bias Blind Spot." Journal of Personality and Social Psychology 103(3): 506-519.

Wilhelm, I., S. Diekelmann, I. Molzow, A. Ayoub, M. Mölle, and J. Born. 2011. "Sleep Selectively Enhances Memory Expected to Be of Future Relevance." Journal of Neuroscience 31(5): 1563-1569.

Wilson, C. 2011. "Neuroandragogy: Making the Case for a Link With Andragogy and Brain Based Learning." Midwest Research to Practice Conference in Adult, Continuing, Community and Extension Education, Lindenwood University, St. Charles, MO, September 21-23.

Zander, R.S., and B. Zander. 2000. The Art of Possibility: Transforming Professional and Personal Life. London: Penguin.

Zeigarnik, B. "On Finished and Unfinished Tasks." In A Sourcebook of Gestalt Psychology. Edited by W.D. Ellis, New York: Humanities Press.

Zimmer, C. 2011. "100 Trillion Connections: New Efforts Probe and Map the Brain's Detailed Architecture." Scientific American, January 1.

著者について：Patricia A. McLagan

　私はずっと学習するのが大好きでした。そして、「どうやったらもっとよく学べるか」「どうやったら学びを有意義なものにできるか」ということに強い関心を抱いていました。

　私が学習について独自の研究を始めたのは、大学の学部生時代です。心理学、ビジネス、学習に興味があった私は、ミネソタ大学に掛け合って、特別な調査と学際的な研究を盛り込んだ異例のプログラムに取り組み、成人教育における修士号を取得しました。

　個人としての学習と研究に励みながら、私は学習についてそれまでに学んだことを他の人のもとへ届けるようになりました。まず、周囲にこの新たなアプローチを広める試みの1つとして、ミネソタ大学の一般教養学部向けに、学習スキルについてのプログラムをデザインしました。生徒の多くは、市民生活に戻って大学教育を受け始めた退役軍人でした。はじめ、彼らがもっているスキルにはアップデートが必要なのかと思いましたが、すぐにそうではないことがわかりました。彼らが本当に必要としていたのは、自尊心やその他の問題にまつわる、もっと個人的なことだったのです。学習において全人格に焦点を当てることの重要性を私が真に理解するようになったのは、このときでした。最終的に、「読解および情報処理の方法（Reading and Information Handling Systems）」というプログラムを立ち上げました。最初のクライアントだった3M社との仕事がミネソタ州の主要企業への紹介につながり、さらに米国各地、そして海外へと発展していったのです。学習や学習のデザイン、そして学習する組織をつくるということを重要視していた、GE、NASAをはじめとするさまざまな組織との長年にわたる濃密な取り組みも、ここから生まれました。

時が経つにつれ、私の焦点は、組織の学習や変革という、より大きな領域に及ぶようになりました。企業や公的機関と協力し、学習者が主体（ラーナー・センタード）となるプログラムを開発しました。それらは講座やワークショップの中で、どのように学習の自己管理を行えばよいのかについて学ぶ際に、短いモジュールとして組み込めるようになっています。私の人生の目的は、個人や企業の変革を支援することであるということが明確になるにつれ、あらゆる形態の成人学習や組織的学習を理解し、広めることに、私はますます熱心に取り組むようになりました。その理念を推進するべく立ち上げたのが、McLagan International 社です。

　学習・人材開発をテーマとして、私の組織が成長していくとともに、企業における学習・人材開発の分野も進歩を遂げてきました。私は拡大する人材開発の分野で意欲的に活動し、その分野についての理解を深めるべく、国際的に著名な2つのコンピテンシーについての研究を指揮しました。また、American Society for Training & Development（現 Association for Talent Development）および Instructional Systems Association でリーダーシップを執りました。

　その間、私の得た洞察、研究結果、そして経験を伝えるための本を著者または共著者としていくつか執筆しました。『Getting Results Through Learning』『Helping Others Learn: Designing Programs for Adults』『On the Level: Performance Communication That Works』『The Age of Participation: New Governance for the Workplace and the World』『チェンジ！─変われない自分が「変わる」3つの法則 (Change Is Everybody's Business)』『The Shadow Side of Power: Lessons for Leaders』はその一部です。

　世の中で変化のスピードが加速し、変化に対するハードルも高くなる中、私の仕事は、人材の育成と組織の再構成を要するような、大規模な変革の取り組みへと変わっていきました。1990年代前半、私は米国での仕事も続けながら、南アフリカに拠点を移しました。そこで、複数の主要企業と政府機関での人材開発および変革推進のための大規模な取り組みの立ち上げに助力しました。

　私が歩んできた道のりで次第にはっきりしてきたのは、学習を取り巻く環

境が、徐々にではなく根本的かつ急激に変化しているということです。今日の課題、スマート化されたツール、神経科学や心理学の研究といったものに、学習スキル、自信、マインドセットが追いついていません。これは、いくら学習プログラムやテクノロジーが大幅に進化していても、教育、研修、人材開発の専門家だけでは解決できない問題です。ますます明白になってきたことは、もって生まれた学習能力（1.0）、学校で養った学習能力（2.0）、そして社会に出て自己管理がより求められる立場になってから磨いた能力（3.0）を超えたその一歩先に、私たちは皆、進まなければならないということなのです。本書のラーニング4.0という学習アプローチのアイデアは、このようにして生まれました。

監訳者紹介

片岡　久（かたおかひさし）

1952年広島県生まれ。早稲田大学政経学部卒業後、日本アイ・ビー・エム株式会社で営業部長、人事部ラーニング部長などを経て、日本IBM人財ソリューション株式会社代表取締役社長。2013年より株式会社アイ・ラーニング社長を務め、2018年からアイ・ラーニングラボ担当として「デジタル時代の学びの方法と、学びの意味」に関する研究活動を行う。雑誌 IS Magazine「ロゴスとフィシスの旅」、アイ・ラーニングのウェブサイトに「ラーニングラボ・コラム」を連載し、論理と感性を融合した知の開発を提唱。

IT人材育成協会（ITHRD）副会長、全日本能率連盟MI制度委員会委員。

訳者紹介

太田　賢（おおたまもる）

1966年東京生まれ。早稲田大学第一文学部卒業。日本アイ・ビー・エム株式会社に入社し、システムエンジニアを経て、教育子会社で人財育成に20年以上携わる。現在、株式会社アイ・ラーニングにて、ラーニング・アドバイザーとして、教育の企画や実施を行う。職場のリーダーが「人」や「モノ」（商品・サービス）、「出来事」の価値を発見して伝えることで、職場の活性化や組織の生産性を向上させるための教育支援などに従事。日本ほめる達人協会特別認定講師。全国通訳案内士。

著書として、『TOEIC TEST 730 リーディング完全征服法』、『TOEIC TEST 600 リーディング完全征服法』（共に共著　PHP研究所）がある。

Unstoppable You — Adopt the new learning 4.0 mindset and change your life
by Patricia A. McLagan.
Copyright © 2017 Patricia A. McLagan

Published by arrangement wiht the Association for Talent Development, Alexandria, Virginia, USA through Tuttle-Mori Agency, Inc., Tokyo

Translation copyright © 2019 by Human Value, Inc. All Rights Reserved.

「学ぶ力」が開花する
― ラーニング4.0のマインドセット

2019年5月6日　初版第1刷発行

著　者………　パトリシア・マクラガン
監　訳………　株式会社アイ・ラーニング　片岡 久
訳　者………　株式会社アイ・ラーニング　太田 賢

発行者………　兼清俊光
発　行………　株式会社 ヒューマンバリュー
　　　　　　　〒102-0082 東京都千代田区一番町18番地 川喜多メモリアルビル3階
　　　　　　　TEL：03-5276-2888（代）　FAX：03-5276-2826
　　　　　　　https://www.humanvalue.co.jp/wwd/publishing/books/
スタッフ………　神宮利恵、齋藤啓子、市村絵里、佐野有香、北充生
装　丁………　株式会社志岐デザイン事務所　小山巧
制作・校正 … 株式会社ヒューマンバリュー
印刷製本……　シナノ印刷株式会社

落丁本・乱丁本はお取り替えいたします。
ISBN 978-4-9906893-9-1

ヒューマンバリューの出版への思い

株式会社ヒューマンバリューは、組織変革・人材開発の質の向上に貢献することをミッションとしています。その事業の一環として、組織変革・人材開発の潮流をリサーチする中で出会ったすばらしい理論・方法論のうち、まだ日本で紹介されていない重要なものを書籍として提供することにしました。

翻訳にあたっては、著者の意向をできるだけ尊重し、意味のずれがないように原文をそのまま活かし、原語を残す形でまとめています。

今後新しい本が出た場合に情報が必要な方は、
下記宛にメールアドレスをお知らせください。

book@humanvalue.co.jp